创新链 产业链 资金链 人才链深度融合

——通往高质量发展之路

聂常虹 等著

中国财经出版传媒集团
中国财政经济出版社
·北京·

图书在版编目（CIP）数据

创新链 产业链 资金链 人才链深度融合：通往高质量发展之路 / 聂常虹等著. -- 北京：中国财政经济出版社，2024.7. -- ISBN 978-7-5223-3334-2

Ⅰ.①F269.27

中国国家版本馆 CIP 数据核字第 2024SU6656 号

责任编辑：王 飚　　　　　　　　责任印制：张 健
封面设计：陈宇琰　　　　　　　　责任校对：张 凡

创新链 产业链 资金链 人才链深度融合
——通往高质量发展之路
CHUANGXINLIAN CHANYELIAN ZIJINLIAN RENCAILIAN SHENDU RONGHE
——TONGWANG GAOZHILIANG FAZHAN ZHILU

中国财政经济出版社 出版

URL：http://www.cfeph.cn
E-mail：cfeph@cfeph.cn

（版权所有　翻印必究）

社址：北京市海淀区阜成路甲 28 号　邮政编码：100142
营销中心电话：010-88191522
天猫网店：中国财政经济出版社旗舰店
网址：https://zgczjjcbs.tmall.com
北京密兴印刷有限公司印装　各地新华书店经销
成品尺寸：185mm×260mm　16 开　20.25 印张　290 000 字
2024 年 7 月第 1 版　2024 年 7 月北京第 1 次印刷
定价：118.00 元
ISBN 978-7-5223-3334-2
（图书出现印装问题，本社负责调换，电话：010-88190548）
本社图书质量投诉电话：010-88190744
打击盗版举报热线：010-88191661　QQ：2242791300

本书著作人员

聂常虹　李　钏　何雨轩　崔明明　陈　彤

序

党的二十大报告指出，要"推动创新链产业链资金链人才链深度融合"。推动"四链"融合，创新链是源头，产业链是核心，资金链是保障，人才链是关键。从一定意义上说，创新链的高度决定"四链"融合的深度。要以高水平创新链驱动"四链"深度融合，以创新链的逻辑和规则重塑产业链、资金链和人才链。

创新链是"四链"深度融合的源头。习近平总书记在2024年1月31日中共中央政治局第十一次集体学习时指出，"科技创新能够催生新产业、新模式、新动能，是发展新质生产力的核心要素"。当前，新科技革命和产业变革深入发展，科技创新成为大国博弈的主战场，我国进入全面建设社会主义现代化国家的新发展阶段，能不能如期建成社会主义现代化强国，关键看科技自立自强。面对外部环境的深刻复杂变化和我国进入新发展阶段的新要求，加强科技创新特别是原始性创新，突破关键核心技术，尤为重要和紧迫。增强创新链在"四链"深度融合中的引领作用，就要大力加强原始性创新和颠覆性创新，努力在部分领域形成先发优势，赢得国际竞争主动权。

产业链是"四链"深度融合的核心。当前，全球产业链供应链加快重构，发达国家凭借智能制造优势弥补劳动力成本劣势，推动制造业回流。地缘政治因素对供应链的影响显现，一些国家提出"去风险"，推行"友岸外包"，对我国产业链供应链安全稳定带来挑战。我国产业体系规模庞大、配套齐全，但仍存在产业体系大而不强、宽而不深、全而不精，产业链供应链存在堵点卡点，部分核心环节和关键技术受制于人等问题，迫切要求围绕产业链部署创新链，加强关键核心技术攻关，补强产业链薄弱环节，提升产业链供应链韧性和安全水平。

资金链是"四链"深度融合的保障。我国以间接融资为主的金融体系，对传统产业有成熟的融资支持模式，但与科技创新的融资需求仍存在不适应和风险不匹配等问题，需要进行适应性调整，构建支持科技创新的多层次金融体系，包括探索信贷融资支持科技创新的新模式，消除制约商业银行支持科技创新的制度约束，拓展银行直接参与股权投资支持科技创新的空间，释放银行体系支持科技创新的能力；大力发展多层次资本市场，鼓励更多社会资本参与创业投资、股权投资和天使投资基金，满足处于不同生命周期科技企业的资金需求。

人才链是"四链"深度融合的关键。构建高水平创新链，提升原始创新能力，突破关键核心技术，关键在人才。要下气力打造体系化、高层次人才培养平台，发挥高校特别是"双一流"高校人才培养主力军作用，加强国家急需高层次人才培养，培养更多战略科学家，不断壮大科技领军人才队伍和一流创新团队。实行更加开放的人才政策，完善高端人才、专业人才来华工作、科研、交流机制，建设集聚国内外优秀人才的全球人才高地。

以高水平创新链驱动"四链"深度融合。创新链、产业链、资金链、人才链有各自的运行轨道和规则，推动"四链"深度融合，需要轨道并轨、规则重塑。"四链"深度融合是一场系统性变革，需要坚持系统观念，加强全局性谋划、整体性推进，提高统筹谋划和协调推进能力，在多重目标中寻求动态平衡。需要坚持目标导向和问题导向相结合，既要以"融合"为着眼点，在统筹谋划、顶层设计上下功夫，又要以问题为着力点，在补短板、强弱项上持续用力。

聂常虹研究员团队深耕科技创新领域，取得了一系列重要成果。《创新链　产业链　资金链　人才链深度融合——通往高质量发展之路》，就是该团队最新的力作。本书对"四链"融合的理论内涵、国内实践、国际经验进行深入探讨，对制约"四链"融合的痛点难点堵点问题进行深入剖析，提出了推动"四链"深度融合的思路和对策建议。本书最重要的特点，就是深入解剖集成电路、新能源汽车和现代种业等推动"四链"融合的实践，梳理了北京、上海、粤港澳大湾区国际科技创新中心的经验，并对发达国家国际科技创新中心模式进行了比较分析，进一步拓展"四链"融合研究的理论深度、实践广度和视野宽度。

希望本书的出版，能够让读者更全面地理解"四链"融合的理论创新和实践要求，也期待广大理论和实践工作者共同推动"四链"融合不断取得新成效！

中国国际经济交流中心副理事长

2024 年 7 月

前　言

　　创新乃中华民族之深厚禀赋，亦为国家兴盛之永恒动力。在五千多年的人类文明发展历程中，中华民族因创新而崛起，因创新而强盛。习近平总书记深刻指出："科技立则民族立，科技强则国家强。"当前，世界正经历百年未有之大变局，时代与历史正以前所未有之方式展开，新一轮科技革命和产业变革方兴未艾，重大颠覆性技术不断涌现、交叉融合、集群突破，科技创新的影响日益广泛，全面系统地重塑着全球经济与创新格局。习近平总书记在2024年召开的全国科技大会上指出，"中国式现代化要靠科技现代化作支撑，实现高质量发展要靠科技创新培育新动能"，要"扎实推动科技创新和产业创新深度融合、助力发展新质生产力"。党的二十届三中全会进一步强调了要"加强创新资源统筹和力量组织，推动科技创新和产业创新融合发展"。分段走好科技创新这一先手棋，需以动态性、系统性思维把握国内外创新趋势，加速聚集技术、产业、资金、人才等创新要素。

　　习近平总书记在党的二十大报告中提出，推动创新链、产业链、资金链、人才链（即"四链"）深度融合。这既是新时期践行创新驱动发展战略的前沿性政策手段，也是以链式思维和整体思维推动"融合创新"的新范式。本书以系统性理论为指导，综合运用多学科理论，深入考察我国创新链、产业链、资金链和人才链及其相互融合的理论和实践，努力为新科技革命下的经济发展提炼中国经验，贡献中国智慧。

　　基于理论分析，本书创新性地探讨了"四链"及其融合关系与本质。研究表明，创新链由基础研究、应用研究、技术研发、新产品/新工艺的产业化和商业化等阶段构成，体现了从科学价值到技术价值，再到经济价值的转化过程；产业链是指由最终产品生产加工各环节所构成的链式过程；资金链是资金投入、资金运营和资金回笼的全过程；人才链是以产业知识、技能、成果、经验等传递与关联而形成的链式人才集合体。在此基础上，本书还对"四链"间的网络关系进行了深入分析，从生产要素在创新过程中的有机联系出发，分析了"四链"融合状态下生产要素的有效配置，并对"四链"融合的本质进行了诠释。

"不闻不若闻之，闻之不若见之。"立足于理论基础，本书进一步考察了"四链"融合的现状及国内外典型经验。从创新链、产业链、资金链和人才链四个子系统出发构建了指标体系，综合运用各种方法测算了中国"四链"融合的发展水平、演进趋势，并分析了其结构化影响因素。在此基础上，以集成电路、新能源汽车和现代种业等代表性重大战略产业以及北京、上海、粤港澳大湾区三个国际科技创新中心为例，深入研究了相关政策演变、发展现状及取得的成就，提炼了"四链"融合的中国经验。同时，比较代表性产业与科技创新中心建设，剖析了促进"四链"融合的国际经验。此外，考虑到全球科技创新中心发展路径各有特色，本书将发达国家科技创新中心划分为三种发展模式，总结了"四链"融合的典型经验。

基于发现问题、解决问题的研究思路，课题组广泛调研了企业、高校院所、行业主管部门相关专家和管理人员，深入分析我国推动"四链"融合所面临的问题和挑战，并给出具有针对性的对策建议。研究发现，我国部分产业仍处于全球价值链中低端，技术创新大多呈现"点的突破"，尚未演进到"体系化跃迁"。对此，本书从立项评审制度、重大科技项目布局与组织模式、科技成果转化的配套细则与服务市场、地方产业链布局与规划等方面分析了"四链"融合存在的问题及其成因，并从以下角度为推动"四链"深度融合给出了前瞻性思考与建议：一是坚持应用导向，面向产业链打造高水平创新链；二是围绕创新链，加强对产业链布局的统筹协调；三是强化资金链对产业创新的支撑作用；四是聚焦创新链与产业链发展需求，前瞻性布局人才链；五是强化系统观念，健全政策协同、主体协同的创新机制。

  科技创新的历史性浪潮已经涌来，"四链"融合将成为推动创新发展的重要动力。"四链"融合不仅是一种理论创新，更是我们前行的政策导引。期待本书能够为广大读者提供有价值的参考和借鉴，希望"四链"融合成为连接创新要素发展的纽带，也希望能激发更多的人关注和参与到"四链"融合的研究与实践中来，为我国的科技创新事业贡献智慧和力量！

2024 年 7 月

目　　录

上篇　科学内涵与理论分析

第一章　绪　论 …………………………………………………… 3

　　第一节　研究背景与意义 ……………………………………… 4
　　第二节　研究内容 ……………………………………………… 13
　　第三节　研究方法与技术路线 ………………………………… 14

第二章　"四链"融合的研究综述 ………………………………… 16

　　第一节　关于创新链、产业链、资金链、人才链的相关研究 …… 16
　　第二节　关于"四链"融合的相关研究 ……………………… 23
　　第三节　小结与研究评述 ……………………………………… 27

第三章　"四链"融合内涵及理论分析 …………………………… 36

　　第一节　"四链"融合的理论内涵 …………………………… 36
　　第二节　创新链、产业链、资金链、人才链的关系分析 ……… 66
　　第三节　"四链"融合的本质 ………………………………… 75
　　第四节　小　结 ………………………………………………… 83

中篇 政策与实践

第四章 中国"四链"现实情况与融合测度 …… 93

第一节 中国"四链"运行的现实情况 …… 93

第二节 中国"四链"融合的指标体系与测算方法 …… 107

第三节 中国"四链"融合的总体发展水平 …… 122

第四节 中国"四链"融合的影响因素与可能障碍 …… 134

第五节 中国"四链"融合的区域差异来源与动态演进趋势 …… 143

第六节 小 结 …… 148

第五章 中国"四链"融合发展典型案例与特色实践 …… 151

第一节 中国重大战略产业融合发展实践经验 …… 152

第二节 国际科技创新中心特色实践 …… 192

第三节 小 结 …… 209

第六章 "四链"融合的国际比较与经验启示 …… 212

第一节 发达国家未来产业促进"四链"融合的典型案例 …… 213

第二节 国际科技创新中心促进"四链"融合的不同模式 …… 255

第三节 小 结 …… 268

下篇 问题研判与政策建议

第七章 中国"四链"融合面临的问题及成因分析 …… 277

第一节 围绕产业链部署创新链的机制有待完善、能力有待提升 …… 277

第二节　围绕创新链布局产业链的前瞻谋划有待加强 …………… 280

第三节　资金链对产业创新的系统性支撑作用有待强化 ………… 282

第四节　人才链建设与产业创新需求存在一定脱节现象 ………… 284

第五节　推动"四链"融合的制度体系与协同机制有待完善 …… 286

第八章　促进"四链"深度融合的前瞻性思考和政策建议 ……… 290

第一节　坚持应用导向，面向产业链打造高水平创新链 ………… 290

第二节　围绕创新链，加强对产业链布局的统筹协调 …………… 293

第三节　强化资金链对产业创新的支撑作用 ……………………… 295

第四节　聚焦创新链与产业链发展需求，前瞻性布局人才链 …… 298

第五节　强化系统观念，健全政策协同、主体协同的创新机制 …… 301

后　记 ……………………………………………………………………… 305

上篇

科学内涵与理论分析

第一章　绪　论

2022年10月，习近平总书记在党的二十大报告中提出，推动创新链、产业链、资金链、人才链深度融合（以下简称"四链"融合）。作为加快科技创新战略的重要部署，北京、深圳、四川、山西等地先后制定了创新链、产业链、资金链和人才链的融合发展计划，一批富有活力的区域创新生态系统正逐步形成。2024年1月，习近平总书记在中共中央政治局第十一次集体学习时讲话指出，"科技创新能够催生新产业、新模式、新动能，是发展新质生产力的核心要素"。推动"四链"融合，是加快形成新质生产力的重要路径。

党的十八大以来，习近平总书记多次就创新链、产业链、资金链、人才链发表重要论述，有力推动了创新驱动发展战略持续深化。在2013年9月举行的十八届中央政治局第九次集体学习和2014年6月召开的两院院士大会上，习近平总书记强调围绕产业链部署创新链，围绕创新链完善资金链，并对完善人才发展机制进行了全面部署。2019年5月，习近平总书记到江西考察，要求江西牵住创新这个"牛鼻子"，走出一条创新链、产业链、人才链、政策链、资金链深度融合的路子。2020年，习近平总书记在陕西、湖南等地调研，在深圳经济特区建立40周年庆祝大会上讲话时，反复强调围绕产业链部署创新链，围绕创新链布局产业链。在2021年5月召开的"科技三会"上，习近平总书记提出创新链产业链融合，并在2022年3月召开的中央全面深化改革委员会第二十四次会议上，强调促进产业链创新链深度融合。可见，2014年以来，习近平总书记多次在公开场合针对"四链"融合给出重要论述。本书将沿着习近平总书记的重要指示，从学理与实践两个角度充分探索"四链"融合的内在机理，为推动创新驱动发展战略，实现科技自立自强贡献中国智慧与中国经验，为塑造中国经济发展新动能提供方向、思路和路径选择。

第一节　研究背景与意义

党的二十大报告指出，高质量发展是全面建设社会主义现代化国家的首要任务。推动经济实现质的有效提升和量的合理增长，需要完善科技创新体系、加快实施创新驱动发展战略、建设现代化产业体系、构建高水平社会主义市场经济体制、实施人才强国战略等，这与创新链、产业链、资金链和人才链自身发展和融合发展密不可分。

一、形成新质生产力的重要途径

习近平总书记 2023 年 9 月在黑龙江考察时，首次提出"新质生产力"，指出要"整合科技创新资源，引领发展战略性新兴产业和未来产业，加快形成新质生产力"，并在中共中央政治局第十一次集体学习时指出新质生产力的定义和内涵：新质生产力是创新起主导作用，摆脱传统经济增长方式、生产力发展路径，具有高科技、高效能、高质量特征，符合新发展理念的先进生产力质态。它由技术革命性突破、生产要素创新性配置、产业深度转型升级而催生，以劳动者、劳动资料、劳动对象及其优化组合的跃升为基本内涵，以全要素生产率大幅提升为核心标志，特点是创新，关键在质优，本质是先进生产力。2024 年 3 月 5 日，习近平总书记在参加江苏代表团审议时，就"因地制宜发展新质生产力"提出一系列新观点、新论断、新要求。习近平总书记指出，要牢牢把握高质量发展这个首要任务，因地制宜发展新质生产力。3 月 6 日，习近平总书记指出："发展新质生产力不是要忽视、放弃传统产业，要防止一哄而上、泡沫化，也不要搞一种模式。要统筹推进科技创新和产业创新，加强科技成果转化应用，推动传统产业转型升级，发展战略性新兴产业，布局建设未来产业，加快建设现代化产业体系。"

新质生产力的提出，是习近平经济思想的重大理论成果，从新质生产力的定义和内涵可以看出，新质生产力以劳动者、劳动资料、劳动对象及其优化组合的质变为基本内涵，其中生产要素的优化组合，与"四链"融合的本质一脉相承，新质生产力的产生，背后必然体现了"四链"融合。

二、完善科技创新体系、加快实施创新驱动发展战略的内在要求

创新是一个民族进步的灵魂，是一个国家兴旺发达的不竭动力，也是中华民族最深沉的民族禀赋。党的十九届六中全会审议通过的《中共中央关于党的百年奋斗重大成就和历史经验的决议》指出，"党坚持实施创新驱动发展战略，把科技自立自强作为国家发展的战略支撑，健全新型举国体制，强化国家战略科技力量，加强基础研究，推进关键核心技术攻关和自主创新，强化知识产权创造、保护、运用，加快建设创新型国家和世界科技强国"。习近平总书记在党的二十大报告中进一步指出，要坚持创新在我国现代化建设中的核心地位，同时要提升国家创新体系整体效能，从科技体制改革、科技评价改革、多元化科技投入、知识产权法治保障等方面形成全面支持创新的基础制度。

党的十八大以来，中国坚持实施创新驱动发展战略，把创新作为引领发展的第一动力，创新主体活力和能力持续增强，创新体系效能大幅提升，重大创新成果竞相涌现，一些前沿领域开始进入并跑、领跑阶段，创新型国家建设取得重大进展（杨骞等，2022）。在创新驱动发展战略的引领下，我国发展动力正在从要素驱动、投资驱动向创新驱动转变；创新内涵正在从技术创新、产品创新、工艺创新，到管理创新、商业模式创新、业态创新，再到包括科技创新、理论创新、制度创新、文化创新在内的全面创新延伸（洪银兴，2013）；战略目

标正在从推动科学技术发展到推动科技创新与经济社会发展相结合转变（梁正，2017）。从我国创新投入来看，根据国家统计局《中国创新指数研究》，2022年，我国研发（R&D）经费投入达30 782.9亿元，投入总量稳居世界第二；2015年以来的平均增速为11.7%，快于美国（8.0%）、德国（4.1%）、日本（0.6%）等发达国家同期增速；研发（R&D）人员全时当量达635.4万人年，创新人力资源稳居全球第一。从创新产出来看，2022年，我国全年发明专利授权数为79.8万件，是2015年的2.2倍；境内有效发明专利328万件，是2015年的3.8倍；高价值发明专利拥有量132.4万件，是2015年的3.9倍。但是，我国科技发展水平特别是关键核心技术创新能力同国际先进水平相比还有很大差距，关键核心技术受制于人的局面没有得到根本性改变。我国核心技术进口比重大，自主研发比重低，根据世界知识产权组织（WIPO）统计，1993—2018年，美国在华获发明专利累计授权数量为24.5万件，是中国在美获发明专利累计授权数量的3.3倍；2021年，我国从发达国家和地区进口的高科技产品占进口总额的22.8%，说明与发达国家对华技术依赖程度相比，我国对发达国家技术依赖更高。为此，必须切实提高我国关键核心技术创新能力，加强原创性、引领性科技攻关，把科技发展主动权牢牢掌握在自己手里。"加快实施创新驱动发展战略。加快实现高水平科技自立自强。"习近平总书记在2020年8月召开的经济社会领域专家座谈会上指出，要打造科技、教育、产业、金融紧密融合的创新体系。习近平总书记反复强调，"关键核心技术是要不来、买不来、讨不来的"。

在这一背景下，推动"四链"融合，是为适应新形势、应对新挑战、解决新问题提出的重要理论创新，为开辟发展新领域新赛道、不断塑造发展新动能提供了新的方向、思路和路径选择。"四链"融合是创新链、产业链、资金链、人才链在市场机制和各生产环节投入要素供需关系牵引下，演化成为功能协同互补的整体，是科技创新、实体经济、现代金融、人力资源协同发展、彼此赋能的具体体现，意味着加速集聚技术、产业、资金、人才等创新要素，强调知识、人才、技术、资金等要素在产业链上、中、下游的有效配置与流动，以推动科技、产业、金融、教育紧密结合，在技术经济系统的动态演化中实现关键核心技术自主可控、产业竞争优势大幅提升，为科技自立自强提供关键支撑，是创新驱动发展战略的内在要求。事实上，由于关键技术的创新往往是复杂性极高的系统工程，涉及技术创新、实体经济、现代金融、人力资源等多个领域，包含企业、高校和科研院所、政府和相关服务机构等多个创新主体，涵盖基础研究、应用研究、中间性试验、商品化、产业化、生产、销售等多个环节，承载技术、产业、资金、人才等多种要素。随着新一轮科技革命和产业变革突飞猛进，学科交叉融合不断深化，科学技术和经济社会发展加速渗透融合，创新过程的不确定性大幅增加，这对科技创新的广度、深度、精度和速度都提出了更高的要求。需要充分调动各方积极性，加速集聚各类创新要素，有机衔接各环节，高效协同各领域，打通"科学技术化、技术产品化、产品产业化"路径，形成"基础研究＋技术攻关＋成果产业化＋科技金融＋人才支撑"全过程创新生态。为此，党中央围绕加快实现高水平科技自立自强作出重要部署，并通过顶层设计调动各方面积极性，加速聚集技术、产业、资金、人才等要素，使各链条各环节一体推进、一体设计、一体部署，力图通过优化配置要素资源，推动科技、产业、金融、教育紧密结合，增强科技创新活动的组织力、战斗力。

习近平总书记高度重视"四链"融合对科技自立自强的支撑作用，并多次就产业链、创新链、资金链、人才链等问题发表重要论述，有力推动了创新驱动发展战略持续深化。

三、建设现代化产业体系的重要支撑

现代化产业体系是现代化经济体系的重要内容。习近平总书记高度重视现代化产业体系建设，明确要求"打造自主可控、安全可靠、

| 创新链　产业链　资金链　人才链深度融合 通往高质量发展之路

竞争力强的现代化产业体系"。现代化产业体系是由包括现代农业、现代工业和现代服务业在内的各类现代产业构成的产业体系，是适应中国式现代化需要的现代产业体系。建设现代化产业体系，既要遵循一般意义上的现代产业发展的规律，大力发展现代农业、现代工业和现代服务业，培育现代产业链和产业集群，沿着智能化、绿色化、融合化方向持续推进产业升级和结构优化，又要符合中国式现代化的本质要求。二十届中央财经委员会第一次会议提出，"加快建设以实体经济为支撑的现代化产业体系，关系我们在未来发展和国际竞争中赢得战略主动""推进产业智能化、绿色化、融合化，建设具有完整性、先进性、安全性的现代化产业体系"。

由此可见，现代化产业体系拥有"完整性""先进性"和"安全性"三大特征。其中，"完整性"要求巩固加强产业体系完备优势，加快补齐关键领域短板。改革开放以来，我国迅速走完工业化历程，形成了全球最完整、规模最大的工业体系。党的十八大以来，中国产业发展体系经历了巨大变化，第一、第二、第三产业产值比例从 2012 年的 9.1∶45.4∶45.5 变至 2022 年的 7.3∶39.9∶52.8，各经济部门逐渐走向开放、融合、现代，取得了举世瞩目的成就。目前，我国拥有 41 个工业大类、207 个工业中类、666 个工业小类，成为全世界唯一拥有联合国产业分类中全部工业门类的国家。"先进性"要求推动战略性新兴产业发展，构建中国经济新动能、新优势。新时代以来，我国科技创新能力和产业体系的技术先进水平不断提高，基础研究和原始创新不断加强，一些关键核心技术实现突破，战略性新兴产业不断发展壮大，载人航天、探月探火、深海深地探测、超级计算机、人工智能、生物医药等领域取得重大成果，进入创新型国家行列。"安全性"要求重要产业链自主可控，确保国民经济循环畅通。在新型举国体制下，我国通过大量私人资本无法完成的研发投入不断推进着技术创新与我国现代化进程，其建立完整的工业体系使得在对外开放过程中我国各类资本拥有投入生产的能力以及与国际垄断资本公平竞争的实力。

值得关注的是，我国产业体系还存在诸多短板，在核心基础零部件和元器件、先进基础工艺、关键基础材料等方面与国际先进工业水平还存在差距，一些传统产业在数字化和智能化浪潮冲击下面临转型升级的巨大压力，深刻影响到了我国产业体系的完整性。同时，我国原始创新能力和底层技术开发能力仍欠缺，一些企业处于模仿创新和正向设计能力形成阶段，对照新型工业化的要求，我国制造业质量效益与世界制造强国相比仍有一定差距，产业体系的先进性有待提高。近年来，新一轮科技革命和产业变革深入发展，国际力量对比深刻调整，逆全球化思潮抬头，单边主义、保护主义明显上升，世界经济复苏乏力，局部冲突持续发酵，全球性问题加剧，世界进入新的动荡变革期。未来全球制造业和产业链供应链格局将朝着区域化、本土化、数字化等方向加速调整和重塑。产业安全风险日益上升成为重要议题，各国都开始谋求建立独立自主、安全可控的产业体系，我国面临如何确保产业安全、增强发展主动权的重大挑战。

产业体系所面临的问题可以归结为我国科技支撑产业升级和经济社会发展的能力不足，并主要表现在以下方面：一是基于产品开发的横向创新活动存在研发机构或主体建设关联性和承接性不强的问题，企业、高校、科研机构间的创新资源衔接不够紧密，创新主体之间的协同创新机制还需进一步完善；二是由技术开发到产业化整个链条的研发流程存在弱链和断链的问题，部分关键环节受制于人，造成创新链的周转不畅与产业链的韧性不足；三是科技创新的政策集成效应与体制机制设计不足，各链条主体协作机制、考核评价和激励机制效果不明显，各环节要素整合存在堵点、卡点，项目、平台、人才、资金、政策的协同联动不足。为此，党的十九大报告提出以"四个协同"构建现代化产业体系，要求实体经济、科技创新、现代金融、人力资源协同发展。"四链"融合是"四个协同"的延伸和发展，也就是链条各环节均要实现"四个协同"，以更加有效地提高科技创新在实体经济发展中的贡献，增强现代金融服务实体经济的能力，优化人力资源支撑实体经济发展的作用，为打造自主可控、安全可靠、竞争力强的现代化产业体系提供有力支撑。事实上，产业链的每一个环节都可以衍生出一条创新链并嵌入产业链的主干链，而创新链又有助于破解产业链重大技术难题，按照产业发展需求部署创新链，针对产业链的痛点、卡点、堵点，集成各类创新资源，衔接不同创新主体，开展关键核心技术攻关，可以形成对产业链发展的有效支撑；创新链则是产业链发展的动力源泉，能提升产业链各环节及整体效益，引发产业链中供需链、空间链和价值链三个维度的重构。不仅如此，"四链"融合还将推动产业发展、科技创新、资本运作与人力资源开放的深度协同与对接，这将为构建现代化产业体系提供重要支撑。

四、发展社会主义市场经济体制的内在需要

坚持社会主义市场经济改革方向，是加快构建新发展格局，着力推动高质量发展的内在要求。习近平总书记高瞻远瞩地指出："加快构建新发展格局，要从两个维度来研究和布局：一是更有针对性地加快补上我国产业链供应链短板弱项，确保国民经济循环畅通；二是提升国内大循环内生动力和可靠性，提高国际竞争力，增强对国际循环的吸引力、推动力。为此，必须坚持问题导向和系统观念，着力破除制约加快构建新发展格局的主要矛盾和问题，全面深化改革，推进实践创新、制度创新，不断扬优势、补短板、强弱项。"沿着习近平总书记的重要指示，"四链"融合可以作为贯通经济循环的重要突破点，也是构建新发展格局的迫切需要。其中，创新链将基础研究到产业化的各个创新环节连接起来，不仅将某一新产品的创造过程尽可能地向上游或下游拓展，而且跟随产业链的延展而拓展，接通了创新过程中的断环和孤环，使得创新链与产业链各环节利益共享、风险共担。产业链可以整合上下游企业，联合科研机构、高校等社会力量，形成多个相互链接的完整的技术创新链条；同时，汇聚创新资源，产生规模经

济效应，提高创新链集成创新能力，形成完善的创新机制。资金链和人才链将不同环节的资金和人才要素连接起来，形成彼此关联的"毛细血管"，引导生产要素合理流动。

综合来看，创新链与产业链之间主要体现为技术上的供需关系，创新链是技术供给方，产业链是技术的需求方。创新链和产业链与资金链之间主要体现为资金的供需关系，创新链和产业链是资金需求方，资金链是资金供给方。创新链、产业链和资金链的深度融合意味着科技、产业与金融之间形成了协同互补、彼此赋能、整体优化的新发展格局。创新链和产业链与人才链之间主要体现为人才的供需关系，人才是知识和技能的载体，良好的发展环境促进人才聚集成链，并通过知识的传承、积累与技术的持续创新为产业链的转型升级和创新链的发展延伸提供强大的内在动力。四个链条以推动经济高质量发展为共同目标，创新链、产业链两链同向发力，资金链、人才链上各主体围绕创新链、产业链，在链条各个环节提供与需求相匹配的资金支持和人才支撑，步调一致、相互配合。推动"四链"融合能有效提升资源配置效率和质量，形成更加高效、稳定的要素供给能力，实现更加畅通无阻的经济循环。

五、实施人才强国战略的发展要求

党的二十大报告中指出，"必须坚持科技是第一生产力、人才是第一资源、创新是第一动力，深入实施科教兴国战略、人才强国战略、创新驱动发展战略，开辟发展新领域新赛道，不断塑造发展新动能新优势"，将教育、科技、人才统筹部署，这为"四链"融合发展提供了系统性条件。同时，党的二十大报告指出，"培养造就大批德才兼备的高素质人才，是国家和民族长远发展大计"，强调了人才在国家发展中的重要作用。

面临新一轮科技革命、应对纷繁复杂的国际环境，人才成为寻找科技创新突破口的关键，是重要战略资源。近年来，我国多措并举开展人才工作，锚定"加快建设世界重要人才中心和创新高地"的战略目标，不断壮大人才队伍规模、优化人才结构，全面提高人才素质能力，优化人才发展环境，人才工作取得了阶段性进展。同时，我们也要清醒地认识到，我国的人才工作还存在诸多问题。例如，人才的培养结果与产业端需求不匹配、人才对科技创新的产出支撑力度不足等。这需要我们充分认识到，人才作为知识和技能的主要载体，其链条完整度的实现，不仅关系着创新驱动发展战略的实施，而且影响着各种产业形态的协调健康发展。人才链与创新链和产业链的深度融合对于贯彻落实科学发展观，推进效率、和谐和持续相统一的绿色发展，促进经济高质量发展具有重要积极作用。

六、实现科技创新政策有效协同的新路径

科技创新政策涉及科学政策、经济政策、教育政策、人才政策、产业政策、技术政策、创新政策等多个领域协同发展。改革开放以来，我国不断出台完善各项政策，逐步建设形成中国特色的、完整的、系统性的科技创新政策体系。党的十八大以来，习近平总书记把创新摆在国家发展全局的核心位置，高度重视科技创新，围绕实施创新驱动发展战略发表了一系列重要讲话，提出了一系列适应当前新发展环境的新思想、新论断、新要求，强调加快推进以科技创新为核心的全面创新的重大战略意义。在党中央的坚强领导下，我国按照全面发力、多点突破、系统集成的思路，在明确改革的方向、重点、路线图的基础上，不断从创新链、产业链、资金链、人才链等各方面进行政策引领，例如，在科研组织模式、科研主体建设、科技人才评价、科技成果转化、创新生态管理等方面推出了许多有针对性的政策，致力于解决创新主体、创新动力与创新效率等方面存在的问题，这种系统性的政策思维在我国得到了高度关注并取得了积极的实践成效。

但是，当前创新态势相对于建设世界科技强国目标、实现科技自立自强的要求还有很大差距，需要继续沿着整体和系统视角，实现科

技创新政策协同互补。在这一背景下,"四链"融合的提出具有明显的系统观念,是基于东方哲学整体思维的"整合式创新",也是具有中国特色的创新范式。作为解决跨界创新问题所提出的前沿性政策手段,"四链"融合尊重科技创新和产业发展的运行规律,建立在对各链条系统梳理的基础之上,意在从宏观上完善链条中各主体的协作机制、评价方式和激励机制,关注科技、产业、资金和人才的协同联动。其重点是通过构筑完善的制度环境、营造公平的政策氛围、树立科学的指引指南、调节供需两端的总体平衡等方式,不断提升产业链的效率和竞争力。它既是一个围绕科技创新的系统工程,也强调制度、体制和政策及其实施主体的协同作用,是宏观设计、战略决策和整体运行的有机集合;其目的是发挥好科技创新与政策体系创新"两个轮子"一起转的作用,形成对创新主体的激励机制,在中观和微观层面影响科技创新活动,是科技创新政策有效协同的新路径。

第二节 研究内容

本书以系统性理论为指导,综合运用产业经济学、政治经济学、区域经济学、制度经济学等多学科理论,全面考察我国的创新链、产业链、资金链、人才链。为完整刻画我国创新链、产业链、资金链、人才链运行现状,深入分析"四链"融合的机理,为中国经济发展提供新思路。本书首先从学理角度对"四链"融合的科学内涵与相互关系进行分析,深入总结了各链条的内涵、结构、功能与地位,并从生产要素角度对"四链"融合的本质进行诠释。其次,本书立足实际,对我国"四链"融合的现实情况进行说明,基于国内外先进经验与典型案例给出相关启示。最后,本书将在问题研判的基础上,就中国"四链"融合所面临的典型问题,进行成因分析与前瞻性思考,为"四链"融合提出针对性的对策建议。具体来看,本书主要由上、中、下三篇,共八章内容构成。

上篇为科学内涵与理论分析，主要由三章内容构成。除本章内容外，还包括第二章和第三章。其中，第二章为"四链"融合的研究综述。第三章为"四链"融合内涵及理论分析，首先分别对创新链、产业链、资金链、人才链的内涵进行解释，在对已有定义进行评述的基础上，结合我国实际情况给出科学定义；其次，按照层层递进的研究思路，对"四链"融合的理论基础与链条之间的网络关系进行深入分析；最后，从生产要素在创新过程中的有机联系出发，分析"四链"融合状态下生产要素的有效配置，并对"四链"融合的本质进行诠释。

中篇为政策与实践，由三章内容构成。第四章为中国"四链"现实情况与融合测度，分别对创新链、产业链、资金链、人才链的运行情况进行系统性的说明。同时，对"四链"融合程度进行测算，并就其演化趋势进行深入分析。第五章为中国"四链"融合发展典型案例与特色实践，对重大战略产业和科技创新中心促进"四链"融合的做法案例进行分析。第六章为"四链"融合的国际比较与经验启示，选取了三个典型案例分析发达国家"四链"融合的相关经验，并提炼出三种融合模式。

下篇为问题研判与政策建议，由两章内容构成。其中，第七章为中国"四链"融合面临的问题及成因分析。第八章为促进"四链"深度融合的前瞻性思考和政策建议，本章从五个方面给出针对性建议，为利用中国经济发展新动能提供政策启示。

第三节　研究方法与技术路线

本书综合运用产业经济学、制度经济学以及统计学等多个学科中的理论和方法综合考察了中国"四链"（产业链、创新链、人才链、资金链）运行的理论及现实情况。具体来看，本书采用的方法包括文献调研、归纳演绎、描述性统计、耦合分析、案例分析等多种定性或定量分析方法。本书的技术路线如图1-1所示。

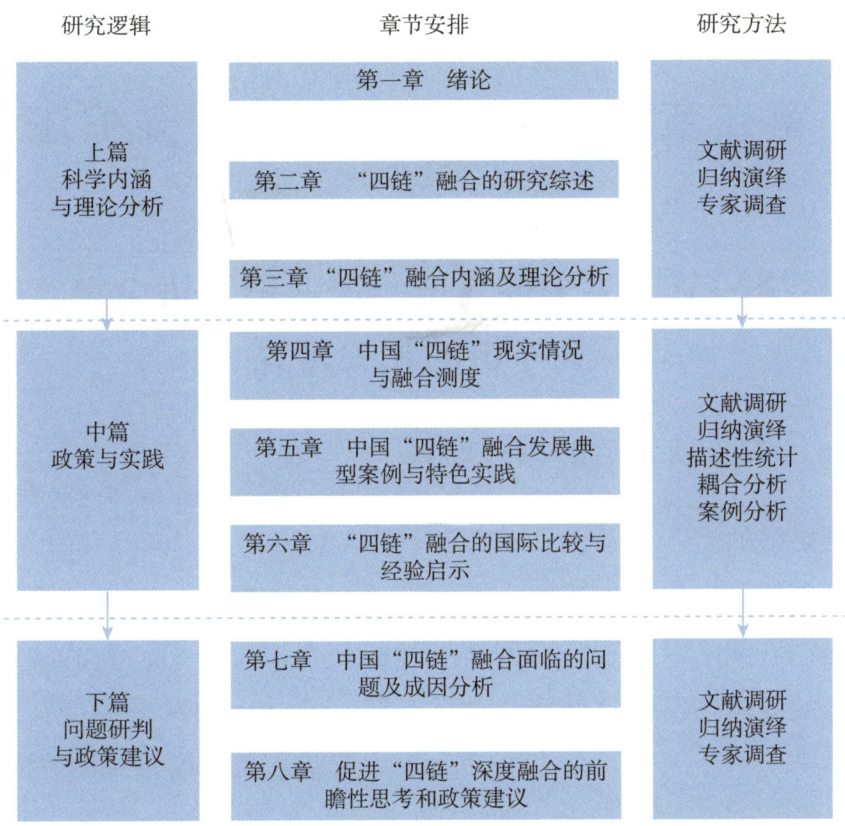

图 1-1 技术路线

本章参考文献

[1] 洪银兴. 论创新驱动经济发展战略 [J]. 经济学家, 2013 (1): 5-11.

[2] 梁正. 从科技政策到科技与创新政策——创新驱动发展战略下的政策范式转型与思考 [J]. 科学学研究, 2017, 35 (2): 170-176.

[3] 杨骞, 陈晓英, 田震. 新时代中国实施创新驱动发展战略的实践历程与重大成就 [J]. 数量经济技术经济研究, 2022, 39 (8): 3-21.

第二章 "四链"融合的研究综述

第一节 关于创新链、产业链、资金链、人才链的相关研究

一、关于创新链的相关研究

创新链的概念最早由 Marshall 和 Vredenburg（1992）提出，他们认为创新链是以创新为目的，在上下游企业间形成的多主体阶段性活动，是创新网络中用于分析创新过程的一个概念。当创新活动逐步以创新链的方式在组织之间建立并运行时，它必然会对区域创新、产业创新、企业创新绩效等多方面产生重大影响。大部分学者在界定创新链时是从创新链的阶段划分角度切入的，并提出了三阶段（Turkenburg，2002）、四阶段（Timmers，1999）、五阶段（Bamfield，2006）等多种概念。这种基于阶段论的创新链结构研究清晰地刻画出创新各阶段的特征，学者们基本认同创新链是指由科学思想产生到科学技术商业化的一系列流程组成的链条，对于创新链的阶段划分也逐步细化（李雪松和龚晓倩，2021；张岭和张胜，2015）。除创新链的概念外，学者们还将研究重点置于创新链的作用与影响上。当创新活动逐步以创新链的方式在组织之间建立并运行时，它必然会对区域创新、产业创新、企业创新绩效等多方面产生重大影响，学者开始转向研究创新链带来的各类经济效应，研究的核心脉络大致可以分为宏观和微观两个层面。

在宏观层面，学者们评价了区域创新链的建设效果，进而为优化区域创新链的结构，提升区域创新竞争力提供合理化建议。刘家树等

（2013）指出，创新链集成的作用在于耦合创新各环节信息、资源和人才，降低不确定性，减少"搭便车"现象，降低交易费用，从而提高科技成果转化效率和效果。余泳泽和刘大勇（2013）研究发现，通过加强创新链各个主体之间的联系，使得创新链各阶段形成良好的互动，可以实现循环的创新链外溢效应和对于区域创新效率的提升作用。同时，有学者研究创新链管理对特定产业带来的整体功效，表示创新链具有增值效应、集聚效应、辐射效应、加速效应四个功能，新成果的商品化和新技术的扩散对区域经济和生物医药相关产业的创新发展会产生明显的带动。在微观层面，学者检验创新链的构建是如何促进企业创新能力和创新绩效的显著提升（杨忠等，2019）。例如，从创新链不同性质的参与主体角度，企业与供应商的信息交流和资源整合，能够使企业获取关键信息和知识，改进产品和研发新产品（Fritsch 和 Slavtchev，2007）；与科研机构的合作可提升企业的研发效率，提高企业的创新能力（Oke 等，2013），包括供应商、经销商等纵向链与包括科研机构、政府等的横向链资源整合均能显著提高核心企业的创新行为和创新绩效（付丙海等，2015）。企业与创新链上的产学研、供应商或政府等创新主体不同的创新结构、采取不同的连接方式会对其创新绩效存在影响（孙佳怡等，2023）。从创新链不同阶段的溢出效应角度，知识创新、技术创新和营销创新及其相互促进关系能够提高企业竞争力（李桢，2021）。技术研发阶段和技术转化阶段知识溢出对高技术产业创新效率存在不同影响（武洋等，2021）。创新价值链具有单向溢出效应，知识创新效率提升能改善产品创新效率的前向溢出效应，而应用研究和试验发展的滞后则有可能导致大量科研成果难以转化为经济效益（赵增耀等，2015）。从创新链为企业提供的不同资源角度，资产类资源获取与技术创业呈倒"U"形关系，知识类资源获取与技术创业呈"U"形关系（康健和胡祖光，2017）。纵向创新链资源整合和横向链资源整合都对企业创新具有显著正向影响，纵向链资源整合和横向链资源整合都对创新绩效具有显著正向影响（付丙海等，2016）。创新链加强了企业与外部资源合作主体间合作互动的紧密性和互惠关系，能够为企业输送更多互补性、异质性资源，并激发企业注重各资源要素间协作关系和稳定互补关系，实现各创新参与方资源跨界融合、创新互利共生（Beers 和 Zand，2014）。但也有学者表示由于创新链上内外部创新源在资源、文化、空间和价值观方面的区别，外部创新技术的吸收与转化需要企业在多元创新主体与创新环节之间进行协调，无形中给企业增加了成本进而对企业财务绩效产生消极的作用（Bahemia 和 Squire，2010）。由此可见，创新链功能作用与经济效益的有效发挥有赖于主体自身的功能、互动关系和资源整合等。

二、关于产业链的相关研究

产业链是由若干"内含链"组成的多功能"链网"式中间组织形式（龚勤林，2004）。这些"内含链"或在产业链构建、演化过程中成为产业链的组成部分，或支撑产业链构建，形成产业"链"簇。例如，吴金明和邵旭（2006）对产业链的理论内涵进行了较为系统的论述，认为产业链是一个中观层面的概念，包括价值链、企业链、供需链和空间链，四个维度间具有内在的对接和运行规律。郑大庆等（2011）将产业链的维度划分为供需链、价值链、产品链、技术链和空间链，并认为其中产业链的主导技术是推动产业链重构的重要因素之一。李心芹等（2004）将产业链划分为资源导向型、产品导向型、需求导向型、市场导向型，并总结论述了四种类型产业链的结构特征。综合以上对产业链的概念和内涵演变过程的研究，可以认为产业链本质上是产业节点和节点间关联关系的集合，当关注点发生改变时，产业链的重点研究对象也会改变。

近些年来，学者主要从产业链供应链韧性安全、产业链现代化、产业链竞争力、产业链重构、产业链治理、产业链整合、产业链升级、产业链风险、产业链关联、产业链延伸、全产业链、价值链分工与结构、全球价值链、价值链升级与攀升、价值链风险、价值链重构等角度展开讨论。产业链供应链现代化是最新的话题，学者多围绕概念、路径、动力机制、水平测度、风险、时空演变等进行研究，但观点尚不成熟（宋华和杨雨东，2022；张其仔等，2021；刘志彪，2019）。产业链供应链韧性安全是国家和学界最关注的话题之一，主要是指供应链在遭受市场风险冲击后能够恢复到正常状态甚至达到更理想状态的能力（Christopher 和 Peck，2004；Soni 等，2014），随着产业链供应链成员关系、网络结构以及地理分布更加错综复杂，明显增加了产业链供应链遭遇外部不确定性冲击和造成链条中断的风险（Chowdhury 和 Quaddus，2017；Katsaliaki 等，2021）。有学者指出当前关于"韧性"的研究偏重管理学视角，缺乏经济学视角，有必要基于产业经济学理论进一步厘清产业链供应链韧性的内涵和机制（陶锋等，2023）。关于创新与产业链韧性安全的讨论不多，有学者表示技术创新能够提高产业链韧性安全，但这方面的实证研究仍比较缺乏（贺正楚等，2023）。国内较早将产业链与竞争力相联系起来的学者是郑学益（2000），他认为产业链以具有竞争优势的产品和企业为中心将这种优势扩大化，变成地区或整个产业的优势，从而增加竞争力。后续有多位学者围绕产业链竞争力的内涵、影响因素和形成机理展开分析（方伯芃等，2016；刘烈宏和陈治亚，2015；李心芹等，2004）。部分学者围绕产业链竞争力的评价测度进行研究（张义博，2021；蔡乌赶和许凤茹，2021；刘烈宏和陈治亚，2017），大量结果表明增加研究投入、提高技术创新能力和市场竞争力能够促进产业链竞争力提升。

当前，大国竞争背景下的第四次全球产业链重构正在加速演进，迫使中国加快推进产业链升级步伐，国内外学者围绕全球产业链重构的概念界定、表现形式、特点、演变趋势、风险影响、中国应对措施等展开讨论（石建勋等，2022）。其中，价值链的重构和分工被越来越多的学者所重视，中国在全球价值链的参与、全球价值链位置测度、全球价值链重构路径、价值链分工地位的影响因素等方面的研究越来越多，普遍认为打破全球价值链分工及利益分配的失衡，关键在于发展中国家摆脱长期的全球价值链低端锁定位置，缩小与发达国家在全球价值链分工地位的差异（吕越等，2018；戴翔和宋婕，2021），影响全球价值链重构的因素众多，禀赋变动、技术变革和制度重构是三大关键力量（黄亮雄等，2023）。自主创新是突破技术发展依赖，获取产业升级所需知识的途径，促进价值链重构和治理权获取（兰宏和聂鸣，2012）。但在当前数字经济等背景下，数字技术驱动的全球价值链重塑全球价值链的分工形态与分工地位，使其面临新的突出风险，学者普遍认为需要进一步强化我国自主创新能力建设，以解决"卡脖子"技术为首要任务，促进价值链升级（阳镇等，2022；徐兰和吴超林，2022；郭周明和裘莹，2020）。

三、关于资金链的相关研究

既有文献从不同角度对资金链进行定义与分析，例如，从企业角度来看，资金链是资金的"筹集——营运——控制——分配"的循环增值过程，也是围绕"现金——资产——增值后的现金"三个环节的一种良性循环模式，识别资金链的断裂风险是十分必要的（陈文泽，2010；张金昌和范瑞真，2012；许立新和史雪明，2013）。从产业角度看，资金链是支持产业创新过程的资金供给链条，其目标是满足创新主体在不同创新环节的资金需求（袁继新等，2016；李晓锋，2018；杨明和林正静，2021）。

从资金链对产业发展的支撑作用来看，资金在产业发展的不同阶段和企业不同生命周期中发挥着不同的作用，因而有相应更为适合的资金主体来供给。例如，张靖霞（2010）介绍了产业发展的生命周期中关于资金支持方式的变化。当企业在起步阶段，资金支持主要源于政府的财政科技政策、产业发展基金、政策性信贷以及风险投资；当企业跨过初创期步入成长期，产业的发展需要科技信贷和股票债券等资本市场的组合支撑；当企业进入成熟期，企业可以通过债券或其他资本市场的支持方式获取融资。段世德和徐璇（2011）认为科技金融在资本化方面的作用是依托高新技术产业的产业发展周期特征来实现的。顾海峰（2011）认为依托产业发展规律，针对产业在生命周期的不同阶段配置不同的资金支持手段和产品。翟华云（2016）研究发现地区科技金融可通过降低融资成本来提高资金使用效率，进而促进科技创新，推动高新技术企业发展，适当减少政府的干预行为，可以提高金融资源的有效配置。有部分学者关注金融结构和产业结构升级之间的匹配问题。杨子荣和张鹏杨（2018）研究发现最优的金融结构安排，不仅要满足产业的融资需求，还必须与特定发展阶段的要素禀赋结构及其内生决定的产业结构相适应。王文倩和张羽（2022）研究得出基于银行的间接融资有利于促进低风险特征技术推动的产业结构升级，而基于金融市场的直接融资有利于促进高风险特征技术推动的产业结构升级；当金融结构的调整满足产业结构升级的需求时，即金融结构和产业结构升级的匹配度升高时，可通过提升资源配置效率推动经济增长。

从资金链对科技创新的支撑作用来看，不同资金在创新发展的不同阶段发挥着不同的作用，应该根据每个阶段的风险特征，选取和提供最为恰当的资金类型。例如，芦锋等（2015）发现风险资本对创新链中技术创新阶段有突出的作用，而公共投资经费则起到了抑制作用。刘家树等（2016）认为不同的融资支持方式对创新链各环节均有明显的支撑作用，并且具有异质性和排序关系。张静等（2017）认为处于不同创新阶段、具备不同技术水平的企业，其创新目的和内容不同，创新风险和对资金需求的特征也不同，需要区别对待。研究得出处于较高创新阶段的企业，其股权融资占比与创新投入呈正相关关系；处于较低创新阶段企业的债权融资占比与技术创新投入呈正相关关系；除"创造技术阶段"企业外，营运资本对企业研发投资均体现出显著的平滑作用。高慧清（2017）研究科技金融在创新"研发——成果转化——产业化"三个发展阶段中的作用，发现企业自有资金的支持力度最大，基本覆盖三个阶段；政府科技经费投入主要侧重于研发和成果转化阶段；金融机构科技信贷对各阶段的支持效果均较弱；资本市场科技融资的支持效果未能显现。叶祥松和刘敬（2018）认为，中国科技创新困境突出表现为科技创新投入的大规模增长，并没有带来全要素生产率的显著提高和经济增长质量的提升。破解这一困境的关键是识别政府支持在科学研究与技术开发两类研发活动中的不同影响效果与作用机制。研究发现政府支持科学研究在长期内对提高全要素生产率存在促进作用，政府直接支持技术开发对提高全要素生产率不存在促进作用，当支持在合理范围内时可弱化技术开发对提高全要素生产率的抑制作用。综合来看，已有学者研究各类资金在创新和产业发展中不同阶段的作用，但少有研究考虑资金与产业创新之间的互动和协同问题。

四、关于人才链的相关研究

"人才"是一个具有中国特色的名词。在英语中，与人才相近的词语是"人力资源"或"人力资本"。我国对于"人才"一词的含义历来有多种不同的解释。比如，我国的《现代汉语词典》就以德才兼备的人和有某种特长的人，对人才进行了解释。而《辞海》则用有才识学问的人、德才兼备的人对人才作出解释。关于人才对经济增长贡献的研究，最早可以追溯到美国经济学家舒尔茨，其论证了人力资本投资是实现经济增长的关键（Schultz, 1961）。其中，人力资本不仅包含劳动力规模，还包括劳动力所具备的知识、能力、技术等一系列属性，这一概念符合我国对人才的定义。之后，许多学者论证了人力资本对宏观经济增长、区域创新、产业结构和微观企业效率等方面的积极作用。国内学者不仅引入了"人力资本"这一概念，在人力资本测算、人力资本错配等方面开展了大量研究（王增武等，2022；李静等，2017；易纲等，2003；丁小浩等，2020），还将其用作解释人才在区域发展、产业结构变迁与创新水平提高中重要作用（赵军等，2022；厉克奥博等，2022；廖俊敏等，2023），并以此为切入点论证通过教育或科研投入等提高劳动素质对经济增长和创新水平提高的积极影响（张鸿帅等，2022；赵红霞等，2021；邢孝兵等，2022）。

而"人才链"本身则是一个人才学的概念，被解释为"同一种才能类别的人才，连续出现的现象"，包括"血缘型人才链"和"师徒型人才链"（王通讯，1988）。随着人才与产业及创新的融合程度日益提高，人才链与产业链之间的关系问题逐渐成为研究热点。一方面，学者们从产业链的视角出发论证人才链、技术链、资金链等链条的构成与内在联系（黄依等，2012；詹晖等，2015；马莉等，2016）；另一方面，从人才培养的视角出发论证各类教育应依据产业链价值体系动态科学定位，实现产教融合，并给出优化教育结构等建议（秦虹，2013；施杨等，2017）。此外，也有研究从产业集聚和人才集聚的关系问题出发，阐述产业集群内的产业链与人才链的耦合效应（詹晖等，2015），并提出通过产业链与人才链的双重构建提高人才集聚的效果（张益丰和孙文浩，2018）。

第二节 关于"四链"融合的相关研究

在"四链"融合问题中，创新链和产业链的关系与融合机理是学者们的研究重点，其早期进入学术视野是为讨论我国经济发展过程中面临的创新资源配置效率与科技成果转化率低等问题（林森等，2001；朱瑞博，2010）。近年来，习近平总书记提出"要围绕产业链部署创新链、围绕创新链布局产业链""促进创新链和产业链精准对接"等论断，使得创新链和产业链的相互关系与融合机理受到学者们的关注。与此同时，资金链和人才链也在"四链"融合框架中被学者们置于系统性的分析之中。考虑到资金链和人才链在"四链"融合过程中起到了对创新链和产业链的要素支撑作用，为配合研究需要，本节将"四链"融合内在机理与相互关系的研究分为创新链和产业链融合的相关研究，资金链、创新链、产业链融合的相关研究，人才链、创新链、产业链融合的相关研究三个部分。

一、关于创新链和产业链融合的相关研究

关于创新链和产业链融合的关系可以分解为"创新链影响产业链"与"产业链影响创新链"两类（曲冠楠等，2023；李雪松和龚晓倩，2021；韩江波，2017；洪勇和苏敬勤，2007）。一方面，学者普遍认为创新链无法脱离产业链存在，必须嵌入产业发展过程。随着国际竞争日益激烈，大多数国家都将创新作为产业发展的驱动力，许多创新起源于产业需求并作用于产业发展，产业化成了科技创新的落脚点，创新脱离了产业发展的目标将失去价值实现的土壤（江曼琦和刘晨诗，2017；岳中刚，2014）。当前我国面临着产业"断链"的风险和产业链竞争力不强的困境，只有创新嵌入产业链的每一个环节才能提升我国的产业竞争力，实现产业升级。另一方面，学者普遍认为创新链能影响产业链各环节及整体的效益，引发产业链中供需链、空间链和价值链三个维度的重构（张其仔和许明，2020；林学军等，2018；江曼琦和梅林，2018；韩江波，2017；郑大庆等，2011），产业链薄弱环节的发展可通过创新实现升级，弥补产业链低水平发展的缺陷。同时，随着科技与产业变革的加速，创新链与产业链两者关系愈发密切和复杂。

除创新链和产业链的融合关系外，学者们还从多角度分析了二者融合的模式与逻辑。从主体角度来看，其融合模式是多主体通过耦合互动产生共振，进而实现价值增值（孔祥年，2019），要实现产业链创新链双向融合，数量足够多、质量足够高的市场主体是重要前提条件（胡乐明，2022）。从系统角度来看，产业链和创新链分别作为产业发展和技术创新的链式组织结构，具备要素的整合功能，而"两链"的融合发展可以进一步提高不同链条间要素的整合能力（高洪玮，2022）。因此，创新链与产业链的融合模式是创新链、产业链与创新资源、创新管理等环节的协同整合（徐新洲，2019）。产业链与创

新链融合发展必须基于先进制造业和现代服务业深度融合的产业体系（胡乐明，2022）。从运行机制来看，"两链"融合的模式主要可分为创新链推动产业链模式和产业链拉动创新链模式（韩江波，2017）。这两种模式与一国的经济发展阶段有关，对于经济领先的发达国家而言，产业发展处于国际前沿，其经济主要靠创新等高附加值环节推动，"两链"融合以创新链推动产业链模式为主。而对于经济相对落后的发展中国家而言，由于产业发展不充分，且缺乏核心技术，"两链"融合以产业链拉动创新链为主（梁文良，2023）。

二、关于资金链和创新链产业链融合的相关研究

在认识到资金链的重要性后，学者们也探讨了创新链、产业链与资金链的关系，并就融合路径提出建议。例如，李晓峰（2018）指出，从各链条在"三链"系统中的地位和作用来看，产业链是核心、创新链是根本动力、资金链是其他链条发展壮大的"资粮"。王玉冬等（2020）提出创新链与资金链相互作用，创新链是核心，持续有效的资金供给是创新取得成果的保障，创新链可以激发资金链。因此，应该根据创新链节点资金需求合理配置资金，提升资金效率和创新链绩效。王玉冬等（2021）将创新链与资金链的作用关系归纳为耦合、协同、融合三个阶段，提出可以通过产融结合、资金服务平台、产业技术创新联盟和政策支持四种方式，加深创新链和资金链的关系，推进融合进程。刘家树等（2022）以高新区为对象，提出载体—政府型、平台—主体协同型、载体—平台型三条驱动创新链与资金链高度融合的路径。梁树广等（2023）研究证明制造业产业链与创新链之间存在互促互进、协同升级的耦合互动关系，维持资金链稳定运行能够促进产业链和创新链优化升级；认为三链之间不是简单的两两关系，而是一种"传导—耦合—反馈—适应"的相互影响、相互作用的耦合关系，目标是通过传导机制、动力机制、协同机制和保障机制实现精准对接。由此，从搭建政产学研金服用共同体、利用数字技术、实施

链长制、构建科技服务体系等方面提出三链融合的路径。孙琴和刘戒骄（2023）认为需要以产业链为中心，以创新链为主体，以资金链为桥梁，整合系统资源，最终实现以创新链支撑产业链、以资金链畅通产业链的协同均衡发展。有部分学者还对创新链、产业链与资金链融合的经济效应进行研究。综合来看，在创新链、产业链与资金链组成的系统中，创新链和产业链是核心，资金链发挥支撑作用，由于产业链和创新链不同环节、不同参与主体特点不同，存在的风险以及对资金的需求也不同，需要根据不同的节点，对资金需求进行配置，以形成资金链对创新链和产业链的有效支撑。

三、关于人才链和创新链产业链融合的相关研究

随着党中央对教育、科技、人才一体谋划、一体部署，人才链逐渐从政策语境深入到学术视野，并与产业链、创新链和资金链等同时出现，部分研究已尝试探讨人才链与其他"链"的融合关系。纵观我国人才链建设情况，人才供需"两张皮"的问题并没有得到很好的解决，矛盾主要在人才链与其他链条的融合程度不够。关于这一问题，刘志彪（2021）认为，人才链在贯通创新链与产业链的过程中提供了积极可靠的支撑力量，为创新链、产业链奠定融合基础。其中，产业链与人才链融合的关键，是要让产业劳动者过上体面的社会生活；创新链与人才链融合，需要创造人才辈出的教育和创新环境；而把激励机制搞对，是资金链与人才链融合最重要的问题。王建冬等（2020）在将数据作为关键生产要素的驱动效应基础上，提出了数据要素与人才、资金、技术、产业等其他要素联动的三层次模型，构建了数据要素与其他生产要素协同联动的"五链协同"机制，包括"围绕产业链、整合数据链、联接创新链、激活资金链、培育人才链"等环节，动态联动人才链、资金链、创新链上的不同主体、不同要素。赵晨等（2023）以新型研发机构作为研究对象，从价值链视角对新型研发机构内部人才链支撑创新链、产业链融合的过程进行分析，归纳出新型

研发机构实践人才链支撑创新链与产业链融合的动态协同模式。此外，还有学者从教育链入手，探索人才链与其他链条的融合关系，并提出如企业与高校协同育人、依托产业学院的应用型人才培养形式等观点（成宝芝等，2021；苟文峰等，2021；赵晨等，2023；邹威等，2023；秦虹，2013）。

第三节 小结与研究评述

通过以上文献梳理可以发现，学术界也在以下两个方面进行了广泛研究：一是就"四链"间的关系进行分析，并重点阐述了"围绕产业链部署创新链、围绕创新链布局产业链"的问题，也有部分文献依托创新生态理论、区域创新理论、三螺旋模型等理论方法或用比较系统的思维分析"四链"融合的内在机理与相互关系；二是大量的文献与某一链条的内涵、结构、测度、作用等相关，并涌现出诸如产业链韧性、产业链现代化、创新网络等研究主题，也有研究从链式角度分析资金或人才的重要支撑作用。

已有文献为深化我国"四链"融合研究提供了有益的参考和启示。但是，从科技创新发展全过程的视角来看，既有研究在以下方面仍有待拓展：一是"四链"融合涉及生产要素及其组合在企业、政府、高校、科研院所、国家实验室、研发平台、中介机构、金融机构等多主体间的循环流转，以及生产、分配、流通、消费各环节的有机衔接，已有研究未能从完整的国民经济互动关系出发对我国"四链"融合的理论机制与实践路径进行系统性分析；二是"四链"融合涉及从企业到产业再到国家战略等不同层次，已有研究未能基于多层次的国民经济系统分析"四链"融合的发展逻辑。为此，本书以系统性理论为指导，综合运用多学科理论，深入考察我国创新链、产业链、资金链和人才链及其相互融合的理论和实践。立足科技自立自强这一强国之基，本书对"四链"融合的理论逻辑、典型经验与政策设计等进行了系统归纳与学理提升,测算了"四链"融合的演进情况与影响因素,探寻了"四链"融合的建构逻辑,为新科技革命下的经济发展贡献了中国智慧与中国经验。

本章参考文献

[1] 蔡乌赶,许凤茹. 中国制造业产业链现代化水平的测度 [J]. 统计与决策,2021,37(21):108-112.

[2] 陈文泽. 论危机中的资金链管理 [J]. 人口与经济,2010(S1):188-189.

[3] 成宝芝,徐权,张国发. 产教深度融合的产业学院人才培养机制探究 [J]. 中国高校科技,2021(Z1):98-102.

[4] 戴翔,宋婕. "一带一路"倡议的全球价值链优化效应——基于沿线参与国全球价值链分工地位提升的视角 [J]. 中国工业经济,2021(6):99-117.

[5] 翟华云,李妍茹. 政府干预、区域科技金融发展与高新技术企业融资效率 [J]. 财会通讯,2016(33):48-51.

[6] 丁小浩,黄依梵. 人力资本对经济增长的贡献:理论与方法 [J]. 北京大学教育评论,2020,18(1):27-41+189.

[7] 段世德,徐璇. 科技金融支撑战略性新兴产业发展研究 [J]. 科技进步与对策,2011,28(14):66-69.

[8] 方伯芃,孙林夫,唐慧佳. 基于自组织I/O映射神经网络的产业链核心竞争力 [J]. 计算机集成制造系统,2016,22(1):33-54.

[9] 付丙海,谢富纪,韩雨卿,李婧媛. 动态能力一定会带来创新绩效吗?——不确定坏境下的多层次分析 [J]. 科学学与科学技术管理,2016,37(12):41-52.

[10] 付丙海,谢富纪,韩雨卿. 创新链资源整合、双元性创新与创新绩效:基于长三角新创企业的实证研究 [J]. 中国软科学,2015(12):176-186.

[11] 高洪玮. 推动产业链创新链融合发展:理论内涵、现实进展与对策建议 [J]. 当代经济管理,2022,44(5):73-80.

[12] 高慧清. 河南省科技金融支持科技创新的有效性研究——基于面板模型的实证检验 [J]. 金融理论与实践,2017(12):65-70.

[13] 龚勤林. 论产业链构建与城乡统筹发展 [J]. 经济学家,2004(3):

121-123.

［14］苟文峰，赵伦. 全球产业链演化重构与产业人才链匹配研究——以重庆为例［J］. 开发研究，2021（1）：53-59.

［15］顾海峰. 战略性新兴产业演进的金融支持体系及政策研究——基于政策性金融的支持视角［J］. 科学学与科学技术管理，2011，32（7）：98-103.

［16］郭周明，裘莹. 数字经济时代全球价值链的重构：典型事实、理论机制与中国策略［J］. 改革，2020（10）：73-85.

［17］韩江波. 创新链与产业链融合研究——基于理论逻辑及其机制设计［J］. 技术经济与管理研究，2017（12）：32-36.

［18］贺正楚，李玉洁，吴艳. 产业协同集聚、技术创新与制造业产业链韧性［J］. 科学学研究，2024，42（3）：515-527.

［19］洪勇，苏敬勤. 发展中国家核心产业链与核心技术链的协同发展研究［J］. 中国工业经济，2007（6）：38-45.

［20］胡乐明，杨虎涛. 产业发展战略选择的内在逻辑——一个连接演进的解析框架［J］. 经济研究，2022，57（6）：45-63.

［21］黄亮雄，林子月，王贤彬. 工业机器人应用与全球价值链重构——基于出口产品议价能力的视角［J］. 中国工业经济，2023（2）：74-92.

［22］黄依，陈琳，李正锋. 资金、技术、人才视角下大飞机产业链发展模式研究［J］. 航空制造技术，2012（8）：87-91.

［23］江曼琦，刘晨诗. 基于提升产业链竞争力的京津冀创新链建设构想［J］. 河北学刊，2017，37（5）：151-157.

［24］江曼琦，梅林. 产业"链"簇关系辨析与协同发展策略研究［J］. 河北经贸大学学报，2018，39（1）：73-82.

［25］康健，胡祖光. 创新链内多重网络、创业能力与创业绩效关系研究［J］. 科技管理研究，2017，37（2）：7-16.

［26］孔祥年. 基于创新链与产业链融合的产业技术研究院运行机制及建设路径［J］. 中国高校科技，2019（10）：86-89.

［27］兰宏，聂鸣. 全球化背景的大飞机产业发展路径：自主创新与价值链重构［J］. 改革，2012（12）：43-51.

［28］李静，楠玉，刘霞辉. 中国经济稳增长难题：人力资本错配及其解决

途径 [J]. 经济研究, 2017, 52 (3): 18-31.

[29] 李晓峰. 加快生产性服务业与制造业融合促进粤港澳大湾区服务贸易发展 [J]. 广东经济, 2018 (10): 18-21.

[30] 李晓锋. "四链"融合提升创新生态系统能级的理论研究 [J]. 科研管理, 2018, 39 (9): 113-120.

[31] 李心芹, 李仕明, 兰永. 产业链结构类型研究 [J]. 电子科技大学学报 (社科版), 2004 (4): 60-63.

[32] 李雪松, 龚晓倩. 地区产业链、创新链的协同发展与全要素生产率 [J]. 经济问题探索, 2021 (11): 30-44.

[33] 李桢, 欧光军, 刘舒林. 高技术企业颠覆性技术创新能力影响因素识别与提升探究——基于创新生态系统视角 [J]. 技术与创新管理, 2021, 42 (1): 20-28.

[34] 厉克奥博, 李稻葵, 吴舒钰. 人口数量下降会导致经济增长放缓吗?——中国人力资源总量和经济长期增长潜力研究 [J]. 人口研究, 2022, 46 (6): 23-40.

[35] 梁树广, 张芃芃, 臧文嘉. 制造业创新链产业链资金链的耦合协调度与耦合路径研究 [J]. 调研世界, 2023 (1): 53-60.

[36] 梁文良. 创新链产业链融合的机制与效应研究 [D]. 南京: 中共江苏省委党校, 2024.

[37] 廖俊敏, 王韡, 徐朝阳. 产业结构变迁过程中的人力资本效应 [J]. 经济学 (季刊), 2023, 23 (4): 1356-1372.

[38] 林森, 苏竣, 张雅娴, 陈玲. 技术链、产业链和技术创新链: 理论分析与政策含义 [J]. 科学学研究, 2001 (4): 28-31+36.

[39] 林学军, 梁媛, 韩佳旭, 肖叶芬. 基于全球创新链与全球价值链双重螺旋模型的产业升级研究——以华为公司为例 [J]. 国际商务研究, 2018, 39 (5): 39-48.

[40] 刘家树, 范从来, 齐昕. 资金支持嵌入创新链的异质性效应研究 [J]. 江苏社会科学, 2016 (5): 1-8.

[41] 刘家树, 菅利荣, 洪功翔. 区域创新网络集聚系数测度及其效应分析 [J]. 财贸研究, 2013, 24 (3): 47-53

[42] 刘烈宏, 陈治亚. 电子信息产业链竞争力评价模型构建及分析——基于 SEM 和 FAHP 方法 [J]. 世界经济与政治论坛, 2017 (1): 153-169.

[43] 刘烈宏, 陈治亚. 基于产业生态理论的产业链竞争力演进与机理研究 [J]. 现代经济探讨, 2015 (12): 67-70.

[44] 刘志彪. 建设国内统一大市场: 影响因素与政策选择 [J]. 学术月刊, 2021, 53 (9): 49-56, 84.

[45] 刘志彪. 产业链现代化的产业经济学分析 [J]. 经济学家, 2019 (12): 5-13.

[46] 芦锋, 韩尚容. 我国科技金融对科技创新的影响研究——基于面板模型的分析 [J]. 中国软科学, 2015 (6): 139-147.

[47] 吕越, 盛斌. 探究"中国制造"的全球价值链"低端锁定"之谜 [J]. 清华金融评论, 2018 (10): 103-104.

[48] 马莉, 郭春荣, 干秋燕. 人才链与产业链的动态耦合分析——基于高等教育视角 [J]. 对外经贸, 2016 (6): 139-140.

[49] 秦虹. 职业教育专业链、人才链与产业链对接的探索——以天津职业院校与产业发展为例 [J]. 教育科学, 2013, 29 (5): 76-81.

[50] 曲冠楠, 陈凯华, 陈劲. 面向新发展格局的意义导向"创新链"管理 [J]. 科学学研究, 2023, 41 (1): 134-142, 180.

[51] 施杨, 王峥, 高茜. 苏州创新型孵化器建设模式及其对策研究 [J]. 科研管理, 2017, 38 (S1): 267-273.

[52] 石建勋, 卢丹宁, 徐玲. 第四次全球产业链重构与中国产业链升级研究 [J]. 财经问题研究, 2022 (4): 36-46.

[53] 宋华, 陶铮, 杨雨东. "制造的制造": 供应链金融如何使能数字商业生态的跃迁——基于小米集团供应链金融的案例研究 [J]. 中国工业经济, 2022 (9): 178-196.

[54] 孙佳怡, 杨忠, 徐森. 创新主体、创新行动对企业创新绩效的影响: 基于创新链理论的元分析 [J]. 系统管理学报, 2023, 32 (4): 761-773.

[55] 孙琴, 刘戒骄. 集成电路产业"三链"融合协同发展——机理分析与实证研究 [J]. 中国科技论坛, 2023 (7): 63-73.

[56] 陶锋, 王欣然, 徐扬, 朱盼. 数字化转型、产业链供应链韧性与企业

生产率[J]. 中国工业经济, 2023 (5): 118-136.

[57] 王建冬, 童楠楠. 数字经济背景下数据与其他生产要素的协同联动机制研究[J]. 电子政务, 2020 (3): 22-31.

[58] 王通讯. 人才学基本名词注释[J]. 人才研究, 1988 (6): 40-43.

[59] 王文倩, 张羽. 金融结构、产业结构升级和经济增长——基于不同特征的技术进步视角[J]. 经济学家, 2022 (2): 118-128.

[60] 王玉冬, 刘雪蕾, 李思泓. 高新技术产业创新链与资金链融合机理综述[J]. 财会通讯, 2021 (12): 19-23, 48.

[61] 王玉冬, 王萌, 邵弘. 战略性新兴产业创新链与资金链供需匹配研究述评[J]. 财会月刊, 2020 (6): 125-129.

[62] 王增武, 张晓东. 人力资本理论文献综述[J]. 江苏师范大学学报(哲学社会科学版), 2022, 48 (3): 97-110+124.

[63] 吴金明, 邵昶. 产业链形成机制研究——"4+4+4"模型[J]. 中国工业经济, 2006 (4): 36-43.

[64] 武洋, 高思嘉, 沈映春. 基于创新链视角的高技术产业知识溢出对创新效率的影响[J]. 天津工业大学学报, 2021, 40 (2): 81-88.

[65] 邢孝兵, 穆广磊, 徐洁香. 人口老龄化、教育人力资本与经济增长[J]. 山东财经大学学报, 2022, 34 (4): 5-14.

[66] 徐兰, 吴超林. 数字经济赋能制造业价值链攀升：影响机理、现实因素与靶向路径[J]. 经济学家, 2022 (7): 76-86.

[67] 徐新洲. 创新链与产业链融合下的科技成果转化——以南京林业大学为例[J]. 中国高校科技, 2019 (10): 8-12.

[68] 许立新, 史雪明. 基于资金链视角的企业融资约束及效率研究——以我国房地产上市公司为例[J]. 大连理工大学学报(社会科学版), 2013, 34 (1): 41-46.

[69] 阳镇, 李纪珍, 凌鸿程. 政策不确定性与创新数字化——双元创新的视角[J]. 科研管理, 2022, 43 (4): 1-10.

[70] 杨明, 林正静. 用创新生态理论和"四链"融合研究建设粤港澳大湾区国际科技创新中心[J]. 科技管理研究, 2021, 41 (13): 87-93.

[71] 杨子荣, 张鹏杨. 金融结构、产业结构与经济增长——基于新结构金

融学视角的实证检验［J］. 经济学（季刊），2018，17（2）：847－872.

［72］杨忠，李嘉. 创新链研究：内涵、效应及方向［J］. 南京大学学报（哲学·人文科学·社会科学），2019，56（05）：62－70＋159.

［73］叶祥松，刘敬. 异质性研发、政府支持与中国科技创新困境［J］. 经济研究，2018，53（9）：116－132.

［74］易纲，樊纲，李岩. 关于中国经济增长与全要素生产率的理论思考［J］. 经济研究，2003（8）：13－20＋90.

［75］余泳泽，刘大勇. 我国区域创新效率的空间外溢效应与价值链外溢效应——创新价值链视角下的多维空间面板模型研究［J］. 管理世界，2013（7）：6－20，70，187.

［76］袁继新，王小勇，林志坚，叶璟. 产业链、创新链、资金链"三链融合"的实证研究——以浙江智慧健康产业为例［J］. 科技管理研究，2016，36（14）：31－36，44.

［77］岳中刚. 战略性新兴产业技术链与产业链协同发展研究［J］. 科学学与科学技术管理，2014，35（2）：154－161.

［78］詹晖，吕康银. 产业集群的人才集聚机制研究［J］. 技术经济与管理研究，2015（5）：85－90.

［79］张鸿帅，张思源，王春枝. 人力资本对经济高质量发展的影响——教育与健康资本的双重视角［J］. 统计学报，2022，3（2）：16－30.

［80］张金昌，范瑞真. 资金链断裂成因的理论分析和实证检验［J］. 中国工业经济，2012（3）：95－107.

［81］张靖霞. 新兴战略性产业金融支持模式研究［J］. 会计之友（中旬刊），2010（11）：28－29.

［82］张静，王宏伟，张鑫. 融资结构、创新阶段与企业创新投入［J］. 北京工业大学学报（社会科学版），2017，17（2）：35－46，57.

［83］张岭，张胜. 创新驱动发展战略的金融支持体系［J］. 西安交通大学学报（社会科学版），2015，35（6）：24－29.

［84］张其仔，许明. 中国参与全球价值链与创新链、产业链的协同升级［J］. 改革，2020（6）：58－70.

［85］张义博. 产业链安全内涵与评价体系［J］. 中国经贸导刊，2021

(10): 55-59.

[86] 张益丰,孙文浩. 高技术产业与科技研发人才: 集聚形态、影响机制及演化路径[J]. 中国人力资源开发, 2018, 35 (3): 104-116.

[87] 赵晨,林晨,高中华. 人才链支撑创新链产业链的融合发展路径: 逻辑理路、中美比较以及政策启示[J]. 中国软科学, 2023 (11): 23-37.

[88] 赵红霞,朱惠. 教育人力资本结构高级化促进经济增长了吗——基于产业结构升级的门槛效应分析[J]. 教育研究, 2021, 42 (11): 138-150.

[89] 赵军,张华峰. 人口红利与经济增长: 综述与展望[J]. 财会月刊, 2022 (6): 133-137.

[90] 赵增耀,章小波,沈能. 区域协同创新效率的多维溢出效应[J]. 中国工业经济, 2015 (1): 32-44.

[91] 郑大庆,张赞,于俊府. 产业链整合理论探讨[J]. 科技进步与对策, 2011, 28 (2): 64-68.

[92] 郑学益. 构筑产业链形成核心竞争力——兼谈福建发展的定位及其战略选择[J]. 福建改革, 2000 (8): 14-15.

[93] 朱瑞博. "十二五"时期上海高技术产业发展: 创新链与产业链融合战略研究[J]. 上海经济研究, 2010 (7): 94-106.

[94] 邹威,田莉,杨琨. 建设优质创新资本中心 推动创新链产业链资金链人才链深度融合[J]. 清华金融评论, 2023 (1): 33-35.

[95] Bahemia H, Squire B. A contingent perspective of open innovation in new product development projects [J]. International Journal of Innovation Management, 2010, 14 (4): 603-627.

[96] Bamfield P. Research and development management in the chemical and pharmaceutical industry [M]. Engineering, Business, 2003.

[97] Chowdhury M M H, Quaddus M. Supply chain resilience: Conceptualization and scale development using dynamic capability theory [J]. International Journal of Production Economics, 2017, 188: 185-204.

[98] Christopher M, Peck H. Building the Resilient Supply Chain [J]. International Journal of Logistics Management, 2004, 15 (2): 1-13.

[99] Fritsch M, Slavtchev V. Universities and innovation in space [J]. Industry

and innovation, 2007, 14 (2): 201 – 218.

［100］Katsaliaki K, Galetsi P, Kumar S. Supply chain disruptions and resilience: A major review and future research agenda ［J］. Annals of Operations Research, 2021: 1 – 38.

［101］Marshall J J, Vredenburg H. An Empirical Study of Factors Influencing Innovation Implementation in Industrial Sales Organizations. ［J］. Academy of Marketing Science, 1992, 20 (3): 205 – 215.

［102］Oke A, Prajogo D I, Jayaram J. Strengthening the Innovation Chain: The Role of Internal Innovation Climate and Strategic Relationships with Supply Chain Partners ［J］. Journal of Supply Chain Management, 2013, 49 (4): 43 – 58.

［103］Schultz T W. Investment in Human Capital ［J］. The American Economic Review, 1961, 51 (1): 1 – 17.

［104］Soni U, Jain V, Kumar S. Measuring supply chain resilience using a deterministic modeling approach ［J］. Computers & Industrial Engineering, 2014, 74: 11 – 25.

［105］Timmers P. Building Effective Public R&D Programmes ［C］. Portland: Proceedings of the Portland International Conference on Management of Engineering and Technology (PICMET'99) on "Technology and Innovation Management", 1999: 591 – 597.

［106］Turkenburg W C. The Innovation Chain: Policies to Promote Energy Innovations. Energy for Sustainable Development ［M］. New York: The UN Publications, 2002: 137 – 172.

［107］Van Beers C, Zand F. R&D cooperation, partner diversity, and innovation performance: an empirical analysis ［J］. Journal of Product Innovation Management, 2014, 31 (2): 292 – 312.

第三章 "四链"融合内涵及理论分析

第一节 "四链"融合的理论内涵

当前,创新链、产业链、资金链、人才链等已经成为频繁出现在政策语境下的词汇,但学术界在理论层面上对其探讨较少。为了更好地理解"四链"融合,本章意图从学理上厘清创新链、产业链、资金链、人才链的基本概念及其融合关系。

一、基本内涵

(一)创新链的基本内涵

1. 创新链的既有定义

创新是现代经济增长的核心特征。熊彼特开创了该领域的先河,并于1912年最早在德文版《经济发展理论》一书中提出"创新理论"(Innovation Theory)。在这一理论下,创新指通过生产要素(新产品、新方法、新市场、新资源、新组织)的重组,创造新的产品组合或服务。也就是说,创新不只局限于技术概念,还是一个内涵丰富的经济概念。《奥斯陆手册——创新数据的采集和解释指南》(2005)也认为,创新不仅指新技术的研发,还应包括将其转化成现实生产力与扩散的全过程。这个过程包括了研发投入到技术创新的转化,创新成果到产品的转化,并由企业到市场的扩散等一系列环节,构成了一条具有商业价值的链式体系。

创新链的概念最早由 Marshall 和 Vredenburg(1992)提出,是创新网络中用于分析创新过程的一个概念。通过创新链的环节分解来界定创新链是一种常用方式。企业内部技术推动与外部市场拉动，彼此反馈来实现研发和营销的耦合，从而形成创新链（Rothwell，1992）。Timmers（1999）则认为，创新链是包括基础科学与知识的生产、应用性技术研发、技术成果应用等一系列步骤，各个步骤之间有相对独立的空间。Turkenbur（1999）在能源可持续发展的论著中检视了创新链的三个不同阶段：研究与开发、示范、扩散。类似地，Johansson（2002）在能源产业发展的研究中指出创新链包含研究和开发、建立示范项目以及技术扩散三个阶段。此后的学者对创新链的职能定义更加明确，对创新链的阶段划分更加细化，创新链的思想也逐渐拓展至微观的企业层面和宏观的国家层面。从微观角度来看，Sen（2003）从知识的角度提出了创新链的五阶段论，认为创新链由思想创新、发明、研究论文、许可、产品五部分组成；Bamfield（2006）则对企业的创新过程进行分解，将创新链的过程划分为试验研发、工艺开发、产品试制、市场启动和产品生产销售五个阶段。从宏观角度来看，Larson（2002）认为创新链是将知识、创新与财富相连接，最终促使经济社会发展实现国家繁荣的过程，创新链由基础研究和应用研究、技术研发、新产品和新工艺的产业化和商业化等阶段构成，体现了从科学价值到技术价值、再到经济价值的转化过程。创新链首先将理论知识转换到实际应用，这可以体现为产品上的创新或工艺上的改善；其次是把创新应用带入市场需求与商业世界；最后则是将企业及其直接客户群的利益从地方扩张到整个国家经济。

在国外研究的影响下，国内学者也开始对创新链的定义与内涵展开研究。如直接采用国外的创新链概念，将创新链定义为包括科学知识、技术知识发现到产业化的过程，并认为创新链中存在某个创新核心主体，出于满足市场需求的动机，将相关的创新参与主体连接起来，实现知识经济化和创新系统优化的一种功能结构模式（蔡翔，2002）；类似的概念也得到其他学者的支持，并被总结为从基础研究、应用研究、技术开发、产品设计、试制改进、制造生产到营销策划的完整技术经济过程（李雪松和龚晓倩，2021；张岭和张胜，2015）。此外，国内学者还衍生出了其他观点，如将创新链视作建立在多个企业分工协作基础上的一种"求新"生态图谱或生态体系（代明等，2009）；从资源配置角度来看，创新链还被归纳为社会资源优化配置的过程，是将科研活动所产出的创新成果产品化，并在市场竞争中脱颖而出，最终形成社会经济中细分产业的全过程（林森等，2001）；从核心主体来看，创新链被视为政产学研用等各创新主体紧密结合的结构模式，这里的主体包括高等院校、科研机构、企业、政府、中介机构、投融资机构等（李晓锋，2018；邢超，2012）；从价值论来看，创新链指以满足市场需求为导向，实现知识成果产业化、市场化和经济化的过程，从该意义上，一条完整的创新链一定包含产业化阶段（杨忠等，2019）；从创新内容来看，创新链分为技术创新链、产品创新链、成果转化链和新产品销售链（刘家树等，2016）。近年来，学者们对创新链职能阶段的划分更加细致，认为创新链是由基于共同创新导向的各种经营主体依托价值关联而形成的（康健和胡祖光，2016）；将创新链视作由创意研发、知识物化、产品成形、市场营销四个环节构成的完整链条（李婷等，2015）。不过，也有学者将创新链与核心企业、创新环境并列，作为构成创新生态系统的三个重要部分，并将创新链与技术创新链视为同义，认为核心企业不属于创新链，创新链仅包括高等院校、科研机构、中介机构和配套企业（曹祎遐和高文婧，2015）。

2. 对已有定义的评析

综合来看，上述成果在总体上对创新链的概念内涵挖掘不断深入，同时将创新链的概念外延也进行了持续研究。这些对创新链的概念界定大量借鉴了系统论的若干术语与表述方式，对于创新链中的主体定位、阶段划分、过程描述和功能分析等方面都有较为全面的论述，这为本书界定创新链的定义与内涵提供了良好的借鉴。

不难发现，不同学者在不同的背景下，出于各自研究的需要，从不同角度对创新链进行了定义，还有学者采用与创新链相关的概念，如"技术创新链""创新价值链""全球创新链"等多种概念。他们都意识到创新活动已经超出单个企业的边界，是由多方面参与主体来共同实现创新成果，而且他们都从创新成果的产生过程角度出发，界定创新活动的链式过程，但他们的概念也存在着一定区别。应该说，从某一角度看，这些定义或概念都是正确的，但也都有一定的局限性。造成这种现象的原因有四个：一是由于创新链本身概念的模糊性和内涵的复杂性，学术界在对纷繁芜杂的创新链现象研究中，始终缺乏一个明晰的分析框架。二是创新链研究尚不充分，实际工作中，涉及"创新链"这个词的文章及相关政策文件大量涌现，但学术界从理论上研究创新链的文献却很少，不同学者从不同视角给出了创新链的不同定义恰恰说明了这一点。三是分析视角存在差异，创新链在发展演变过程中，其思想逐渐从微观的企业层面延展至宏观产业、区域乃至国家层面，从微观企业层面来界定创新链，其涵盖范围相对较窄，牵涉主体相对少，但是对各参与主体之间的互动、竞争、反馈等关系描述更加充分；从宏观、产业或区域层面来界定创新链，创新链所涵盖的范围更广，牵涉的主体更多，更注重经济发展战略的转变和政府政策对创新链的影响分析。四是创新链的不同相关概念还体现了不同学者关注重心的差异，这些关注重心的差异可能体现为学者提出创新链相关概念的问题背景不同，也可能体现为学者关注创新链的细分环节存在差异。

尽管学者们对创新链的理解角度不同，但其内涵至少包括以下几个核心：（1）以市场需求为导向。无论是功能论还是主体论，其落脚点都是技术革新的大规模市场应用，强调市场竞争在创新链中的重要作用。（2）存在多个创新主体或若干功能节点。在创新活动中直接或间接发挥功能作用的上下游企业、政府、高校、科研院所及孵化器、实验基地、公共研发平台、法律会计专利等中介机构、风险投资等金融服务、能源物流后勤等保障系统都可以称作创新主体或功能节点。各主体和节点之间通过交互作用最终实现一项或一系列创新并获得相应成果，节点之间存在一定的互补性。（3）强调价值创造和价值增值。创新的目的是实现价值，不仅包括创新链上游主体的价值，而且包括创新链下游主体的价值；不仅包括企业的价值，而且包括科研机构或政府等其他创新链主体的价值；不仅包括创新产生者的价值，而且包括创新使用者的价值，这是一个价值共创的过程。这一点集中体现于价值论角度的定义，完整的创新链一定包含产业化阶段，包含价值实现的过程。（4）主要活动目的在于整合创新资源，发挥协作效应。这种协作关系是以创新为纽带形成的，因为各节点上的不同主体拥有共同目标——实现知识的经济化与创新系统的优化。创新链的组织架构是由多个创新主体开放合作构成的，而各个创新主体在创新链中的主要活动是对流动于链上的各种各样的创新要素进行整合。其中，既包括对材料、资金等有形资源的整合，也包括对知识、信息等无形资源的整合，最终目的是让资源能高效整合，发挥整体协作效应。从全局出发进行的分工协作可以保证资源的自由流动，缩短创新时间和成本。这种共生体的形成及其导致的经济组织内部或外部、直接或间接资源配置效益的改进既可以带来组织效益的增加，又可以带来社会福利的增长。

3. 创新链的科学定义与核心内涵

为了准确把握创新链概念的本质，我们先来研究创新链的模式演变及结构类型，再来研究创新链的科学定义。

（1）创新链的结构类型。

尽管创新链的本质是科技成果产业化的过程，但因涉及多部门、多行业、多产品、多功能、多环节、多地区，加上多链条相互交织、纵横交错，创新链的结构极其复杂，更像是某种网络关系。为了较全面地分析产业链的结构，本书拟从产业视角、功能视角、空间视角、内容视角以及主体视角等多角度分析创新链的结构类型，以期完整地反映创新链的内部复杂关系。

①从功能视角来看，可以将创新链描述为从基础研究到技术开发再到开拓新市场的过程，传统的线性创新链模型可以视为功能视角下的典型模式，如图 3-1 所示。在这一结构下，创新链可视为围绕某一产品开发，以满足市场需求为导向，以创新性知识供给、技术供给和配套产品供给为载体，通过技术创新、组织创新和管理创新将相关的创新主体整合起来，以实现技术产业化和市场化过程的功能链接组织，其具体环节可分为：创新需求分析、提出创新构思、基础研究、应用研究、设计开发、生产制造、营销策划等活动。

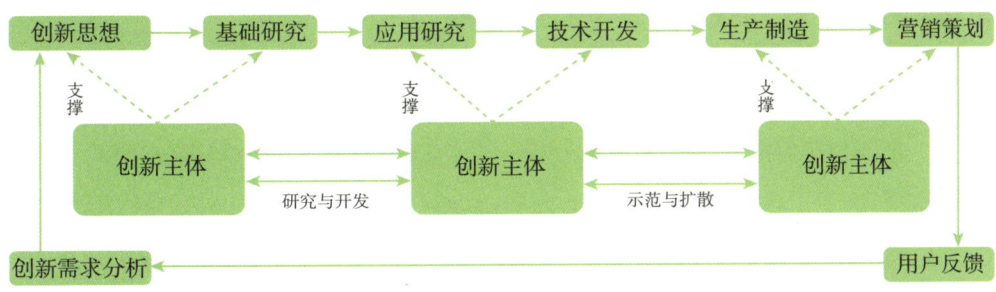

图 3-1　基于功能视角的创新链结构

②内容视角是功能视角的进一步分化，有助厘清创新链各环节的优势和劣势。从内容视角来看，创新链的各环节可以进一步细化并被拆分为环环相扣的几个子链条。如图 3-2 所示，创新链可以被拆分为知识技术创新链、技术产品创新链、成果转化创新链和新产品销售创新链。其中，知识技术创新链描述从创新思想、知识通过筛选论证等环节得到设计构想再到实验模型及测试孵化的过程，是从理论走向生产实际的过程，这一子链条主要耗费研发人员工资、技术调研及测试等费用，但由于其潜在盈利能力与价值增值能力难以被资金供给者进行科学评估，一般依靠内源资金补充，但是银行贷款、证券市场融资会增加企业现金流，对企业开展基础性研究具有促进作用；技术产品创新链承接知识技术创新链，并进一步经过设计开发与反复实验等形成在技术上可行的产品，是从技术到产品雏形的过程，此阶段创新主

体具有了可以评估的知识产权、研发设备等无形或有形资产,尽管所需费用大幅上涨,但由于具有基本成熟的技术商品,信息不确定性大幅降低;成果转化创新链始于技术商品,并经过产品改进等反复过程形成新产品,这一子链条受到投资者的青睐,并直接与新产品销售链连接,是实现创新成果的关键环节;新产品销售创新链则是产品市场化的过程。

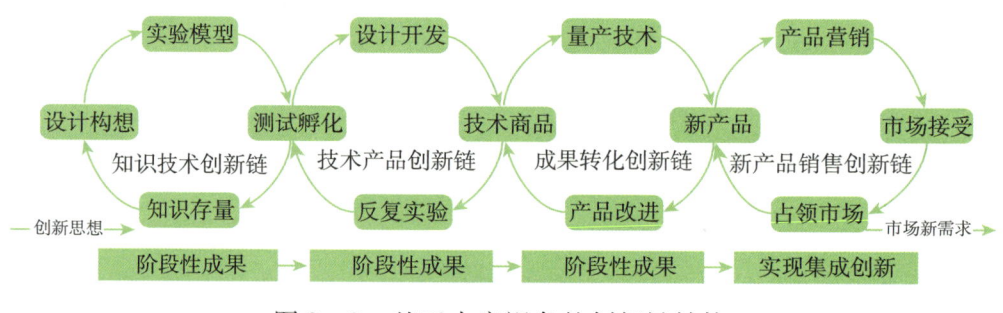

图3-2 基于内容视角的创新链结构

③从主体视角来看,创新链可以被描述为各主体相互作用的一个网络,如图3-3所示。主导创新链的核心主体是企业,企业依据市场需求和政府导向,将从高等院校、科研机构获取的创新技术转化为产品和服务;高等院校、科研机构的核心功能是开展基础研究和应用研究,并为企业和其他环节提供科学和技术知识,同时也通过企业促进科技成果的应用和转移转化;各个组织机构相互协调配合,发挥协同作用,产生合力,形成最终的科技创新成果。这个创新成果最终会传播到创新链系统以外,影响系统外的组织机构或个体的行为,系统外的要素会产生正向反应从而反过来影响这个创新生态系统。

④从空间视角来看,创新链可以进一步从多种角度进行理解,如企业内部各环节之间的空间联系、企业间的空间联系或区域间的空间联系。为了不失一般性,本书按照创新能力所反映的梯度分布格局,将某一系统内的创新节点或创新区域划分为创新核心区、创新近核区以及创新边缘区,如图3-4所示。其中,创新核心区是创新链的核心,拥有核心竞争力、自主知识产权和自主品牌,同时也

是创新思想、技术开发、品牌创造与产品设计的主体；创新近核区则承担部分创新核心区的功能，并最先受到创新成果的辐射、扩散与转移；创新边缘区则为创新核心区和创新近核区提供创新所需的人才、资金、市场等，同时也负责承担产品营销、外协采购、装配制造等功能，并接受来自创新近核区的创意溢出与技术下沉。此外，某一系统与系统外相比，可能也作为创新核心区或创新边缘区的身份出现，接受来自更高级别创新区域的创新思想与前沿技术的溢出，同时也承担作为创新边缘区的部分功能。

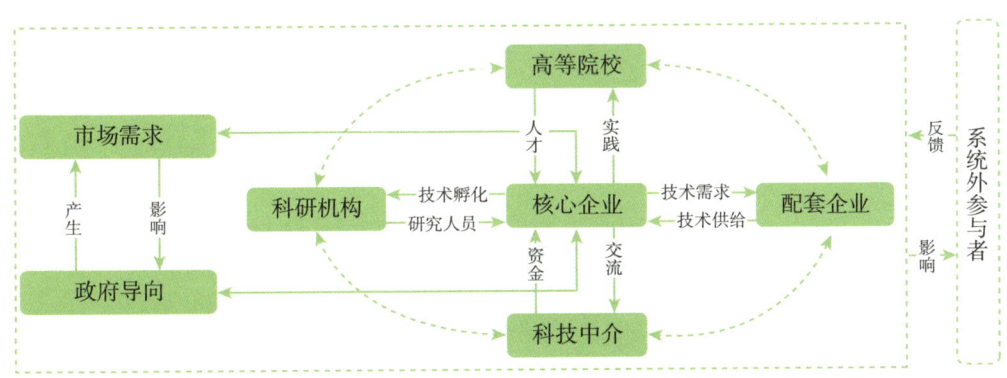

图3-3 基于主体视角的创新链结构

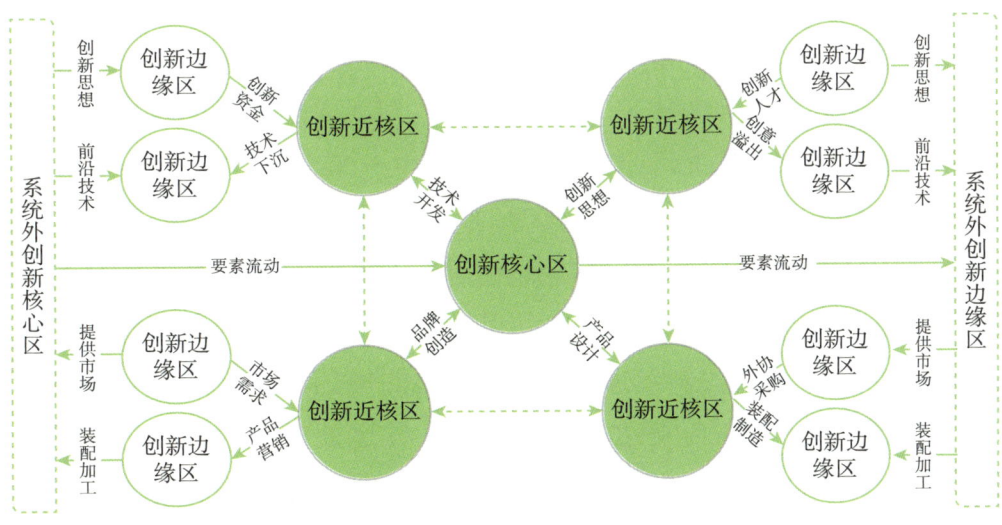

图3-4 基于空间视角的创新链结构

⑤从产业视角来看，将纵向创新链视为围绕产业链上下游不同环节的零部件（或产品）进行研发、改造或创新时，由产业链上下游技术的关联性、匹配性或融合性而形成的链条式创新结构，其目的是更好地实现产业上下游协同的集成创新。其中，创新链与产业链之间主要体现为技术上的供需关系，创新链是技术供给方，产业链是技术的需求方。图3-5展示了基于产业链上下游协同的纵向创新链结构，在产业链上下游各环节，面对产业链的技术需求，创新链可以进一步分解为前端、中端与后端，前端负责基础研究与应用研究，中端承接技术研发与技术熟化，后端则致力于产业化与商业化。

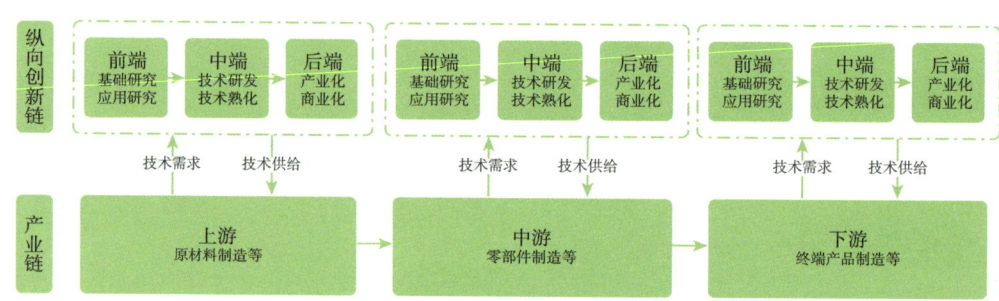

图3-5 基于产业链上下游协同的纵向创新链结构

（2）创新链的模式演变。

除了致力于不断丰富和完善创新链的定义和内涵之外，既有研究从功能视角或内容视角出发，也十分关注创新链的模式，学者们也发现创新链中各环节之间呈现出来的线性流特征。沿着 Rothwell 和 Turkenbur 的思路，我们可以将典型的线性创新链模式分为两类。第一类线性创新链模式描述了从基础研究到技术开发再到开拓一个新市场或占领现有市场的线性过程，可以用技术推动理论解释，即科学技术上的重大突破是驱使技术创新产生和活动的原因，它呈现的是一条正向线性创新链，最先为发达国家所采用，并迅速成为世界上沿用最广的创新链模式。但它忽略了创新链各阶段的互动，导致创新过程后期容易出现不可预知的问题，这对前期阶段的准备工作提出了更高的要求，也带来了第二类线性创新链模式的兴盛。第二类线性创新链模式反映了创新链的各阶段存在一定程度的渗透，它更精确地描述了技术开发是如何进行的，可以用市场拉动理论解释，即市场需求对产品和技术提出的明确要求引导技术创新创造适销产品，它清晰地显示了市场是如何影响基础研究的，呈现的是一条反向反馈的线性创新链。

此后，随着创新行为的增多和复杂化，创新不再只是一个从研发到新产品的线性流，创新链的模式也随之进化，并日益从线性向非线性演化。非线性创新链刻画了技术与市场匹配、反馈、修正以及多个创新主体多重互动和学习的过程，每个阶段都包含了技术的改进、成本的降低、制约和动力因素变动等，它考虑了技术推动和市场需求两个方面。但线性和非线性创新链中的每个阶段仍缺少对组织间互动的关注。而新型商业环境则更强调的是一种跨企业边界、跨产业部门的开放性。非线性创新链也逐渐向循环创新链、生态创新链、网络创新链等演化。其中，循环创新链是一种组织边界更加开放、互融互通的结构，其创新的不同环节被打散并根据市场需求来整合，企业之间的关系逐渐由单一市场交易关系偏向战略网络，其关注点也从外部科学技术、市场、向战略投资、组织开放网络关系等转移。生态创新链则强调企业间存在着相互构建创新链的"自我持续机制"，企业通过系统的自循环或外循环方式创新，为本企业或其他企业提供"创新来源"。网络创新链可以理解为随着产业链呈现出多主体相互交织的网络化特征，创新网络将不同的组织机构如高校、科研机构、企业、金融机构、政府、科技中介服务机构联结起来，形成各主体优势互补、资源共享和风险分散的一个网状结构。

综合来看，尽管创新链的模式不断演变并形成多种模式，但其本质是科技成果产业化的过程，是从新思想到技术，再到价值市场实现的一系列职能活动的序列集合，链的起点是创意孕育，终点是成熟技术产业化，一般由核心企业、上下游企业、科研院校等主体来担当的节点，以及由政府和中介机构等其他社会组织来担当的支撑点两部分构成。

(3) 创新链的科学定义。

综合上述研究，一般认为从基础科学研究到形成科学知识，再利用科学知识指导技术革新并最终实现大规模市场应用的过程即是创新链。也有部分学者认为创新链是政、产、学、研、用紧密结合的结构模式，主要围绕某一核心创新主体，以满足市场需求为导向，通过知识创新将相关的创新主体连接起来，以实现知识经济化过程与创新系统优化目标的功能链接组织。但考虑到本书的研究目的，完整地定义创新链的内涵还要考虑中国现实的经济运行情况，既要强调中国在体制、资金、社会文化等方面的特有国情，又要考虑科学技术自身共性的发展规律，即在一般制度框架下创新链的运行模式。"四链"深度融合，既是推动要素市场化、构建新发展格局的重要抓手，也是提升国家创新体系整体效能的内在要求，对于面对大国博弈和地缘政治动荡等一系列扰动下的经济发展新环境具有至关重要的意义。鉴于此，本书从要素配置角度和创新过程各环节等方面对创新链的内涵进行解释：创新链由基础研究和应用研究、技术研发、新产品和新工艺的产业化和商业化等阶段构成，是在市场机制占主导及政府参与配合下社会资源优化配置并将科研活动所产出的创新成果产品化，最终形成社会经济中细分产业的全过程，是以价值增值为导向，依据特定的逻辑联系和时空布局形成的上下关联的、动态的链式组织。简言之，创新链是在市场联系机制和要素供需关系的作用下，从科学思想和技术到其产生经济社会价值的一系列活动的组合。

具体来看，上述创新链的定义除具有既有研究所提及的以市场需求为导向、存在多个创新主体或若干功能节点、强调价值创造和价值增值、主要活动目的在于整合创新资源的共同点外，还具备以下含义。

①创新链的本质，是借助市场化的联系机制，通过供需牵引，使创新要素达到最优化配置状态，但在这一过程中政府也发挥了作为管理者和参与者的作用。政府通过宏观协调、政策制定等纠正市

场失灵；同时，政府还通过直接参与创新投资弥补单纯通过市场配置创新投资可能出现的市场失灵问题，或通过建设创新活动所需要的基础设施介入需要长周期大规模的创新活动。这一含义强调市场力量与政府作用的相互协调，体现出社会主义市场经济体制的优势，市场在配置科技资源中起决定性作用，是形成推动科技创新的不竭动力和无尽活力，并主要体现在企业的生产活动中。政府的作用在于修复失灵，其在创新要素配置中的主导与能动作用重点表现在制定创新战略，指引创新方向；激励创新主体，唤醒创新活力；协调创新活动，提升创新效率；资助重点领域创新，促进多元创新涌现等方面。

②创新链有很多种类，从不同角度划分有不同的类型，它们从不同的侧面反映创新链的复杂关系，描绘创新链中各主体或节点的互动作用。从总体上看，创新链由各类子链条构成，如从内容角度看，创新链由知识技术创新链、技术产品创新链、成果转化创新链和新产品销售创新链等不同子链条组成；或基于产业链上下游所区分的各个"前端——中端——后端"子链条。所以，创新链是一个包含不同子链条的复合链。

③创新链有不同的维度，并不断延展。创新链不仅将某一新产品的创造过程尽可能地向上游或下游拓展，还跟随产业链的延展而延展，接通了创新过程中的断环和孤环，使得创新链与产业链各环节利益共享、风险共担；创新链还延伸出新兴的创新链，进一步增加创新链的附加价值；创新链不仅在产品、产业层面延伸，还在企业间或地域空间范围内借助合作形式串联起来。

④创新链包含生产分工和市场交易两大环节。链内不同企业的专业化分工和企业部门间的垂直协作关系在生产功能上是完全一致的，众多企业围绕某一核心企业或某一产品系列在垂直方向上形成了前后关联的一体化链条。创新链的交易既含有链内企业间的交易，也包含链内企业与链外企业的交易。

(二) 产业链的基本内涵

1. 产业链的已有定义及评述

亚当·斯密关于分工的论断被认为是产业链理论的滥觞。在《国富论》中，亚当·斯密揭示了工业生产是一系列基于分工的迂回生产的链条，并详细地分析了分工的好处。继亚当·斯密等人之后，阿林·杨格于20世纪初从产业链迂回的视角提出了"规模报酬取决于劳动分工"的经济思想，明确指出仅仅注意到单个企业或产业规模的不同还无法说明报酬递增机制，不断发展的劳动分工和专业化是实现报酬递增的重要过程，从而进一步深化了分工和专业化理论。此外，施蒂格勒也指出，亚当·斯密提出的市场范围限制劳动分工的定理是关于企业和产业功能的理论的核心，还可以用来说明许多其他经济问题。施蒂格勒认为企业之所以不把报酬递增的功能交给专业化企业（产业）来承担，是因为"也许在给定的时期，这些功能市场规模太小，不足以支持一个专业化的企业或产业"。可以认为，从亚当·斯密到阿林·杨格再到施蒂格勒，实际上提出了"由于分工而导致产业链形成"的思想。现实经济生活也逐步验证了上述思想。斯密主要分析的是企业分工，但随着技术的进步、市场规模的扩大以及需求的多样化，原来由企业承担的部分职能开始发生分离，企业所承担的职能越来越趋向于专业化，随着各个环节从事同一分工的企业不断增多，随之形成的产业纵向分工也越来越细。在此背景下，新古典学派经济学代表人物马歇尔强调企业分工协作的重要性，将分工扩展到企业之间。但直到1958年，赫希曼在《经济发展战略》中从产业前后向联系的角度阐述产业链，才真正开始了产业链的系统研究。在产业链具体表现形式的研究中，国外学者主要立足于企业的可持续发展，侧重于将企业之间的价值链作为经济全球化、信息技术高速发展、企业间竞争范围和要求复杂化的背景下新兴的生产组织方式来分析产业链现象，重在解决产业链中企业的纵向整合或企业之间跨组织的资源组合问题。

然而，尽管产业链的思想最早来自西方古典经济学家的相关论断，并且诸多西方学者也分别从微观层面对价值链和供应链进行过较为深入的分析和研究，但产业链真正引起人们的关注并得到广泛研究是在20世纪90年代之后的中国，是比较具有中国特色的经济学概念。国内学者对产业链的内涵与定义大致可以从以下三种视角进行解释：第一种视角可以从产品的生产过程解释，可以理解为从原材料生产、技术研发、中间品制造、终端产品制造到流通和消费的完整产业过程（江曼琦和梅林，2018；吴金明和邵昶，2006；郁义鸿，2005）。即从最初的自然资源到最终产品所包含的各个环节构成的完整生产链条，在这个完整生产链条中，每一个环节都是一个相对独立的产业。第二种视角可以从组织关系角度解释，指从供应商、制造商、分销商到零售商分工合作的综合体（袁继新等，2016；刘志迎和李慧，2009），是由某一主导企业倡导的通过某种契约达成的能满足最终顾客需求的相互有机融合的企业共生体，同时也是由供应商价值链、企业价值链、渠道价值链和买方价值链构成的企业共生价值系统（卜庆军等，2006）。第三种视角可以从技术经济关联解释，指基于供需关联、投入产出关联或技术经济关联的结构（李晓锋，2018；龚勤林，2004；杨公朴，2002），也是各个产业部门之间基于一定的技术经济关联，并依据特定的逻辑关系和时空布局关系客观形成的链条式关联关系形态。在这种视角下，产业链的实质就是各产业相互之间的供给与需求、投入与产出的关系。

尽管三种视角有所不同，但存在以下的共识：（1）产业链是建立在劳动分工与协作基础上的。（2）产业链包含不同的相关产业与多个相关企业。（3）产业链中的企业是上下游的关系。（4）产业链是围绕用户所需最终产品而进行的生产交易活动。（5）产业链是一条增值链。但在建立关联关系的方式和范围上，第一种观点的关联限制在了实物的供应关系上，第三种观点扩大到了技术上的关联，第二种则侧重于不同类型企业主体的联系。但无论何种联系，都说明随着社会分工的细化，没有任何一种产品或服务可以由一家企业完全提供。一家企业所能向顾客提供的价值，不仅受制于其自身的能力，而且受到上下游企业的制约。由此可见，产业链是一个基于"产业总体"内部联系来分析产业效率或竞争力的概念，反映的是存在着有机关联的各个经济部门之间依据特定的逻辑关系和时空布局形成的相互交织的网络关系。

2. 产业链的科学定义

为了准确把握产业链概念的本质，我们从不同维度、不同视角以及构成和主体等方面对产业链进行研究，并在此基础上给出产业链的定义。

（1）产业链的结构组成。

产业链涵盖商品或服务在创造过程中所经历的从原材料到最终消费品的所有阶段。每个阶段的主要载体都是企业，企业间的相互关联使得一个企业所提供的产品往往包含不属于该企业所控制的成分。为此，可以从企业角度出发研究产业链的结构组成，典型的产业链的结构组成一般由核心企业和上游供应商、下游销售商组成，如图3-6所示。其中，①代表产业链的一般结构组成；②代表上游企业是竞争的，下游企业是垄断的；③代表上游企业是垄断的，下游企业是竞争的；④代表上游企业是垄断的，中游和下游企业是竞争的；⑤代表上游企业、中游企业和下游企业都是竞争的；⑥表示的是模块式产业链。

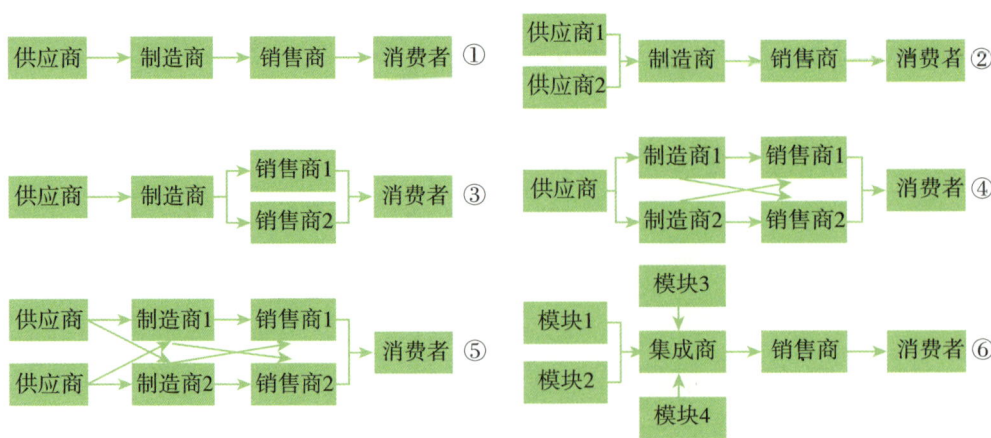

图3-6 典型的产业链的结构组成

产业链是理解产业组织结构的一个视角，其核心是产业链各主体投入产出关系背后的竞争与合作关系。图3-6主要从企业市场交易关系对产业链的结构进行了粗略的描绘。此外，企业间还包括产权关系和契约关系。其中，产权关系一般体现为企业通过兼并、收购、持股、控股等形式对其他企业进行纵向控制或实行纵向一体化管理；契约关系是指企业之间通过契约合同所建立的既非产权又非完全商品交易的关系。在政策语境下，产业链概念不仅涵盖产业概念所指向的同类企业的产业组织关系，还包括产业链上下游企业间的经济交易联系，甚至涵盖大学、共性技术研发机构、国家实验室等非市场主体间的非经济性活动。产业链概念超越了市场主体间的交易关系，反映了更加广泛的非市场主体和非经济交易性互动，而且这些广泛的主体间竞争合作关系和互动行为模式共同决定了产业链的总体竞争力。可见，产业链是一种组织系统，这种组织系统既非纯企业也非纯市场。产业链是"有组织的市场"和"有市场的组织"双重属性的合作竞争型准市场组织。产业链在弥补市场分工的不完备性和契约的不完善性的同时，又具有企业科层内部金字塔控制结构在组织和管理生产方面的优势，能将市场不可能专业化和单个企业无力一体化的经济活动纳入由众多企业构成的高度专业化的分工与协作网络中。

（2）产业链的不同维度。

从复杂关系来看，产业链不仅是一个链，还是各种"链网"交错编织的综合体，这些"链网"或在产业链构建、演化过程中成为产业链的组成部分，或支撑产业链构建，形成产业"链"簇。综合来看，产业链是一个包含价值链、供需链、空间链和企业链等多个维度的概念。

①产业链中的供需链。供需链本身是从"特定的企业"出发来观察和分析企业间的投入产出关系及其对企业供应链效率影响的管理学概念，聚焦于跨组织的产品流、物流、信息流和资金流的整合，旨在通过供应商、制造商、零售商等上下游企业的协调与合作，满足终端

客户对特定产品或服务的需求。与一般角度理解的产业链相比，供需链以企业的分工为基础，旨在反映企业间的分工协作关系，供需链中断并不意味着产业链不完整，故二者并不完全相同。但是产业链可以被看作微观层面的供应链分门别类的加总，从这一角度来看，产业链中包含着供应链，因而可以将供应链视作产业链中的一部分。本书认为，从产业链出发，供应链是产业链上下游企业之间的供需关系，是指由原材料的供应商、制造商、分销商、零售商、顾客等成员，通过与上游、下游成员的连接组成的链状结构或网络结构。

②产业链中的价值链。随着劳动分工不断地加深，传统的企业内部不同部门的价值创造活动，逐步由企业内部分解到企业外部，由多家企业来承担，这些企业相互间形成上下游的关系，即以产业链的形式来共同创造价值，企业价值链也就此转化为产业价值链。因此，可以将价值链理解为产业链不同环节上价值属性的体现，它是产业链上各个生产环节增值活动关系的反映，描述了价值在产业链的构建过程中，即投入产出关联中的传递、转移和增值的过程。价值链的经济属性可以反映产业链上各个环节的价值水平、产业链上各个产业的价值水平，以及产业链整体的价值水平，向价值链的高端发展是企业或地区提升价值链的重要途径之一。依据微笑曲线理论，产业价值链不同环节的价值增值与盈利水平具有差异性，处于产业价值链两端的生产环节具有更高的附加值，同时不同产业链的附加值也可能存在区别，一般来说新兴产业的价值增值与盈利水平高于传统产业。

③产业链中的空间链。由于产业链不同环节的供给和需求不同，相关企业倾向于通过选择最优区位来获取竞争优势，从而形成了不同产业的分布格局。关联企业使得产业链的各个生产环节高度集中或分散于一定的空间范围内。由于产业链上的各个环节总会映射到一定空间位置，因此产业链中的空间链表征了产业链的空间属性，反映了产业链的空间分布特征，也可以视为产业链在不同地区间的分布。

④产业链中的企业链。企业链是产业链的载体，表示产业链中

企业间的关系；组成企业链的企业彼此之间进行物质资金的交易实现价值的增值，又通过资金的反向流动相互联系。企业链是企业生命体与生态系统的中间层次。不同点上的企业对企业链的形成和稳定都有一定作用，企业的活力和优势决定了企业链的活力和优势，同时企业链也会对企业进行筛选，通过优胜劣汰，实现企业和企业链的协同发展。企业链中的企业也通过不同渠道与这条企业链以外的企业进行合作，不同企业链实际上是相互联系的，构成网状结构。优势企业会形成核心节点，占据优势位置。

如图3-7所示，从四个维度的关系来看，产业链以价值链为主导，以企业链为载体，通过企业链在空间的分布来实现供需链的相互链接和价值链的实现。产业链形成的内在规律是供需链引起企业链的有效对接并形成一定的空间布局，由于不同地区和形式的企业链实现价值不同，直接导致产业链的组织形式、空间布局、供需流动的特色与差异，促使企业链之间不断竞争并推动产业链的不断演变。

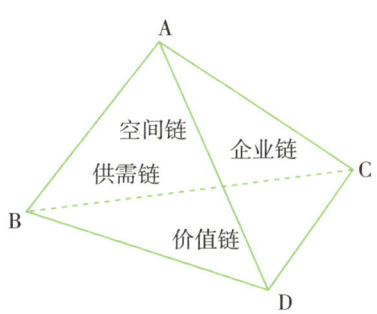

图3-7　产业链的不同维度

（3）产业链的科学定义。

综合分析既有研究对产业链所下的定义，结合现有产业链的结构组成及主体关系，本书提出产业链的科学定义为：产业链是一个基于"产业总体"投入产出关系的产业组织概念，以价值增值为导向，反映的是存在着有机关联的各个经济部门或非经济部门之间依据特定的逻辑关系和时空布局形成的相互交织的网络关系。具体来看，上述产业链的定义除具有既有研究所提及的以企业为核心载体、以投入产出关系为纽带、以价值增值为导向等特点外，还具备以下含义。

①产业链包含有生产、交易两大过程。链内不同企业的专业化分工和企业部门间的垂直协作关系在生产功能上是完全一致的，众多企业围绕某一核心企业或某一产品系列在垂直方向上形成了前后关联的一体化链条。产业链的交易既含有链内企业间的交易，也包含产业链内企业与产业链外企业的交易。

②产业链不仅是企业的集合还包括了更加广泛的非市场主体，不仅包括经济交易还包括非经济交易性互动，而且这些广泛的主体间竞争合作关系和互动行为模式影响了产业链的总体竞争力。产业链的组织性质是中间性组织形式，是有组织的市场和有市场的组织双重属性的合作竞争型准市场组织。

③从不同维度考察，产业链有不同的表现形式。从总体上考察，供应链、价值链、企业链、空间链分别是内含在产业链中的子链。因此，可以将产业链视作包含不同维度的复合链。此外，从结构组成上看，产业链一般是由供应商、生产商、销售商等若干企业依据产业的前后关系组成的经济系统。这个系统实际上还可进一步分解成若干子系统。如果我们按供应商、生产商、销售商的生产交易和价值增值过程来分解的话，则产业链系统可进一步分解为生产子系统、供求子系统、技术子系统、资金流转子系统、价值增值子系统等若干子系统；这些子系统体现在产业链的各企业中，每家企业都有相应的子系统，而且它们又有一定的内在关联性。由于这些子系统内含于产业链系统中，相对产业链这些子系统又构成了若干子链，每一条子链都对应着产业链的一个业务流。

（三）资金链的基本内涵

"资金链"这一概念频繁出现在政策语境下，但始终缺乏统一的定义。从理论层面来看，资金链的内涵可以追溯到政治经济学中资本循环这一概念。马克思把资本循环分解成三个独立又相互交织的循环，即货币资本循环、生产资本循环和商品资本循环，这三个不同的循环过程作为一个整体又可视作产业资本循环。实际上，马克思从货币、生产和商品这三种不同的视角分析了循环过程，他感兴趣的是资本进入并暂时存在的不同阶段的特征，以及资本怎样从一个形态转变为另一个形态。资本循环是一个不断反复的连续循环过程，而且是不停顿的循环过程。如果资本在货币资本购买商品和劳动力转化为商品资本的第一阶段停顿下来，货币资本就会凝结为贮藏货币；如果在将商品资本转化为新的商品资本的生产阶段停顿下来，则生产资料就会被浪费，劳动力就会失业；如果资本在将新生产出来的商品售卖转化为新的货币资本的第三阶段停顿下来，流通环节就会被堵塞。除产业资本外，还有商业资本、生息资本以及地产资本等，它们之间的分工关系使得资本周转逻辑得以通过剩余价值的生产、流通、分配过程反映出来，并在客观上呈现出协同发展的特点：分工使得产业资本循环中一部分流通资本独立化，并且总是处在资本的流通领域中。只要流通资本不超过它的必要比例，由于社会分工，专门可用在买卖上的资本会比产业资本直接经营时少些，从而有更多的资本用于生产剩余价值。它虽不创造剩余价值，但有助于加速产业资本的周转，增加产业资本剩余价值的生产。由此可见，资本循环存在空间的并存性和时间的继起性这两个特征。从企业层面来看，各种资金形态对于企业来说必须是同时存在的，既具有并存性，又具有继起性。继起性是指在企业经营资金以货币资金为起点的运动中，各种资金形态是依次转化的，不会发生逆运动，而且每发生一次资金形态的变化，就会向重新回到货币资金形态靠近一步，由此才能不断地进行资金的循环与周转。

在实务上，在财务的专业术语中并没有"资金链"这一说法。与此相近的概念是资金周转，指企业的资金在购进商品时由货币形态转化为商品形态；随着商品的销售，购买商品时所垫支的货款得以收回，企业的资金又从商品形态回归为货币形态。企业资金的这种存在形态

| 创新链　产业链　资金链　人才链深度融合 通往高质量发展之路

的转换和回归，随着商品流转的不断进行，周而复始、延续不断地循环。从静止的角度看，资金的物质形态是各种资产，从运动角度看，所有的资产要不停运动，转化为下一个运动形态，一旦在某种资产形态上凝固，则要发生资产损失，严重时就会影响近期债务的偿还，从而导致企业陷入财务困境。因此，资金周转的核心问题是资金运动的时间（或速度）及其对于资金占用数量和产品生产、价值创造的影响。资金从一定的形态出发，经过运动再回到这一形态所经历的时间叫作资金周转时间。资金周转时间由生产时间和流通时间构成，各个企业所生产的产品性质和技术生产条件不同，以及所处的地理位置、产销距离、运输工具不同，生产时间与流通时间必然长短不一，形成不同的资金周转时间。各种资产就仿佛是机械手表上的"齿轮"，一个齿轮停止转动，这个系统将出问题。"资金链"问题的关键是财务决策问题，如果所有的财务决策都正确，是不会出现"资金链"问题的。在现实经济生活中，由于各种因素的影响，不可能做到所有的决策都正确。这就要求，企业要有一定的承担财务损失的能力和适当的财务弹性。

对于资金链的概念，目前学术界并没有统一的定义。学者们从经济主体间的债权债务关系、技术研发时的资金支持、企业现金流量情况等方面对资金链进行了解释。结合既有研究与本书所研究的对象，为科学定义资金链的内涵，需要结合创新链和产业链的形成过程。创新链和产业链与资金链之间主要体现为资金的供需关系，创新链和产业链是资金需求方，资金链是资金供给方。资金链可以被视作支持从研发到产业化整个创新过程，或者生产到消费整个产业过程的资金供给与布局的链条，其目的是满足不同创新或产业环节中各主体的资金需求，其实质是"现金——资产——现金（增值）"的循环。资金链可以分为三个阶段：资金筹集（融资）、资金使用（投资）、资金收益和分配（收益分配），是资金投入、资金运营和资金回笼的全过程，如图3-8所示。

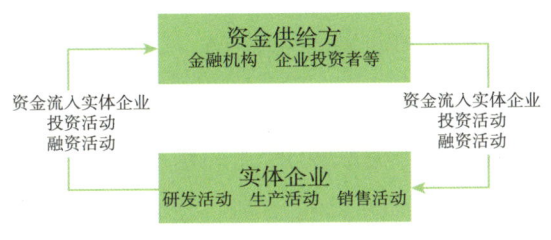

图 3-8　资金链示意图

（四）人才链的基本内涵

人才链具有相对宽泛的内涵，但学术界对其研究较少。为了充分理解人才链的概念，本书首先介绍人才链中的各主体及其互动作用。政府是人才链建设的引导者和推行者，发挥着宏观调控、政策支持、组合要素与直接参与等功能，为人才链发展提供科学的人才政策、完善的公共服务与良好的成长环境。政府还通过培养创新理念、激发创新动机、整合创新资源、保护创新成果成为创新的推进器。企业是科研、教育系统的主要合作方，是人才链中最主要的人才需求者，高校及科研机构的成果、人才输出为企业发展提供动力，同时企业也为高校及科研机构的人才培养、科技创新、成果转化提供可利用的平台、资源与信息，企业内部或企业间的纵向分工使得人才链在产业链或创新链的不同环节呈现出不同类型的人才。创新部门处于人才链的顶端，为人才链培养和聚集原创型、创新型高端人才。高校、科研机构、企业各自独立，又同为创新系统的主体。教育系统在人才链发展过程中发挥着基础性支撑作用，人才链的运行需要教育系统的知识传承与人才培养储备的支撑。居民和住户部门则是各个系统人才培养与流转的前提条件。知识、人才、资金、信息等在政府系统、企业系统、教育系统与创新系统之间相互流转。每个部门都是人才的供给方，也是人才的需求方，均存在培养、挖掘、引进、用人、成长等环节。各主体在人才链建设过程中相互交融，人才本身也具有较高的流动性。

从我国政策语境及相关实践出发，本书认为人才链包括培养、挖掘、引进、用人、成长等环节，是具有链式联动机制的人才建设体系。人才链概念的产生离不开产业链与创新链，不同类型的人才依托产业链与创新链关联在一起，人才链可以理解为产业各环节中以产业知识、技能、成果、经验等的传递与关联而形成的链条式人才集合体，在横向上包含产业各个环节上的原创型、创新型、实用型、管理型、技能型等各类人才，在纵向上以产业链各环节为基点和核心，带动各个层次人才聚集，包括研发人才、成果转化人才、生产人才、物流运输人才和营销人才等，如图3-9所示。

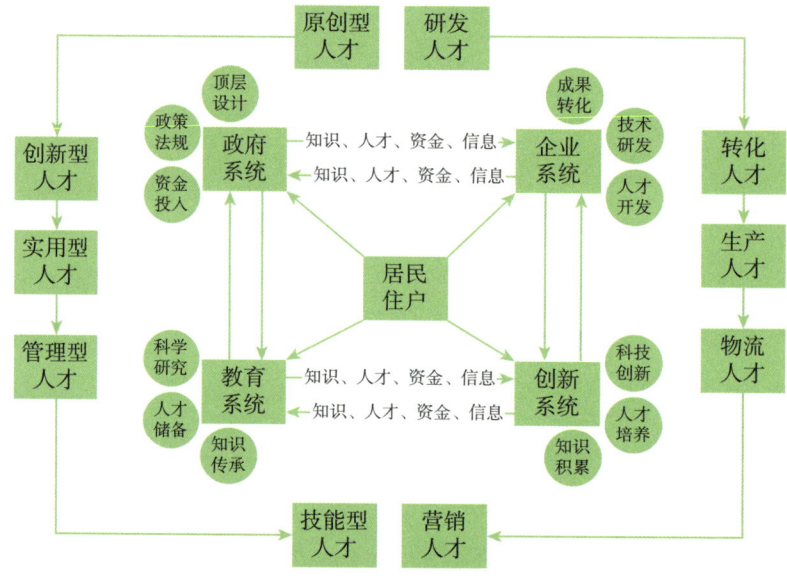

图3-9 人才链示意图

二、理论基础

（一）协同创新理论

协同创新理论是企业、政府、知识生产机构（大学、研究机构）、中介机构和用户等为了实现重大科技创新而开展的大跨度整合的创新组织模式。协同创新理论的基础是协同学理论。1965年，美国战略管理学家Ansoff将协同学与管理学联系起来，揭示了合作创新能产生新效应。20世纪70年代，哈肯（Haken，1971）构建了协同学理论基础，他认为系统内创新要素通过对接、重整或联合作用，可以产生"1+1>2"的协同创新效应。这种协同创新效应可以从主体协同和要素协同两个方面来看待（梁文良，2023）。从主体的角度来看，产学研各个主体具有不同的优势，目标也不尽相同。高校、科研院所等创新主体拥有丰富的科研资源，主要从事研发创新，追求的是学术价值，而企业作为市场主体，追求的是商业价值和利润。协同创新可以充分发挥和整合产学研各自的优势，将各方的目标指向同一个方向。从要素的角度来看，协同创新是将各个创新主体要素进行优化并创新的过程（Gerwin 和 Barroman，2002）。科研机构拥有专业的创新人才队伍和研发设备等创新资源，而企业拥有投入创新环节的资本。协同创新就是将各种要素进行整合以实现要素的最优化配置，产生协同效应，各要素的作用能够得到最大限度的发挥。

三螺旋理论和四螺旋理论也是主体间协同创新发展的理论。三螺旋理论是由埃茨科瓦茨（Etzkowitz，1995）提出的，其主要是分析研究区域发展机理和相关模式的理论。因此，人们常说的"三螺旋"模型是在一定空间内公司、高校或科研院所与政府部门三股发展力量，在市场中的相互支持相互作用，从而构成螺旋发展的新格局。此外，科技中介机构在发展中产生巨大的力量，这股力量是推动技术发展不容忽视的强大力量（涂俊等，2006；张秀萍等，2013；张贵等，2017；邹益民等，2013）。而其发展模式"四螺旋模型"是建立在市场需求基础上的，以"公司—高校或科研院所—政府部门—科技中介"为创新核心要素，从而构建的四种力量互动交融的螺旋关系（吴卫红等，2018）。

（二）国家创新体系理论

随着技术、知识和创新在经济发展中解释力不足的问题日益凸显，20世纪80年代末和90年代初，国家创新体系（National Innovation

System，NIS）的概念逐渐产生和发展。国家创新体系最早由众多学者和经济组织提出，其关注重点在主体作用、结构组成与发展演变等方面。中国学者不仅积极引入了国家创新体系理论方法，而且在中国科技创新背景下，分析了制度、主体、环境等多方面因素对推动技术创新的重要性。国家创新体系是研究"四链"融合的重要理论基础。

1. 国家创新体系的定义

Freeman（1987）最早提出国家创新体系是由公共部门和私营部门共同组成的机构网络，目的在于促进新技术的产生与发展。Lundvall（1992，1998）进一步扩展了国家创新体系的概念，考虑到创新所需的新知识不仅来源于学校和企业的研究与开发，还产生于生产消费等众多环节，故将国家创新体系定义为新知识在被生产、扩散和应用的过程中所有相互作用的各种构成要素及其相互关系所构成的创新体系。Nelson 和 Rosenberg（1993）认为国家创新体系是一项制度安排，将国家创新体系定义为一项相互作用的、用于提升国家企业创新绩效的制度。我国学者路甬祥（2002）结合国情认为，国家创新体系是由国家科研院所、大学、企业、社会研发机构等单元组成的网络，能有效地提升创新能力和创新效率，使科学技术与社会经济融为一体，协调发展。《国家中长期科学和技术发展规划纲要（2006—2020年）》提出国家创新体系的概念、内涵、目标，并将国家创新体系表述为以政府为主导、充分发挥市场配置资源的基础性作用、各类科技创新主体紧密联系和有效互动的社会系统。由于各国资源禀赋与制度安排等不同，其对国家创新体系的定义没有统一标准。经济合作与发展组织（OECD）在 Freeman 研究的基础上给出了相似的定义："国家创新体系是政府、企业、大学、研究院所、中介机构等为了一系列共同的社会和经济目标，通过建设性地相互作用而构成的机构网络，其主要活动是启发、引进、改造与扩散新技术，创新是这个体系变化和发展的根本动力。"尽管目前世界上还没有一个唯一被接受的关于国家创新体系的定义，但就其实质性而论，可以说，国家创新体系是一个网络，是在一个国家范围内由相关机构和人员组成的复杂的相互作用的社会网络。

2. 国家创新体系的结构

早期关于国家创新体系的结构研究多涉及主体间的相互作用，如将国家创新体系视作由企业研发、政府政策、产业研究以及教育培训等组成的系统（Freeman，1987），或是由科研院所、大学、企业、社会研发机构等组成的整体（路甬祥，2002）。随着知识经济的发展，国家创新体系涵盖更广泛的内涵，包括知识创新、制度创新以及观念创新等，其结构内容日益丰富。例如，何树全（2005）认为，国家创新体系包括知识创新系统、技术创新系统、知识传播系统和知识应用系统。在整个体系中，知识创新系统是由与知识的生产、扩散和转移相关的机构与组织构成的子网络，核心机构是国立科研部门与高等院校，主要功能是知识的生产、扩散和转移；技术创新系统主要是由与技术创新相关的机构或组织构成的子网络，核心机构是企业，主要功能是组织科技攻关力量创新技术；知识传播系统主要是由高等院校、科研机构、企业以及职业培训部门等组成的子网络，主要功能是培养具有高素质、高技能、新知识、创新意识与创新能力的人力资源；知识应用系统主要是由政府部门、企业、科研机构和其他机构组成的子网络，主要功能是应用新知识和新技术提高决策能力，提高社会生产率、促进新知识转化为实现生产力。《国家中长期科学和技术发展规划纲要（2006—2020年）》将建设国家创新体系这一重点任务进一步拆解为五个部分：一是建设以企业为主体、产学研结合的技术创新体系，并将其作为全面推进国家创新体系建设的突破口；二是建设科学研究与高等教育有机结合的知识创新体系；三是建设军民结合、寓军于民的国防科技创新体系；四是建设各具特色和优势的区域创新体系；五是建设社会化、网络化的科技中介服务体系。

3. 国家创新体系的应用领域与发展演变

随着创新系统、国家创新系统理论的提出和发展，创新系统逐渐被用于其他领域创新绩效的提升，应用范围不断拓展，进而出现了区域、产业、技术创新系统等理论概念（贾晓峰等，2021）。例如，区域创新系统（Regional Innovation System）是指在一定的地理范围内，经常地密切地与区域企业的创新投入相互作用的创新网络和制度的行政性支撑安排，由主体要素（包括区域内的企业、大学、科研机构、中介服务机构和地方政府）、功能要素（包括区域内的制度创新、技术创新、管理创新和服务创新）、环境要素（包括体制、机制、政府或法制调控、基础设施建设和保障条件等）三个部分构成，具有输出技术知识、物质产品和效益三种功能。产业创新系统（Sectoral Innovation System）是围绕技术所支撑的特定领域产品、市场所形成的产业系统而提出的理论概念（Malerba，2002，2005），是生产同一类用途产品的主体进行市场或非市场的活动，通过输入、学习、扩散和使用技术，实现产品的创造、生产和商业化过程的集成系统。随着国家创新体系研究的深入，创新生态系统（Innovation Ecosystem）这一概念被提出，将以往的关注要素构成和资源配置的静态结构性分析，演变为强调各创新主体之间作用机制的动态演化分析，强调创新物种的多样性、创新系统的自组织演化与开放式协同特征（李万等，2014）。例如，陈劲等（2011）从生态物种进化视角审视国家创新体系，阐述了国家技术创新体系中生存、演化和优化的三阶段创新发展机理。赵放等（2014）从创新系统强调的"主体之间相互依赖"和生态学强调的"主体与环境的相互作用"出发，将创新生态系统的各类组成要素统一到"中心—外围"的结构分析框架之中；通过分析微观、中观和宏观三个层次创新主体和环境范畴的变化，揭示出不同层次的内涵、结构和行为。

综合来看，国家创新体系理论涵盖科研院所、大学、企业、社会研发机构等多主体，包括知识创新、制度创新以及观念创新等多内容，能应用于区域、产业、技术创新系统等多方面，这为研究创新链、产业链、资金链、人才链、政策链的融合问题提供了良好的理论支撑。

(三) 金融发展理论

金融系统在经济增长过程中发挥了重要的作用，与这一问题密切相关的理论是金融发展理论。金融发展与经济增长之间的因果关系是金融发展理论的核心问题（江春和苏志伟，2013），对于这一问题的探讨因研究样本、研究时期、研究方法的选择不同而形成了不同观点，大体上可分为以下几类：金融发展促进经济增长、经济增长促进金融发展、金融发展对经济增长存在负面影响、金融发展与经济增长之间存在双向因果关系等（Levine 和 Warusawitharana，2021；Vlachos 和 Waldenström，2005；Shan 等，2001；Gregorio 和 Guidotti，1995）。上述观点的得出，一方面是根据有关经济理论分析得到，另一方面是基于实证研究结果中关于金融发展与经济增长之间显著的相关关系。但是，随着研究范围的不断扩大，学者们发现金融发展对经济增长的影响依赖于影响渠道和具体机制，同时也会受企业创新活动、制度、宏观经济稳定性、财富及收入分配情况等因素的调节作用（江春和苏志伟，2013）。随着研究工作的不断推进，金融发展理论衍生出众多分支。其中，金融结构理论是其中的一个重要分支，从已有文献对金融结构的衡量方法可以理解学者们对金融结构经济内涵的界定，即银行与金融市场的相对发展水平，如果一个国家的银行业发展水平更高，则认为该国的金融结构为"银行主导型"，如果一个国家的金融市场发展水平更高，则认为该国的金融结构为"市场主导型"。学者们通常使用国内私人信贷占国内生产总值之比来衡量银行的发展水平，用国内证券市值与国内生产总值之比来衡量金融市场发展水平，用证券市值与私人信贷之比或股票总市值与私人信贷之比来测度金融结构（盛斌和景光正，2019；黄宪等，2019；Demirguc - Kunt 等，2011）。金融结构理论认为，银行和金融市场是金融系统的两个组成部分，均与实体经济发展存在着紧密而独立的联系，银行和金融市场在储蓄动员、风险管理、信息提供、资金配置等属性方面存在着较大差异，这导致了二者为实体经济发展提供的服务是不同的，银行在提供标准化、短期、低风险、担保良好的融资服务方面具有比较优势，而金融市场能够为资金需求者提供更加个性化的融资服务。例如，为缺乏担保但是创新性更高、风险更高的项目提供资金（Demirguc - Kunt 等，2011；Allen 等，2003；Demirguc - Kunt 和 Maksimovic，1998；Levine 和 Zervos，1998；Allen 和 Gale，1997）。经济发展的不同阶段对应的要素禀赋结构和产业结构对金融服务的需求存在差异，这导致了一个经济体的金融结构需要与实体经济需求相匹配，在实现创新驱动发展战略的过程中，金融结构需要实现从"银行主导型"向"市场主导型"的转变，这也是实现高质量发展的内在要求（盛斌和景光正，2021；盛斌和景光正，2019；Demirguc - Kunt 等，2011；林毅夫等，2009）。金融结构与经济发展的关系是金融结构理论探讨的核心议题，而技术创新对于经济发展的重要性早已不言而喻。因此，关于金融结构与创新之间的关系自然而然地引起了学者们的关注，这些研究为本书写作提供了基础。

（四）人力资本理论

人力资本是凝聚在劳动者身上的具有经济价值的知识、技能以及身体素质的总和。人力资本理论为研究人才链的重要性提供了理论支撑。最早的人力资本思想可以追溯到古希腊思想家柏拉图的著作。他在著名的《理想国》中论述了教育和训练的经济价值。亚里士多德也认识到教育的经济作用以及一个国家维持教育以确保公共福利的重要性。但在他们眼中教育仍是消费品，其经济作用也是间接的。重农主义的代表人物魁克是最早研究人的素质的经济学家，他认为人是构成财富的第一因素，"构成国家财富的是人"。此后，威廉·配第、亚当·斯密、李嘉图等经济学家在劳动价值论的基础上不同程度地论证了人和劳动能力与水平的重要性。穆勒也继承了斯密的一些思想，认为技能与知识都是对劳动生产率产生重要影响的因素，强调取得能力应当与机器、工具一样被视为国民财富的一部分，他从传统经济增长与资源配置的生产性取向出发，指出教育支出将会带来更大的国民财富。古典经济学的集大成者、19世纪末英国著名经济学家马歇尔也提出知识和组织是资本的重要组成部分，是最有力的生产力。在进一步的研究中，马歇尔指出知识和组织是一个独立的生产要素，他认为教育投资对经济增长起到重要作用。

  第二次世界大战结束后，由于日本、德国等战败国家经济实力迅速恢复，美国等发达国家的国民财富增长速度超出了土地、自然资源、机器设备等要素的消耗速度。经济学家们试图寻找出增长的源泉，从而进行了大量的研究。舒尔茨在研究时发现，德国、日本战后迅速崛起，除了政治、经济、资源等因素外，都有一个共同特点就是"人"发挥了至关重要的作用。舒尔茨的《人力资本理论》就是在这样的背景下应运而生的。他认为，德国和日本战后之所以出现经济复兴的奇迹，最重要的就是人力资本发挥了极大的作用。战争虽然破坏了这两国的物质资本，但并未破坏其充裕的人力资本；再加上这两国悠久的文化传统和重视教育的现代国策，为经济发展提供了大量高素质劳动力，这使两国的经济发展得以建立在高技术水平和高效益基础上。舒尔茨将资本划分为物质资本和人力资本，并从"量"和"质"两个方面，对人力资本进行分析研究。人口质量是一种稀缺资源，这让人们更为深刻地意识到，在对人力资本进行研究时，需要把视角从单纯地关注人口数量，更多地转移到关注人口质量层面上。他对1900—1957年的美国经济进行分析研究时发现，美国的物质资本投资额大约增加了4.5倍，对劳动力进行教育和培训的人力资本投资大约增加了8.5倍，然后，从投资的效果来看，美国的物质资本投资，所获得的利润增加了3.5倍，而同期的人力资本投资所获得的利润却增加了17.5倍。此外，舒尔茨（1961）还通过"增长余值法"，测算了教育对经济增长的贡献率，结果显示，在1929—1957年，教育投资形成的人力资本对美国经济增长的贡献率高达33%。舒尔茨的理论贡献不仅奠定了现代人力资本理论的坚实基础，而且从宏观层面实证检验了教育对于促进经济增长的重要作用。

此后，贝克尔弥补了舒尔茨只分析教育对经济增长的宏观作用的缺陷，进一步研究了人力资本与个人收入分配的关系。爱德华·丹尼森对舒尔茨论证的教育对美国经济增长的贡献率作了修正，他将经济增长的余数分解为规模经济效应、资源配置和组织管理改善、知识应用上的延时效应以及资本和劳动力质量本身的提高等，从而论证了1929—1957年美国的经济增长中教育的贡献率应是23%，而不是舒尔茨所讲的33%。雅各布明赛尔首次将人力资本投资与收入分配联系起来，并给出了完整的人力资本收益模型，从而开创了人力资本研究的另一个分支，同时他还研究了在职培训对人力资本形成的贡献。20世纪中期以来，知识对经济增长起到越来越重要的作用。从哈罗德—多马增长模型、索洛的技术进步模型、罗默的知识外溢模型到卢卡斯的人力资本模型，都从不同角度对包括知识在内的影响经济增长的因素进行了分析，他们利用构建经济计量模型等方式，从全新的角度深入研究了创新创造在经济系统中的作用。随着中国经济的迅速发展，国内学者不仅引入了人力资本这一概念，而且日益关注人才对经济增长潜力的长远影响，并试图以人力资本数量和质量为切入点，研究中国经济发展的潜能问题。综合来看，大量关于人才的研究集中在人才红利与经济增长的关系、人才培养与创新水平和人才红利的区域差异等方面；同时，越来越多的学者开始重视人才红利对于我国经济高质量发展的重要作用。

第二节 创新链、产业链、资金链、人才链的关系分析

一、创新链与产业链的关系

按照科技创新过程，本书将创新链划分为前端、中端和后端。

其中，创新链前端核心功能是知识创新。知识创新意味着增加知识存量，拓展人类认知边界，对应的实践活动主要是基础研究和应用研究。创新链中端的核心功能是技术创新。技术创新是指对发明的商业化应用，既可能来源于对已有知识的重组，如利用已有科学原理和具体应用场景发明的新产品、新工艺等，也可能来源于对新知识的发现，如青霉素的发现等。对发明的商业化应用是指基于市场需求，对发明进行规模化生产、商业化运作并转化为企业经济利润的过程。这一阶段的参与主体包括政府、高校、科研院所、企业、科技中介、金融机构等，可能涉及的主要实践包括小试、中试、科技成果转化等。创新链后端的核心功能是产品创新、商业模式创新、营销创新等。现阶段，就整个创新链而言，与市场衔接紧密的主要是创新链后端，而创新链前端和中端的市场前景还存在着极大的不确定性，在吸引市场主体进入方面存在一定困难。就创新类型而言，在创新链后端，大量初创企业以商业模式创新为主，通过设计更能满足消费者多元化需求的商业模式来获得经济利润。由此可知，创新链的核心功能是知识创新、技术创新和产品创新，涉及从科学和技术价值到经济社会价值的转化，因技术要素供求关系与产业链上、中、下游发生关联，为产业链供给技术。具体来看，创新链与产业链之间存在螺旋结构的协同关系，两两之间相互依存、彼此融合、共同演进。

首先，创新链是产业链发展的动力源泉。创新链能影响产业链各环节及整体的效益，引发产业链中供需链、空间链和价值链三个维度的重构。从供需链来看，创新链作为外部链条垂直嵌入供需链的每一个生产环节，通过与供需链的生产要素、技术标准等进行对接，有助于提升企业生产效率；同时，技术创新还将培育产业链的新兴环节，增加供需关系，实现链条的扩展与延伸。另外，创新链的独立性越高，供需链的稳定性也越强。从空间链来看，由基础研究产生的理论知识创新，随着其在应用研究中不断深化，形成技术专利等具备一定实用

| 创新链　产业链　资金链　人才链深度融合 通往高质量发展之路

价值的成果，最终经由试验发展、试制改进等环节进一步技术化或产品化，形成经济价值，并使其位于价值链的高端环节，有助于提高区域产业链在产品价值链中的价值位。同时，创新链会影响空间链的分布和转移，拥有核心竞争力、自主知识产权和自有品牌的"龙头"企业会成为创新链的核心主体，这类核心主体聚集的地区是空间上的创新核心区。创新核心地区是创新链的"主域"，一般会将低附加值环节转到创新链的"次域"，其本身则占领产业链的高附加值环节，从而引领经济发展，享受高收益。例如，发达国家在掌握核心技术后，会将产业链中高污染、低附加值环节转移至发展中国家。从价值链来看，创新链作为创新链技术创新成果的载体，随着新产品不断被企业利用并生产，直至最终品投放市场，并被消费获取收益，在这一过程中产业链被纵向拉伸和横向扩展，产业链的整体价值将被提升；创新链围绕产业链高附加值环节创新技术，有助于推动企业或区域价值链内部由低端向高端环节升级；创新链针对产业链两端培育新兴的高附加值环节，实现价值链扩展与延伸，有助于产业链跳出传统领域，打造某一新兴领域的核心技术创新能力，占据主导地位，推动企业或区域由主导低附加值向主导高附加值产业链跨链升级。

其次，创新链围绕产业链延伸发展，两者搭建互嵌。一方面，创新链是产业链上各个环节的价值增值基础，产业链的每一个已有环节都可以衍生出一条创新链并嵌入产业链的主干链，带动其他环节的创新，提升产业链整体价值，或者培育新的环节，纵向扩展延伸产业链。但是创新链与产业链之间不是天然协同、自然衔接的关系，可能存在间隔。创新链中产业化以前的阶段为技术链，存在间隔表示技术链与产业链之间存在割裂，无法实现搭建互嵌。因此，需要产业链发挥引导作用。同时，商业模式创新能够对接新产品和消费者需求，在技术链和产业链中发挥"搭桥"作用。由此可知，完整的创新链不仅包括技术创新，还需结合与之配套的营销、管理等多方面的创新，才能形成有机协调的产业组织。另一方面，创新链以产业链为载体，同游企业或上下游企业在新产品研发过程中的共享信息、共担风险、共同获益的方式合作创新，共同构建纵向和横向的合作创新链。纵向合作创新，也称链合创新，指产业链中包括供应商、制造商、经销商、零售商等在内的上下游企业紧密结合，配合生产流程，建立信息共享机制，对各个阶段进行技术合作研发。产业链上下游企业的纵向合作创新体现了知识转移与技术协同，这一过程主要是通过订单拉动、上下游企业技术联盟等方式实现；横向合作创新，也称竞合创新，指在每一个产业链环节，生产同类产品或具有替代作用的企业之间进行合作研发，技术相互支撑、产品相互配套。

最后，创新链和产业链之间存在明显的协同发展关系。产业链可以整合上下游企业，联合科研机构、高校等社会力量，形成多个相互链接的完整的技术创新链条；同时，汇聚创新资源，产生规模经济效应，提高创新链集成创新能力，形成完善的创新机制。产业链上的各类企业是进行生产活动的主体，也是将科学技术价值转化为经济社会价值的关键，一方面，生产活动既需要技术投入，也需要资本投入；另一方面，各类企业需要面对市场竞争，降低生产成本、提供新产品等都是帮助企业获得竞争优势的途径。归根到底，市场竞争本质上是技术的竞争。因此，产业链只有与创新链、资金链融合，企业真正成为创新主体并与高校和科研院所、金融机构产生协同效应，才更有可能不断推动技术的创新升级，帮助企业获得竞争优势，并从整体上促进产业链发展、保障产业链的安全。此外，产业链可通过产业发展的确定性来引导牵引创新链中的不确定性，提高创新成果实际产业应用性；产业链可以通过产业确定性的评价方式（产业升级的需求）评定创新活动的不确定性结果，如通过系统集成创新验证单项技术，或通过最终用户经济性、产业化、市场进行评定；同时，还可以用产业确定性的组织方式消除创新活动不确定性，如确定的路线图、确定的组织模式、确定的投入预期、确定的风险承受度等。

二、资金链的支撑作用

创新链与资金链基于供需关系进行匹配耦合。创新链在不同的阶段与环节存在不同的风险特征：研发阶段不确定性高、风险大、投入多产出少、抵押担保物少；成果转化阶段面临创新产品与市场对接的风险、抵押担保物增加；产业化阶段风险较小，资金主要用于扩大市场规模，需要成本低、规模大的资金渠道。这些风险特征决定了其融资渠道不同，例如，研发阶段的产出属于准公共品，按照经济学理论，准公共品存在供给不足的问题，需要与能降低风险、提高创新者的积极性、吸引投资者的政府补助相匹配。风险投资是以追求利益为目标，关注产业创新的商业价值，更多考虑的是创新能否与市场结合，能否有较高的回报率，以及能否有好的退出渠道；金融机构贷款特征是当产业达到规模化状态，金融机构需要结合新兴产业创新链特征，适当降低企业进入资本市场的门槛，常出现于成果转化和产业化阶段。因此，资金需求和风险特征不同的创新阶段，与资金供给特性不同的融资渠道之间，需要基于供需关系进行匹配耦合。

良好的匹配耦合关系可以提升创新链的韧性，促进资金链的周转循环，提升效益水平：对于创新链来说，资金链提供稳定的现金流，可以缓解创新链各个环节融资约束，避免流动性短缺，确保创新的持续性；同时，资金链中提供资金的多样化，还可以分散创新风险，实现"资金共投、风险共担、利益共享"；由于不同融资渠道的资金供给对创新的影响不同，两链间供需匹配度越高，创新效率越高；资金方提供事后合理的监督资金运转，也有利于确保创新成果产出。对于资金链来说，创新链是资金链投资增值获取利润的载体，创新链发展的深度和质量是资金链不断循环、运转和延伸的前提；创新链中的价值链，可以通过反馈来促进其自身以及创新环境的动态持续发展。价值不仅体现在为产品的用户提供了效用，还体现在体系内各要素和体系外部创新环境直接或间接获得技术创新成果所产生的收益。创新链的价值正向产出和价值逆向回馈，使得资金链得以循环和增值。同时，当不同融资渠道与创新各环节相匹配，通过优化资金链配置，满足创新链不同阶段对资金的异质性需求，从而提高资金的利用率，提升资金链效益。此外，虽然科技创新一般出现在生产领域而非金融领域，但是生产领域还会对金融领域产生技术溢出效应，促进资金供给方引入科学技术，应用于投融资等资金链环节。例如，近年来，大数据、区块链、云计算、人工智能、生物识别等科学技术快速发展，与金融业务不断融合，催生新兴数字金融业态，提高金融服务效率，推动传统金融市场转型；科学技术的应用，有助于进一步提高资金供给方获取和处理信息的能力，降低信息不对称性，筛选优质创新项目，提升资金投前、投中以及投后的全流程风险管控能力，具有普惠效应，能更好地为创新主体提供资金支持，促进技术创新。

同资金链与创新链关系类似，资金链对于产业链的支持，一方面表现在资金链各主体通过对产业链上各个企业的资金注入，激活整个"链条"。资金链的变化会导致原有产业链网关系的变化，严重时甚至会导致原有产业链网的破裂。而资金的稀缺性以及产业链上各个企业在价值创造中的差异，使得资金链在投入过程中会根据产业链自身的特点布局资金链，提高金融资源投放的效率和精准性。例如，对龙头企业的资本注入，能够有效增强企业的辐射能力和带动作用，维护产业链的稳定性；关注高附加值环节，加大对研发活动的投入，则能促进创新链的发展，提升产业链的整体价值。另一方面，金融服务机构通过创新各种服务方式，帮助企业解决资金运作中存在的问题，保障产业链核心企业及上下游配套企业间的业务流转顺畅，提高了交易的稳定性和资产专用性，最终降低了交易成本，提高企业资金回收速度，提升整个产业链的经济效率和收益。此外，提供金融服务的机构和企业在优化资金链的配置过程中，为实现共同利益互相协作、互相监督，促进了金融业的发展，资金链对产业链的支持，使金融资本与实体经济协同发展。

三、人才链的支撑作用

创新驱动实质是人才驱动，人才是创新发展的重要牵引和支撑，是串联创新链、产业链的核心要素。释放"四链"融合发展的巨大潜能，必须坚持把做优人才链摆在首位，全力打造与科技创新、产业发展相匹配的人才矩阵。基于系统论的思维和分析框架，人才链与创新链、产业链的耦合关系主要体现为三者在目标、实质、影响因素等方面存在着高度的一致性、相通性和重叠性。一是人才链与创新链、产业链的发展优化均以经济高质量发展为目标，人才服务经济发展是人才链发展的价值取向和目标定位，而创新链和产业链则是实现科技强国、畅通国民经济循环的桥梁和纽带，两者分别代表经济发展中的"人"与"物"。二是内在的相通性。人才链以知识、技术、技能的传承、传递与关联成链，创新链和产业链则是以知识、技术分工协作为基础的功能网链，知识和技术贯通人才链与创新链、产业链，两者在本质上都是"知识链""技术链"。三是影响因素的重叠性。人才的培养、挖掘、引进、用人、成长等环节受到政策、市场、教育、企业等多重影响，是政府系统、企业系统、教育系统与创新系统综合作用的结果，这与创新链和产业链类似，都需要市场与政府"无形之手"与"有形之手"的共同作用。

人才链与创新链、产业链存在高度的耦合，前者和后者相互推进、耦合发展。首先，创新链和产业链的建设对人才链提出了需求，创新链的核心功能是知识创新、技术创新和产品创新，涉及从科学和技术价值到经济社会价值的转化，这一系列过程都需要人才链的支撑；产业链的现代化建设，无论是增强核心竞争力，还是拓展产业上下游范围，都需要有完整、高水平的人才链来支撑完成。因此，围绕创新链和产业链打造人才链，引导人才向创新系统和产业系统集聚就成为一种重要的战略选择。其次，人才链的发展必然推动创新链和产业链优化升级。人才是知识和技能的载体，良好的发展环境促进人才聚集成链，并通过知识的传承、积累与技术的持续创新为产业链的结构优化和转型升级提供强大的内在动力，尤其是高层次创新创业人才在重大科技成果形成、转化和产业化过程中的作用巨大，能真正实现创新链的进步。最后，人才链与创新链和产业链的良性耦合有助于推动经济高质量发展。在创新链和产业链的发展过程中，政府为了提高人才支撑力、加快人才聚集，会更加注重人才的培养、优惠人才政策的制定和为人才提供优质的发展环境和公共服务，人才聚集的知识溢出效应和人才链的链式效应会加速提高人才资本的积累，使人才获得更高的收益水平，从而进一步加速人才的聚集，反哺创新链和产业链的提升，形成以产聚才、以才兴产、产才共促的良性格局，进而推动经济高质量发展。

资金链与人才链之间存在相互耦合、相互协同发展的关系，某一创新环节的人才资源越丰富，越容易受到资金链上行为主体的青睐，同时人才链的运转也需要资金链的支撑。资金链与人才链的融合问题，本质上是要让资金跟着人才走，让人才决定资金的使用方向，让资金链为人才链服务，让资金激励人才的创新积极性和主动性。人才链在科研经费、科技人员经费以及科技成果分配等方面涉及资金链的运作流程，人才链和资金链的合理融合有利于充分发挥人才链在科技创新与产业升级中的关键作用。例如，以信任机制为基础，给人才更大技术路线决定权，给予创新链或产业链相关人才配套的经费使用决策权，有助于充分调动科学家的主动性、积极性以及减少不必要的体制机制束缚；对科研劳动投入进行合理的补偿，提高科研经费中间接经费的占比，有助于激发科研人员的创新活力，并吸引更多潜在人才涌入科研创新环节，有利于形成尊重知识尊重人才的社会风气；为科技成果

| 创新链　产业链　资金链　人才链深度融合 通往高质量发展之路

建立良好的分配制度可以更深层次地激励科技创新与技术成果转化行为，也有助于吸引和激励国内外科技人才踊跃承揽项目、激发市场创新活力。

综合来看，不同维度的市场化联系机制和政策支撑是牵引"四链"相互关联，进而走向深度融合的引擎。如图 3-10 所示，创新链与产业链之间主要体现为技术上的供需关系，创新链是技术供给方，产业链是技术的需求方。创新链和产业链与资金链之间主要体现为资金的供需关系，创新链和产业链是资金需求方，资金链是资金供给方。创新链、产业链和资金链的深度融合意味着科技、产业与金融之间形成了协同互补、彼此赋能、整体优化的高质量发展格局。创新链和产业链与人才链之间主要体现为人才的供需关系，人才是知识和技能的载体，良好的发展环境促进人才聚集成链，并通过知识的传承、积累与技术的持续创新为产业链的转型升级和创新链的发展延伸提供强大的内在动力。

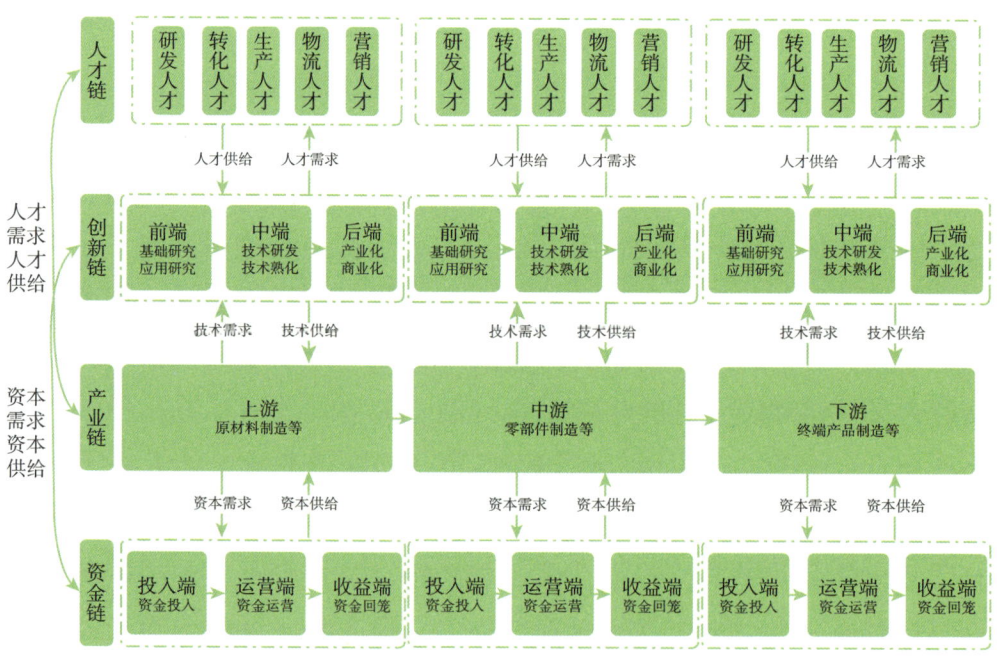

图 3-10 "四链"融合示意图

第三节 "四链"融合的本质

一、生产要素在创新过程中的有机联系

改革开放以来，中国经济体制从计划经济逐渐向市场经济转变，市场化程度不断地提高，但是，市场化进程中要素市场的改革滞后于产品市场的改革进程，普遍存在要素错配的问题。要素流动障碍、要素价格刚性、要素价格差别化以及要素价格低估等都可以视作要素错配的表现形式，涉及资本、劳动、技术等各类要素，结果就是供需不匹配、价格不合理，降低了要素投入对经济产出和生产率的作用。要素错配的原因可能在于主体自身、市场失灵或是制度因素。例如，一家初创型企业的生产创新活动需要资本、技术、劳动三类要素。其中，资本要素可以使用自有资金或是从直接、间接融资市场获取外部资金，但由于企业自身缺乏信用累积或是金融歧视等市场因素，导致企业融资难、融资贵、融资慢；技术要素可以通过企业自我研发、从技术市场购买或者协同创新等方式获取，但由于技术市场的不健全、国外技术垄断、不公平竞争、协同创新机制不完备等因素，导致企业难以技术更新和产业升级；劳动要素多为从外部招聘获取，但由于岗位需求和人才供给不匹配、人才培养激励流动机制不合理，导致企业不能留住用好用活人才。

当前，我国技术的发展呈现出复杂化和更新速度快速化的特征，这使得单个创新执行单位在研发过程中有可能不完全具备所需的创新知识。如何将分散的创新知识统一化、系统化，以便更加科学系统地将创新知识应用到研发中，已经成为影响技术进步的关键，而生产要素的流动与合理配置有助于解决上述问题。生产要素的合理配置可以将不同的异质性创新主体联合起来，形成一个相互作用、相互合作的创新网络，加快区域间的互动与合作，从而促进创新活动的顺利开展，

引领技术进步。不仅如此，创新要素的流动能够带动创新知识的扩散与传播，从而产生知识溢出效应。它不仅加速了新知识的创造，又促进了创新知识在不同区域或主体间的传播与交流，冲破了技术性创新知识中不能被编码化的部分在扩散中遇到的瓶颈问题，加快了技术进步的步伐，进而有利于提高区域或企业的生产率。事实上，"四链"融合的难点便是生产要素的整合，"四链"融合对生产要素的配置提出了更高要求，强调其配置的有效性。

二、"四链"融合状态下生产要素的有效配置

"四链"融合状态下生产要素的有效配置，其中"有效"二字的核心在于厘清哪些领域应该由市场自主发挥作用，哪些领域需要政府介入，通过行政干预来调动资源，并进行利益补偿。在不需要政府直接介入的领域，也需要明确政府是否应承担监管责任，培育"有效市场"和"有为政府"有机融合，发挥市场在要素配置中的决定性作用和政府在要素配置中的管理职能。而要厘清哪些领域是效率导向，哪些领域是非效率导向，要从不同层面进行理解。

从组织层面，首先，改革开放之后社会主义市场经济体制不断发展，市场在资源配置中的作用由基础性上升为决定性，科技创新领域中的国家全面主导模式逐渐被公私联盟模式所代替，政府扮演组织者、引领者和服务者的角色，企业是科技创新的主体（闫瑞峰，2022）。政府需要激发市场主体活力，通过任务分解、分散控制、系统集成的组织方式实现任务目标，形成政府与市场"集中＋分散"的组织管理模式。如果政府将自身矮化为市场主体，例如，国家为主要的基金设定追求稳定收益率的目标，那么它不仅挤占正常的市场空间，而且丧失了其应有的站位，使得真正需要长期冒险、系统性和开创性的技术创新无法得到投资，反而导致创新系统失灵。其次，关键核心技术的持续创新需要产业创新共同体来支撑。但是基础科研与产业化环节之

间、产业链上下游之间的衔接依然存在问题，各主体尚未形成技术方向感，缺乏共同行动。所以需要政府出面解决创新生态的建立问题，政府应致力于通过提供产业创新所需的公共品，为更多企业进入降低门槛、提供条件。只有允许并鼓励多样性的技术方案，才能激励广大企业通过参与优胜劣汰的创新竞争来获取创新收益，而不是少数企业通过财政补贴、行政垄断来获利并导致创新枯竭。通过激发创新主体的集体行动，塑造产业创新共同体，各主体在产业链和创新链各环节形成分工和竞争的共识，使其对本土重大技术突破和创新转型形成可信的方向感。

从目标层面，政府发挥作用不仅是在具体项目的攻关上，最重要方面是通过改革激励创新的体制环境，如保护知识产权和提供"普惠式"的鼓励创新创业的政策环境等，建立创新生态下的"四链"之间的运作机制。我们考虑某个技术产业的发展阶段，短期来说，可能分为"建立—成熟—转型"三个阶段，长期来看，第二个和第三个阶段会反复出现。在这三个阶段中政府的目标不同，因此政府和市场作用的边界也在动态演变（姜子莹等，2023）。首先是建立阶段，复杂技术的发展具有不确定性和演进性，技术创新的经济回报难以预估，各主体以及各类要素都难以通过市场机制自发到位，政府需要通过战略性投资等方式来塑造市场预期，引导人们对技术创新的基本过程及其所需的支持性条件、创新投资风险的来源和类型、降低或管理投资风险的办法等内容有了相对清晰的认识，形成可计算、可管理的企业风险预期。随着主体和要素更多地进入该领域，技术产业步入成熟阶段，这时政府逐渐"退隐"，只关注基础研究和早期技术产业化。随后，产业发展任务会随着国际竞争加剧而发生结构性变化，这经常导致既有运行机制与创新发展需要的不匹配。市场由于短期经济理性难以自发实现集体性的结构转型，因此政府需要介入，从而推动创新生态的转变。

从技术层面，相关技术攻关任务应坚持国家"四个面向"，聚焦目标、突出重点，对于关键核心技术进行分类化科学甄别、遴选和布局，既要满足当下的战略需求，又要对未来进行先导性战略谋划（闫瑞峰，2022）。例如，一是对于决定国家战略安全的"杀手锏"技术，要加快补齐短板，政府层面实施产业基础再造、重大技术装备、国防科技和武器装备等重大工程，提升战略性资源供应保障能力，确保粮食、能源资源、国防安全、重要产业链供应链安全等。二是制约高质量发展的"卡脖子"技术，因为在市场经济体制下，在特定重大公共性、共性、探索性以及国际竞争性科技创新领域，市场主体考虑到成本—收益的巨大落差，往往不愿和无力进行投资，由此产生科技创新的空白区域，需要政府介入，围绕产业转型升级和新兴产业培育以及全球产业价值链中低端的技术进行集中攻关。而且，这些技术由于属于追赶型，有清晰的技术路线，只要根据既定的技术路线要求，通过超范围集中配置优质创新资源进行集中攻关，基本都能够实现创新目标。三是涉及重大公共利益的关键共性基础研究，因为基础研究具有高投资、长周期、成果外溢效应突出、相比应用研究收益回报低等特点，市场常常表现出轻视基础研究、重视应用研究的偏好，所以一般需要公共机构对重大基础研究进行投入。四是具有非营利性和非排他性的基础公益类科技成果不适用于市场化模式，应发挥政府的主导作用，通过行政手段。需要注意的是，对于那种"无人区"的创新活动，比如原创型的、面向未来的或颠覆性的重要技术，这类科技创新路径一般尚不清楚或者说攻关的不确定性较大，并不适宜政府组织攻关，集中配置资源就能够实现，要考虑投入—产出的效益比以及要兼顾效率与公平的整体要求。

从最终产品层面，按照创新经济学的规律，关键核心技术正是在大规模应用中实现迭代发展的，下游"用户"和"买家"能够对上游的研发者形成强大的激励作用，加速技术研发进程以形成竞争力。因此，一是对国家发展有重要战略意义的大型基础设施或产品，例如大飞机、载人航天工程等，适合由政府介入。该类项目能够通过技术转移和溢出带动相关产业的发展进步，使得提供中间产品和服务的新的相关产业形成，通过产业关联创造大量就业岗位。政府需要能识别出这样的产业，优化配置创新资源，统筹推进国家实验室等基础能力建设（李瑞等，2023）。二是"四链"融合下强调产品的民用性，难度在于将买家由政府变为产业链中的下游企业和消费者，这就需要发挥政府作用创造市场、培育用户，因此下游需要进行政府引导的同时，加大市场化改革力度，上中游需要加大技术研发、迭代升级，上中游促进需求，下游的市场化改革由需求带动上游创新。事实上政府不仅在创新前端环节投资于公共知识供给，而且会进入创新后端环节，通过投资来引领和协调市场，构建产业创新协作生态。

综合来看，创新链、产业链、资金链、人才链作为一种社会分工协作网络，包括主体要素和结构要素。主体是各类活动的决策者，结构体现主体间关联关系。然而，我国目前"四链"融合程度有待改善，仍然存在科技成果转化率低、企业融资困难、企业人才缺乏等问题，各链条、各环节之间的衔接性不够好，究其原因，同当前我国有关利益主体的诉求不尽相同、不同主体在价值取向存在冲突有关，导致不同主体的活动决策难以协调。"四链"中涉及的主要利益主体为政府、高校和科研院所、企业、金融机构四类。当前，政府、高校和科研院所、企业、金融机构在一定程度上存在社会空间的区隔（郑江淮和钱贵明，2023）。以科技成果转化为例，基础研究与应用研究在研究目的、研究过程、研究成果等方面存在的一系列不协调、不一致、不同步，做基础研究和应用研究的科技人才在不同类型的主体中能够获得的科技人才溢价具有本质上的差异；基础研究成果和应用研究成果的产权属性有较大差异，前者具有公共物品的属性，后者具有私人物品的属性，因此不同类型的研究成果在不同类型的主体中能够获得的创新溢价也具有本质上的差异，这注定了以单一主体为关键核心技术攻关的核心组织难以破解基础研究与应用研究的持续分化，必须要构建创新共同体，化解各方的价值冲突。化解各方的价值冲突，一是在于"四链"构成的科技创新系统中根据各个环节的基本特征和各个主体的优势特征，各方在分工与竞争方面达成共识；二是提高劳动力、资本等要素在链条中、主体间的流动性、相关制度的协调统一性，形成各链条之间密不可分、相互交织、相互共存，多元环节融合发展的状态。

三、生产要素在创新链、产业链、资金链、人才链运作过程中的配置方式

科技创新活动涉及多个领域，需要有基础研究、应用研究、中试、商品化、产业化、生产、销售等众多环节的支撑。这使得企业的技术创新强调研究与发展部门、生产制造部门和营销部门这三个关键部门的联结和界面管理。同时，随着科学技术不断向综合化方向发展，技术创新所需要的知识和技术种类越来越多，创新的综合性和复杂性日益提高。拥有有限要素的企业要提高技术创新的能力，仅仅依赖于自身的力量，已无法满足技术创新的要求。任何技术力量雄厚的企业无法从其内部创造出技术创新需要的所有知识，不可能拥有创新所需的全部要素和技术。因此，技术创新也是企业内部知识和外部知识的有效整合，企业已不再是一个孤立的系统，企业之间的界限正逐渐变得模糊，企业利用和整合外部要素的能力成为企业创造价值的重要来源。从创新的分工主体来看，科技创新系统是嵌入创新环境中的政府、企业、大学、研究院所、中介机构等主体为了一系列共同的社会经济目标通过建设性地相互作用而构成的有机复杂网络，其结果绩效是主体自身的创新功能以及通过不同主体间复杂的反馈与相互作用所实现的整合功能在多个维度的叠加。其中，各主体拥有差异化的创新要素，互相联系，资源互补，各主体间的协同创新网络是各主体为完成共同目标、实现效益最大化而建立的良性协作关系，是各主体协同创新、实现创新发展的基础。

具体而言，企业作为创新的主体在创新体系中发挥着重要的作用，其获取外部知识、整合并组织生产的方式是实现创新的核心。高校与研究机构主要扮演着知识供给的角色。政府、中介组织等助力不同主体间建立或维持连接关系，在加速要素（人、财、物、信息）多方向、多层次流动方面发挥重要作用。由此可见，在创新投入活动中，有限的资源配置到不同的领域、主体、部门均会产生不同的效率与效果，创新系统需不断从环境中引入各类创新要素，增加资源存量，同时优化其内部要素流动、配置、协同的结构、机制，改善系统运行，不断调整以适应功能需求。

与一般的创新活动类似，"四链"融合包含不同的环节与主体，牵涉不同层次的相互作用。创新链、产业链、资金链、人才链在市场机制和各生产环节投入要素供需关系以及政府调控作用下，演化成为功能协同互补的整体，并涉及四个生产性活动以及其他若干连接性活动。其中，四个生产性活动包括：创新链上的知识生产活动、产业链上的产品生产活动、资金链上的资本增值活动和人才链上的劳动增值活动；其他连接性活动包括科技成果转化、科技创新投融资、企业投融资和人才流动等。在这四个生产性活动及若干连接性活动中，创新链将从基础研究到成果产业化的各个环节连接起来，推动其高效运转；产业链将从产品研发到生产流通的各个环节连接起来，促进其紧密衔接；资金链和人才链能把不同环节的资金和人才要素集聚起来，从而实现生产、流通、分配、消费的贯通运行。连接性活动分别通过科技成果转化市场、科技投融资市场、企业投融资市场和人才交流等推动每个链条内部和链条之间的连接。"四链"融合是科技创新、实体经济、现代金融、人力资源、政策体系协同发展、深度关联的具体体现，它意味着加速聚集技术、产业、资金、人才等创新要素，使各链条各环节一体推进、一体设计、一体部署进一步优化配置要素资源，推动科技、产业、金融、教育紧密结合，增强科技创新活动的组织力，它要求在经济体系中能够实现各种生产要素的优化组合，强调知识、人才、技术、资金等要素在产业链上、中、下游的有效配置与流动，例如，科技成果转化体现了人才和技术顺利配置到产业界各个需求部门，创新创业投融资活动体现了资金顺利配置到科技创新环节和产业发展的各个环节，等等。

综合上述分析，本书认为"四链"融合的本质，是在市场联系机制的作用下，生产性活动和连接性活动中各类要素配置效率达到最大。其中，要素配置包括两个维度：一是数量维度，即要素投入的数量；二是结构维度，即不同要素投入数量的比例。按照生产理论的基本观点：投入集与产出集之间构成映射关系，假设一种简单的情形，即产出集中只包括一个元素，是各部门的最具有代表性的产出，那么，代表性产出就是各种生产要素的函数，生产要素投入的数量和结构决定了产出水平的高低。在知识生产活动中，投入要素主要有两种：研发资本和研发劳动。研发资本来源主要包括两个：财政性科研经费和社会资金。本书对社会资金的定义借鉴聂常虹和冀朝旭（2018）的研究，即"社会资金"是指除政府外的社会经济单位所拥有和控制的能用于投资和再生产的各种资源的总和。研发劳动来源于高校、科研院所、企业以及其他机构科研人员的劳动投入；研发产出水平取决于研发资本和研发劳动的投入水平，并通过试验发展、成果转化等一系列活动，形成可以进入企业生产流程的技术。在产品生产活动中，投入要素包括技术、资本、劳动和其他要素，产出则包括各类产品，产出水平取决于各类要素投入的数量和结构，其中，技术能够发挥作用的必要条件有两个：一是研发产出能够满足企业的技术需求；二是技术水平达到一定标准。资本能够发挥作用的条件，是资本投入量及其与其他投入要素的比例是合适的；在资本增值活动中，资金和资金等价物（股权、债权等）是投入要素，主要产出是投资收益。"四链"融合是创新链、产业链和资金链在市场机制和各生产环节投入要素供需关系的作用下，演化成为功能协同互补的整体。因此，各个环节中投入要素数量和结构是否能达到最优化的产出要求，是"四链"能否实现深度融合的关键。从这一意义说，"四链"融合本质上是资本、技术、人才等各类生产要素在各个生产环节中的配置问题。

第四节 小 结

本章首先从学理上对创新链、产业链、资金链、人才链的理论内涵进行了解释：

第一，创新链由基础研究和应用研究、技术研发、新产品和新工艺的产业化和商业化等阶段构成，是社会资源优化配置并将科研活动所产出的创新成果产品化，最终形成社会经济中细分产业的全过程。简言之，创新链是在市场联系机制和要素供需关系的作用下，从科学思想和技术到其产生经济社会价值的一系列活动的组合。

第二，产业链是一个基于"产业总体"投入产出关系的产业组织概念，以价值增值为导向，反映的是存在着有机关联的各个经济部门或非经济部门之间依据特定的逻辑关系和时空布局形成的相互交织的网络关系。

第三，资金链可以被视作支持从研发到产业化整个创新过程，或者生产到消费整个产业过程的资金供给与布局的链条，其目的是满足不同创新或产业环节中各主体的资金需求，其实质是现金——资产——现金（增值）的循环。可以分为三个阶段：资金筹集（融资）、资金使用（投资）、资金收益和分配（收益分配），是资金投入、资金运营和资金回笼的全过程。

第四，人才链可以理解为产业各环节中以产业知识、技能、成果、经验等的传递与关联而形成的链条式人才集合体，在横向上包含产业各个环节上的原创型、创新型、实用型、管理型、技能型等各类人才，在纵向上以产业链各环节为基点和核心，带动各个层次人才聚集，包括研发人才、成果转化人才、生产人才、物流运输人才和营销人才等。

综合来看，不同维度的市场化联系机制和政策支撑是牵引"四链"相互关联，进而走向深度融合的引擎。创新链与产业链之间主要体现为技术上的供需关系，创新链是技术供给方，产业链是技术的需求方。创新链和产业链与资金链之间主要体现为资金的供需关系，创新链和产业链是资金需求方，资金链是资金供给方。创新链和产业链与人才链之间主要体现为人才的供需关系，人才是知识和技能的载体，良好的发展环境促进人才聚集成链，并通过知识的传承、积累与技术的持续创新为产业链的转型升级和创新链的发展延伸提供强大的内在动力。政策链则为其余四个链条提供政策支撑与战略引导。"四链"融合后，各个链条不再泾渭分明、完全独立，而是各链条边界趋于模糊，呈现你中有我、我中有你的形态，表现出目标一致与对接顺畅。"四链"融合的本质，是在市场联系机制的作用下，生产性活动和连接性活动中各类要素配置效率达到最大。

本章参考文献

[1] 卜庆军，古赞歌，孙春晓. 基于企业核心竞争力的产业链整合模式研究 [J]. 企业经济，2006（2）：59-61.

[2] 蔡翔. 创新、创新族群、创新链及其启示 [J]. 研究与发展管理，2002（6）：35-39.

[3] 曹祎遐，高文婧. 企业创新生态系统结构发展 [J]. 改革，2015（4）：135-141.

[4] 陈劲，李飞. 基于生态系统理论的我国国家技术创新体系构建与评估分析 [J]. 自然辩证法通讯，2011，33（1）：61-66+123-124+127.

[5] 代明，梁意敏，戴毅. 创新链解构研究 [J]. 科技进步与对策，2009，26（3）：157-160.

[6] 龚勤林. 论产业链构建与城乡统筹发展 [J]. 经济学家，2004（3）：121-123.

[7] 何树全. 试论我国国家创新体系的框架、问题与思路 [J]. 中国科技论坛，2005（3）：64-68.

[8] 黄宪，王美丽，张建华. 银行主导型与市场主导型金融结构的比较分析 [J]. 金融研究，2019（8）：45-58.

[9] 贾晓峰，高芳，胡志民. 国家创新体系建设的结构、功能、生态视角分析 [J]. 科技管理研究，2021，41（22）：1-6.

[10] 江春，苏志伟. 金融发展如何促进经济增长——一个文献综述 [J]. 金融研究，2013，56（9）：110-122.

[11] 江曼琦，梅林. 产业"链"簇关系辨析与协同发展策略研究 [J]. 河北经贸大学学报，2018，39（1）：73-82.

[12] 姜子莹，封凯栋，陈俊廷. 创新经济转型中政府与市场的动态关系：以半导体产业的创新融资为例 [J]. 中国软科学，2023（7）：66-75.

[13] 康健，胡祖光. 创新链资源获取、互联网嵌入与技术创业 [J]. 科技进步与对策，2016，33（21）：16-23.

[14] 李瑞，梁正，薛澜. 技术演化理论视角下新型举国体制分类与边界 [J]. 科学学研究，2024，42（06）：1225-1233+1277.

[15] 李婷，邓学来，徐志云. 基于创新链的创新型企业政策研究 [J]. 中国科技论坛，2015（10）：63-68.

[16] 李万，常静，王敏杰，等. 创新3.0与创新生态系统 [J]. 科学学研究，2014，32（12）：1761-1770.

[17] 李武军，黄炳南. 中国低碳经济政策链范式研究 [J]. 中国人口·资源与环境，2010，20（10）：19-22.

[18] 李晓锋. "四链"融合提升创新生态系统能级的理论研究 [J]. 科研管理，2018，39（9）：113-120.

[19] 李雪松，龚晓倩. 地区产业链、创新链的协同发展与全要素生产率 [J]. 经济问题探索，2021（11）：30-44.

[20] 梁文良. 创新链产业链融合的机制与效应研究 [D]. 南京：中共江苏省委党校，2023.

[21] 林森，苏竣，张雅娴，陈玲. 技术链、产业链和技术创新链：理论分析与政策含义 [J]. 科学学研究，2001（4）：28-31，36.

[22] 林毅夫，刘士余，刘元春. 金融结构、金融发展与经济增长 [J]. 经济研究，2009（2）：65-78.

[23] 刘家树,范从来,齐昕. 资金支持嵌入创新链的异质性效应研究[J]. 江苏社会科学,2016(5):1-8.

[24] 刘志迎,李慧. 嵌入在产业链中的技术创新机理研究[J]. 科学管理研究,2009,27(6):12-15.

[25] 路甬祥. 对国家创新体系的再思考[J]. 求是,2002(20):6-8.

[26] 盛斌,景光正. 金融结构、技术创新与经济增长[J]. 经济研究,2021(1):12-25.

[27] 盛斌,景光正. 金融结构、契约环境与全球价值链地位[J]. 世界经济,2019,42(4):29-52.

[28] 盛朝迅. 从产业政策到产业链政策:"链时代"产业发展的战略选择[J]. 改革,2022(2):22-35.

[29] 涂俊,吴贵生. 三重螺旋模型及其在我国的应用初探[J]. 科研管理,2006(3):75-80.

[30] 吴金明,邵昶. 产业链形成机制研究——"4+4+4"模型[J]. 中国工业经济,2006(4):36-43.

[31] 邢超. 创新链与产业链结合的有效组织方式——以大科学工程为例[J]. 科学学与科学技术管理,2012,33(10):116-120.

[32] 闫瑞峰. 科技创新新型举国体制:理论、经验与实践[J]. 经济学家,2022(6):68-77.

[33] 杨公朴. 产业发展战略要有相对稳定性[J]. 上海工业,2003(12):11-12.

[34] 杨忠,李嘉,巫强. 创新链研究:内涵、效应及方向[J]. 南京大学学报(哲学·人文科学·社会科学),2019,56(5):62-70+159.

[35] 郁义鸿. 产业链类型与产业链效率基准[J]. 中国工业经济,2005(11):35-42.

[36] 袁伟民,赵泽阳,桂梓珍. 农业产业链与创新链的协同过程、协同类型及协同模式——以花生产业为例[J]. 河北农业大学学报(社会科学版),2022,24(4):87-96.

[37] 张贵,吕长青. 基于生态位适宜度的区域创新生态系统与创新效率研究[J]. 工业技术经济,2017,36(10):12-21.

［38］张岭，张胜．金融体系支持创新驱动发展机制研究［J］．科技进步与对策，2015，32（9）：15–19.

［39］张秀萍，黄晓颖．三螺旋理论：传统"产学研"理论的创新范式［J］．大连理工大学学报（社会科学版），2013，34（4）：1–6.

［40］郑江淮，钱贵明．"两个世界悖论"破解与关键核心技术创新：理论与实践［J］．经济学家，2023（5）：15–23.

［41］钟荣丙．国家创新体系的系统构成及建设重心［J］．系统科学学报，2008（3）：59–64.

［42］邹益民，张智雄．创新三螺旋模型的计量研究与实践进展［J］．情报杂志，2013，32（4）：85–90.

［43］Allen, F., & Gale, D. Comparing Financial Systems［M］．Cambridge, MA：MIT Press, 2003.

［44］Allen, F., & Gale, D. Financial Markets, Intermediaries, and Intertemporal Smoothing［J］．Journal of Political Economy, 1997, 105（3）：523–546.

［45］Bamfield, P. Research and Development In The Chemical and Pharmaceutical Industry：Third, Completely Revised and Enlarged Edition［J］．Research and Development In The Chemical and Pharmaceutical Industry, 2006：1–277.

［46］Demirguc-Kunt, A., & Maksimovic, V. Law, Finance, and Firm Growth［J］．Journal of Finance, 1998, 53（6）：2107–2137.

［47］Demirguc-Kunt, A., Feyen, E., & Levine, R. Optimal Financial Structures and Development：The Evolving Importance of Banks and Markets［J］．World Bank, mimeo, 2011.

［48］Etzkowitz, H., & Leydesdorff, L. The Triple Helix–University–Industry–Government Relations：A Laboratory for Knowledge Based Economic Development［J］．EASST Review, 1995, 14（1）：14–19.

［49］Freeman, C. The Economics of Technical Change［J］．Cambridge Journal of Economics, 1994, 18（5）：463–514.

［50］Gerwin, D., & Barrowman, N. J. An Evaluation of Research on Integrated Product Development［J］．Management Science, 2002, 48（7）：938–953.

［51］Haken, H., & Graham, R. Synergetik. Die Lehre vom Zusammenwirken

[J]. Umschau in Wissenschaft und Technik, 1971, 6: 191-195.

[52] Larson, E. V. Building A New Foundation For Innovation: Results of A Workshop for The National ScienceFoundation [M]. Santa Monica, CA: RAND Corporation, 2002.

[53] Levine, R., & Warusawitharana, M. Financial Development and Economic Growth: Theory and Evidence [J]. Journal of Financial Economics, 2021, 140 (2): 215-232.

[54] Levine, R., & Zervos, S. Stock Markets, Banks, and Economic Growth [J]. American Economic Review, 1998, 88 (3): 537-558.

[55] Lundvall, B. Å. Innovation as an Interactive Process: From User Producer Interaction to National Systems of Innovation [M]. Technical Change and Economic Theory, 1988.

[56] Lundvall, B. Å. National Systems of Innovation: Towards a Theory of Innovation and Interactive Learning [M]. Pinter Publishers, 1992.

[57] Malerba, F. Sectoral Systems of Innovation and Production [J]. Research Policy, 2002, 31 (2): 247-264.

[58] Malerba, F. Sectoral Systems of Innovation: A Framework for Linking Innovation to the Knowledge Base, Structure and Dynamics of Sectors [J]. Economics of Innovation & New Technology, 2005, 14 (1/2): 63-82.

[59] Marshall, J. J., & Vredenburg, H. An Empirical Study of Factors Influencing Innovation Implementation In Industrial Sales Organizations [J]. Journal of The Academy of Marketing Science, 1992, 20 (3): 205-215.

[60] Nelson, R. R., & Rosenberg, N. Technical Innovation and National Systems [J]. National Innovation Systems: A Comparative Analysis, 1993, 1: 3-21.

[61] Rothwell, R. Successful Industrial Innovation: Critical Factors For The1990s [J]. R&D Management, 1992, 22 (3): 221-240.

[62] Sen, N. Innovation Chain and CSIR [J]. Current Science, 2003, 85 (5): 570-574.

[63] Timmers, P. Building Effective Public R&D Programmes [A]. PICMET '99: Portland International Conference On Management Of Engineering and Technology. Proceedings

Vol-1: Book Of Summaries (IEEE Cat. No. 99CH36310) [C]. 1999: 591-597.

[64] Vlachos, J., & Waldenström, D. International Financial Liberalization and Industry Growth [J]. International Journal of Finance & Economics, 2005, 10 (3): 263-284.

中篇

政策与实践

第四章 中国"四链"现实情况与融合测度

第一节 中国"四链"运行的现实情况

一、创新链运行的现实情况

在理论分析部分,本书认为创新链出基础研究和应用研究、技术研发、新产品和新工艺的产业化和商业化等阶段构成,是在市场机制占主导及政府参与配合下社会资源优化配置并将科研活动所产出的创新成果产品化,最终形成社会经济中细分产业的全过程,是以价值增值为导向,依据特定的逻辑联系和时空布局形成的上下关联的、动态的链式组织。为突出重点,从总体上捕捉我国创新链运行的整体情况,本书按照科技创新的过程,将创新链划分为前端、中端和后端,对我国科技创新的运行链条进行归纳分析。其中,创新链前端的核心功能是知识创新,知识创新意味着增加知识存量,拓展人类认知边界,对应的实践活动主要是基础研究;创新链中端的核心功能是技术创新,是指对发明的商业化应用,发明可能来源于对已有知识的重组;创新链后端的核心功能是产品创新、商业模式创新、营销创新,等等。

(一)创新链前端——基础研究的运行情况

当前,新一轮科技革命和产业变革深入发展,学科交叉融合不断推进,科学研究范式发生深刻变革,科学技术和经济社会发展加速渗透融合,基础研究转化周期明显缩短,国际科技竞争向基础前沿前移。为实现高水平科技自立自强,推动构建新发展格局、实现高质量发展,

| 创新链　产业链　资金链　人才链深度融合 通往高质量发展之路

迫切需要我们加强基础研究，从源头和底层解决关键技术问题。在这一背景下，加强基础研究，是破解关键核心技术"卡脖子"、形成未来技术和未来产业的根本保障。我国只有切实提高基础研究能力和水平，才能大幅度提高科技创新水平，加快科技大国向科技强国跃进的步伐，从根本上发挥基础研究在科技、经济、社会领域的应有贡献。由于历史原因，中国基础研究能力曾十分薄弱，得益于党和国家对基础研究工作的高度重视，经过长期发展，中国科技事业整体正进入"从量变到质变"的转型期。党的十八大以来，党中央把提升原始创新能力摆在更加突出的位置，成功组织一批重大基础研究任务、建成一批重大科技基础设施，基础前沿方向重大原创成果持续涌现。

1. 基础研究的运行主体

大科学时代我国基础研究组织形式日益由小团体的创新转变为大兵团有组织的研发，当前，我国依托国家实验室、科研机构、研究型大学、科技企业，开展各种多学科交叉的基础研究攻关项目和有组织的基础研究活动，朝着集群化的方向演变（李侠，2022）。其中，高校成为基础研究的主力军和重大科技突破的生力军。基础研究由于周期长、风险高，科研平台建设需要大量的、长期稳定的人、财、物投入。由于我国高校的公益性属性，更多地把社会效益、社会贡献放在首位，高校各学科国家级、省部级、校级等各个层次的科研平台，可以满足不同专业、不同层次基础研究需求。近十年来，全国高校重视基础研究，不断加强创新平台体系建设，牵头建设了60%以上的学科类国家重点实验室、30%的国家工程（技术）研究中心。全国高校科技活动中衡量科技人力投入指标的研发（R&D）人员全时当量从2012年的20.9万人年增长到2021年的33.4万人年，增幅近60%。多年来，通过高水平科学研究培养高质量创新人才，支撑了数百万的硕士、博士研究生培养，每年大批的优秀毕业生走进国家科研机构、科技领军企业和研究型大学，创新资源的汇聚为高校原始创新能力跃升和关键核心技术突破奠定了坚实基础。此外，在从事基础研究的各类主体中，我国企业具有独特的优势，它可以将科学发现的信号和市场信号叠加，找到科技创新和产业发展前进的方向。但是，目前基础研究在企业研发经费中只占相对较小的比例。

2. 基础研究的保障机制

除加大对基础研究的稳定支持，完善基础研究多元化投入体系外，我国还通过加强基础研究统筹布局、完善国家科技计划体系、改进基础研究评价、改革项目形成机制与实施管理、推动科技资源开放共享等多种方式为基础研究深入推进提供全方位的保障机制。例如，强调发挥国家自然科学基金的作用，资助基础研究和科学前沿探索，支持人才和团队建设，加大面向国家需求的项目部署力度，提升国家自然科学基金支撑经济社会发展的能力；扫除高校、科研院所和企业间人才流动的制度障碍。支持企业承担国家科研项目。支持新型研发机构制度创新，在科研模式、评价体系、人才引进、职称评定、内控制度等方面积极探索，先行先试；对于具备"颠覆性、非共识、高风险"等特征的原创项目，单独设置渠道，创新遴选方式，探索建立有别于现行项目的遴选机制；加强科研设施与仪器国家网络管理平台建设，完善开放共享的评价考核和后补助机制，深化新购仪器设备购置查重评议，强化管理单位主体责任，加快推进科研设施与仪器开放共享。

3. 基础研究的重要成果

新中国成立后，党中央发出"向科学进军"号召，广大科技工作者自力更生、艰苦奋斗，取得"两弹一星"关键科学问题、人工合成牛胰岛素、多复变函数论突破、哥德巴赫猜想证明等重大基础研究成果。改革开放后，我国迎来"科学的春天"，先后实施"863计划""攀登计划""973计划"，基础研究整体研究实力和学术水平显著增强，一些宏观指标，如国际论文数量和引用总数、自然指数等均已达到世界前列（张先恩等，2017）。党的十八大以来，以习近平同志为核心的党中央全面谋划科技创新，推动基础研究持续取得新成就。从量子信息到干细胞、脑科学，我国在前沿方向上取得一批重大原创成果；从76个光子的量子计算原型机"九章"成功问世，到500米口径球面射电望远镜首次发现毫秒脉冲星，我国成功组织了一批重大基础研究任务；还有散裂中子源等一批具有国际一流水平的重大科技基础设施通过验收。我国基础研究整体实力显著加强，支撑引领经济社会发展的作用不断增强，国际影响力日益提升。

（二）创新链中端——技术创新与应用的运行情况

智能化时代，全球创新空前活跃，各类成果加速涌现，技术迭代周期明显缩短，技术创新成为世界各国战略必争的主要阵地，成为提升国家创新体系整体效能的重要抓手，对传统产业升级和新兴产业发展具有助推器作用。近年来，在党和国家的坚强领导下，在全国科技界和广大科技工作者的共同努力下，我国技术创新事业发生了历史性、整体性、格局性重大变化，成功进入创新国家行列，走出了一条从科技强到产业强的发展道路。

1. 技术创新的参与主体

技术创新是对发明进行规模化生产、商业化运作并转化为企业经济利润的过程，这一阶段的参与主体包括政府、高校、科研院所、企业、科技中介、金融机构等，可能涉及的主要实践包括小试、中试、科技成果转化等。由于技术创新的企业直接面向市场，对市场走向的了解程度高于科研院所，研发创新是建立在获取市场信息的基础之上的，技术研发的工作落实在企业才能和市场需求很好地结合在一起，创造现实生产力，推动经济发展。除此之外，企业作为技术创新的利益主体，同时也是风险承担的主体，通过承担创新活动的风险强化其企业责任。从现实情况来看，我国企业贡献了全国93.7%的技术输出和82.8%的技术吸纳，主体性作用不断凸显，全国高新技术企业数量增加到2021年的33万家，研发投入占全国企业投入的70%，上交税额由 2012 年的 0.8 万亿元，增加到 2021 年的 2.3 万亿元；与此同时，高校和科研院所科技成果转化能力稳步提高。《中国科技成果转化年度报告 2022（高等院校与科研院所篇）》显示，2021 年 3 649 家高等院校以转让、许可、作价投资和技术开发、咨询、服务方式转化的总合同金额为 1 581.8 亿元，同比增长 24.4%。

2. 技术创新与应用的市场活力

从技术创新与应用的市场活力来看，2018—2022 年，我国技术合同从 41.20 万项增加到 77.3 万项，成交额从 1.77 万亿元提高至 4.78 万亿元，分别增长 87.6% 和 170%。全国有效专利产业化率稳步上升，由 36.3% 提高至 45.0%，发明专利产业化率从 32.3% 增加至 36.7%。其中，北京、上海、粤港澳大湾区的创新引领辐射作用不断增强，其研发投入占全国 30% 以上，北京、上海技术交易合同额中，分别有 70% 和 50% 输出到外地，形成了鲜明的示范作用。169 家高新区聚集了全国 1/3 以上的高新技术企业，人均劳动生产力为全国平均水平的 2.7 倍，吸纳大学毕业生就业人数占全国的比重为 9.2%。人工智能、大数据、区块链、量子通信等新兴技术加快应用，培育了智能终端、远程医疗、在线教育等新业态；我国数字经济规模持续扩大，技术突破打通了我国新兴产业的一些堵点，太阳能光伏、风电、新型显示、半导体照明、先进储能等产业规模也居世界前列。

3. 技术创新与应用的保障机制

近年来，我国为促进技术创新以及科技成果转化出台了若干政策法规并取得了阶段性成效，转化堵点有所疏解。如《财政部关于进一步加大授权力度促进科技成果转化的通知》缩短了成果作价投资形成国有股权的转让、无偿划转或者对外投资等事项的管理链条，《人力资源社会保障部、财政部、科技部关于事业单位科研人员职务科技成果转化现金奖励纳入绩效工资管理有关问题的通知》打破了核定的绩效工资总量对成果转化现金奖励的限制等。但是，尽管我国成果转化已取得阶段性成效，但与发达国家相比依然存在较大差距。2021年，我国有效专利数量达360万件，超过美国（333万件）成为有效专利数量最多的国家。但是，中美两国专利转化率分别为6%和50%，存在巨大差距。此外，我国核心技术进口比重大，自主研发比重低，根据世界知识产权组织（WIPO）统计，1993—2018年，美国在华获发明专利累计授权数量为24.5万件，是中国在美获发明专利累计授权数量的3.3倍；2021年，我国从发达国家和地区进口的高科技产品占进口总额的22.8%。说明与发达国家对华技术依赖程度相比，我国对发达国家技术依赖更高。

（三）创新链后端——产品创新、商业模式创新等的运行情况

就整个创新链而言，与市场衔接紧密的主要是创新链后端，创新链后端的参与主体类型更加丰富，政府、高校和科研院所、企业、金融机构等在此阶段均有不同程度的参与。就创新类型而言，在创新链后端，大量初创企业以产品创新、商业模式创新为主，通过设计更能满足消费者多元化需求的商业模式来获得经济利润。

1. 产品创新的现状

从产品创新来看，产品创新是科学技术与经济发展之间的桥梁，科技成果包括新知识、新技术、新产品，可以通过多种途径转化为生产力，但是只有通过产品才能直接进入市场变为财富，并为用户所用，实现科技成果支撑经济发展的价值和作用。此外，产品创新的研发活动，还起到促进科研机构学科交叉融合的作用。根据《中国创新指数研究》，2015—2022年我国新产品销售收入占营业收入比重指数增长相对较快，年均增速为8.8%，"三新"经济增加值占国内生产总值比重指标、专利密集型产业增加值占国内生产总值比重指标的年均增速分别为2.3%、2.1%。此外，近年来我国涌现出大量的科创新名片，涵盖了交通、航空、信息、能源、家电、金融等多个领域，不仅体现

了我国科技创新的能力和水平，还为我国经济社会发展和人民生活改善提供了强大的支撑和保障。例如，作为全球最大的轨道交通装备供应商，中国中车生产的高铁列车不仅在国内畅行无阻，而且在全球多个国家和地区得到了广泛的应用和认可；中国商飞 C919 大飞机是我国自主研制的单通道干线客机，具有安全、经济、舒适、环保等特点，是我国民用航空事业的重要成果。

2. 商业模式与市场营销创新的现状

中国商业经济增长推动了商业模式的创新繁荣，培育了一批商业模式创新的明星企业。同时，随着互联网计算机技术普及和平台开放共享进程加快，我国企业通过模仿吸收与本土化，复制了许多新兴的商业模式，并借助中国庞大的市场优化壮大，在一些商业模式模仿复制过程中，通过本土的功能完善，甚至超过了许多国际样本企业。从营销创新来看，中国加入世界贸易组织后，开始在更深层次、更宽领域融入世界经济，参与国际经济大循环。中国企业在激烈的市场竞争中积累了丰富的市场营销经验，并日益围绕品牌管理、顾客定制、顾客价值等进行更富市场导向的营销创新。党的十八大以来，互联网、大数据、云计算和人工智能等新兴技术的快速发展和应用普及，许多企业扎根中国本土实践，持续探索创新市场营销理念和市场营销实践。

二、产业链运行的现实情况

在理论分析部分，本书认为，产业链是一个基于"产业总体"投入产出关系的产业组织概念，以价值增值为导向，反映的是存在有机关联的各个经济部门或非经济部门之间依据特定的逻辑关系和时空布局形成的相互交织的网络关系。为突出重点，从总体上捕捉我国产业链运行的整体情况，本部分从产业结构的布局变化、产业链上下游的企业合作关系与产业链发展的新趋势等出发分析我国产业链运行的总体情况。

从产业结构的布局变化来看（如图 4-1 和图 4-2 所示），1978 年

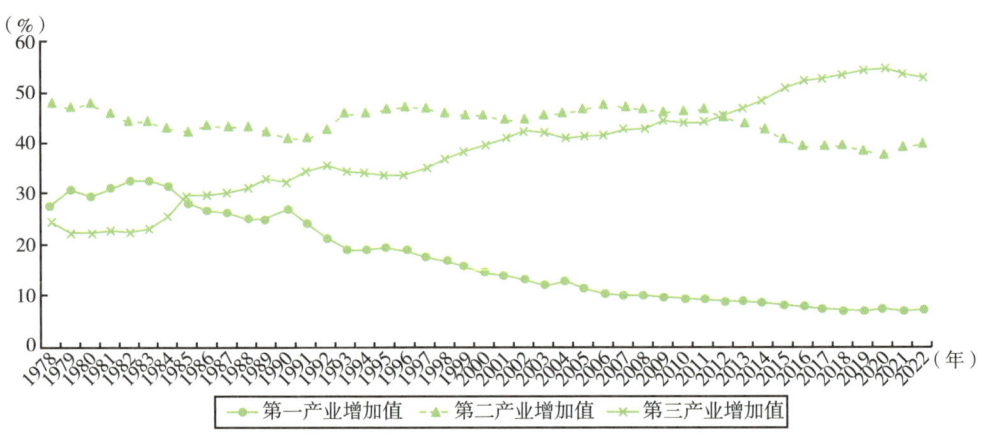

图 4-1　1978—2022 年中国三次产业结构布局变化

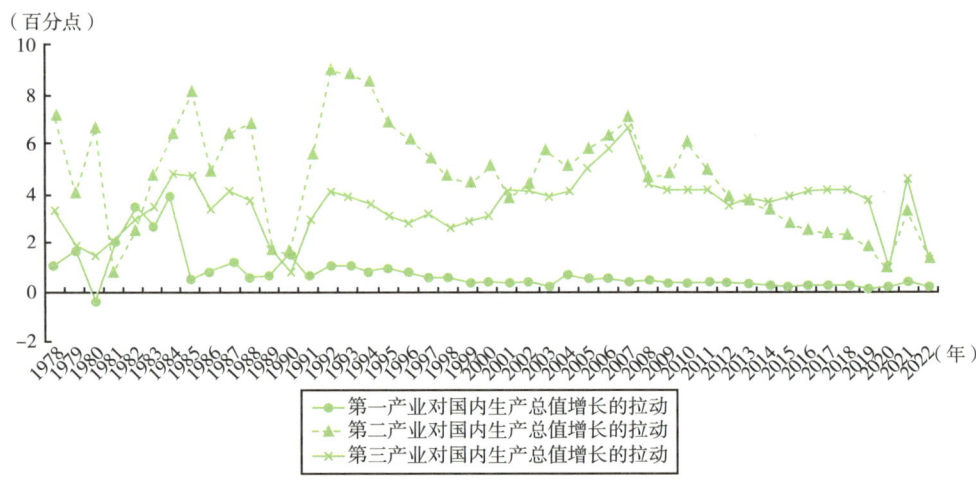

图 4-2　1978—2022 年中国三次产业对国内生产总值增长的拉动

我国三次产业比例为27.7∶47.7∶24.6，拉动经济增长分别为1.1个、7.2个和3.3个百分点；1985年第三产业规模首次超过第一产业，比例调整为27.9∶42.7∶29.4，拉动经济增长分别为0.5个、8.2个和4.7个百分点。2012年第三产业规模超过第二产业，成为推动国民经济发展的主导产业，三次产业比例调整为9.1∶45.4∶45.5，拉动经济增长分别为0.4个、3.9个和3.5个百分点。党的十八大以来，我国经济发展步入新阶段，经济结构战略性调整和转型升级加快推进，2022年我国三次产业比例为7.3∶39.9∶52.8，拉动经济增长分别为0.3个、1.4个和

1.3 个百分点，经济发展的全面性、协调性、可持续性显著增强。具体来看，第一产业增加值占国内生产总值比重不断下降，由 1978 年的 27.7% 下降至 2022 年的 7.3%，期间下降了 20.4 个百分点；第二产业增加值占国内生产总值比重呈现出波动变化的特征，先由 1978 年的 47.7% 下降至 1990 年的 41.0%，随着新一轮对外开放政策的实施，又上升至 2006 年的 47.6%，之后再波动下降至 2022 年的 39.9%；第三产业增加值占国内生产总值比重基本稳步上升，由 1978 年的 24.6% 波动上升至 2022 年的 52.8%。在三次产业结构变化的同时，中国经济增长动力也逐渐发生变化，由第二产业拉动为主向第三产业拉动为主转变。同时，农林牧渔业、工业、建筑业、批发零售业等行业结构也在随着三次产业结构不断升级和调整持续优化（如图 4-3 所示）。其中农林牧渔业和工业的比重变化最大，农林牧渔业增加值占比从 1978 年的 27.9% 波动下降至 2022 年的 7.7%，从农业内部来看改革开放初期，我国农业发展以种植业为主，产品种类单一，发展不平衡。随着农业政策不断优化调整，农业综合生产能力稳步提高，现代农业体系

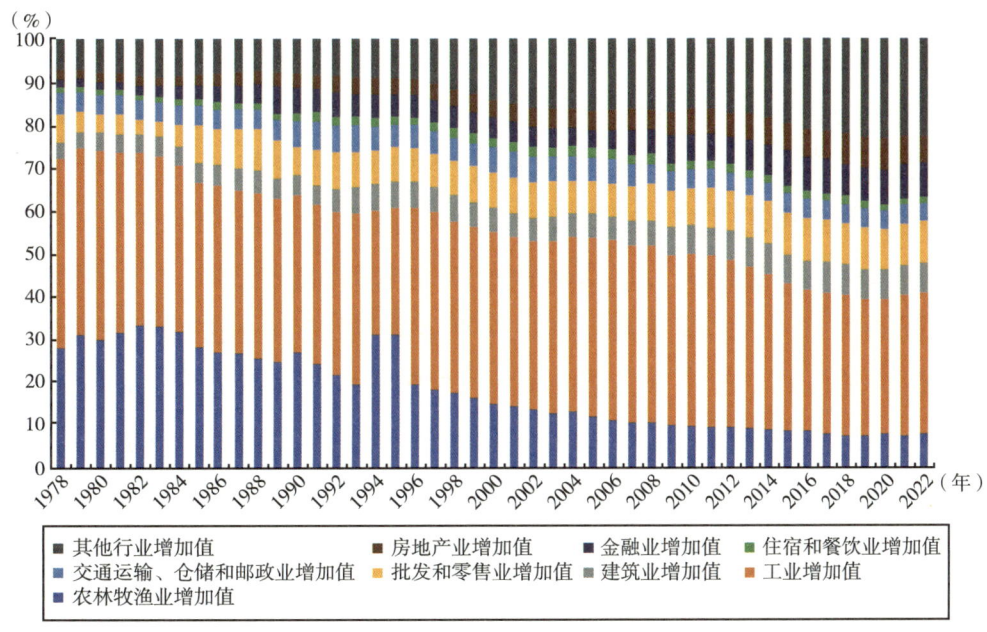

图 4-3 1978—2022 年中国各行业结构变化

初步建立和完善，传统农业比重不断下降；工业增加值占比从1978年的44.1%波动下降至33.2%，从工业内部来看，我国工业结构逐步从结构简单到门类齐全、从劳动密集型工业主导向劳动资本技术密集型工业共同发展转变。

三、资金链运行的现实情况

资金链是企业筹资获得资金，经过生产经营后实现资本增值，进行分配或者再生产的循环链条。在企业的研发、运营、生产过程中，资金链是其生命链，唯有确保资金链的畅通运转才能确保企业正常运营和良性发展。为重点把握我国资金链的运行现状，本部分从宏观和微观两个角度出发，分析中国科技创新过程中的资金链运行情况。

从宏观视角来看，经过多年发展，我国金融市场已基本形成体系完整、层次清晰、功能互补的多层次架构。现阶段，以沪深主板、创业板、科创板及北京证券交易所为代表的各类金融市场，通过差异化的定位与互相协同的运作体系，大幅提升了我国金融体系的覆盖度，对科技创新的支持力度不断增强。其中，科创板重点支持新一代信息技术、高端装备、新材料、新能源、节能环保以及生物医药等高新技术产业和战略性新兴产业，推动互联网、大数据、云计算、人工智能和制造业深度融合，引领中高端消费，推动质量变革、效率变革、动力变革；创业板通过多层次资本市场的建设，建立起风险共担、收益共享的直接融资机制，可以缓解高科技企业的融资瓶颈，可以引导风险投资的投向，可以调动银行、担保等金融机构对企业的贷款和担保，从而形成适应高新技术企业发展的投融资体系；北交所重点培育专精特新创新型中小企业，打造服务创新型中小企业主阵地，这是对资本市场更好服务构建新发展格局、推动高质量发展作出的新的重大战略部署，为进一步深化新三板改革、完善资本市场对中小企业的金融支持体系指明了方向、提供了遵循。当前，各方对于资本市场以更大力度支撑国家创新战略已有共识。为进一步支持科技创新，促进"资本—技术—产业"的良性循环,我国一方面致力于健全多层次资本市场体系,提升资本市场服务的包容性和适配性,更好满足各类企业的差异化发展需求;另一方面,不断完善资本市场的资源配置功能,加大产品创新和制度供给,动态优化发行上市、并购重组等基础性制度。但是从总体来看,我国资本多集中于制造业、采矿业等技术含量较低的部门或金融业、房地产业等回报率较高的虚拟经济部门,缺少对科学研究、计算机服务和软件业、信息传输等关系国家核心竞争力的基础性、战略性新兴行业等领域的投资。换言之,资本对外投资时偏向于进入应用领域,而非基础研究领域。究其原因,主要在于基础研究投资成本高,建设周期长,研发过程的不确定性和风险性也更高,而应用研究则具有较高的收益率和稳定性,投资者更倾向于向"看得到"的领域倾注资本,这一现象在国内和国外投资中都显著存在。因此,重视资本日益融入全球化进程中的这些问题,采取切实可行的措施促进资本规范健康发展,不仅有利于发挥创新的空间溢出效应,还有助于提升我国的科技实力和综合竞争力。

从微观视角来看,按照资金运转流程,资金链可分为投入端、运营端和收益端,资金链上的参与主体主要是各类金融机构。其中,包括金融监管体系(一行一局一会)、银行机构体系(中农工建四大国有银行、商业银行、专业银行等)和非银行金融机构体系(公募基金、私募基金、风险投资、证券基金、保险公司、信托机构和融资租赁公司等)。金融体系的核心功能是融通资金,包括筹资活动和投资活动。金融体系的资金来源于居民和非居民的储蓄,并将其投资于创新活动、生产经营活动和金融活动,最后从投资活动中获得收益,用于上缴税费、返还给投资者和作为营业盈余留归企业等。具体来看,金融体系资金链循环机制主要体现为:第一,金融机构通过投资于高校、科研院所和企业的基础研究和应用研究、科技成果转化、科创企业等活动,使各类科技创新主体能够获得用于基础研究和应用研究、科技成果转化以及发展的资金,从而有利于产出新技术、新工艺、新材料、新服务；第二，新技术、新工艺、新材料、新服务能够帮助企业扩大竞争优势，获得更多市场份额，并形成企业的经济利润，投资者可以择时退出企业，获得投资收益并回笼资金，进而开展下一轮投资活动；第三，经济利润形成的留存收益也可以使企业为之后的技术创新和生产活动注资，从而形成科技创新与现代金融的循环。无论是创新链还是产业链，缺乏资金链的支持都难以持续高效地运行和发展，因此，资金链是创新链和产业链发展的必备条件，同时，创新链和产业链也能够在实现自身核心功能的同时给资金链主体带来投资回报。

四、人才链运行的现实情况

在人力资源总量方面，中国拥有世界上最大的科研人员、大学教师、工程师和工业人才队伍。专业技术人员从2010年的5 550.4万人增加到2019年的7 839.8万人，成为世界上人力资源最多的国家。通过实施各类人才工程，一大批具有国际影响力的海外人才回国发展，形成了新中国成立以来最大规模的海外人才归国潮。此外，中国已经形成了世界上最大的高等教育体系和科技人才队伍，包括1 600多名两院院士，数万名中央和部门人才计划和基金项目，以及数十万名享受国务院特殊补贴的专家。无论是在培养优秀人才方面，还是在人才队伍存量建设方面，我国已经形成了显著的国家竞争优势，为建设人才强国奠定了坚实的基础。在人才创新创业发展环境中，我国各地结合本地实际，在资金支持、子女教育、签证居住、股权激励、住房医疗、财税优惠、社会保障等方面探索出台了一系列"含金量高"的政策措施，推出了一大批可复制、可延伸的改革创新举措。为重点反映中国人才链的落实与发展情况，本部分从人才链建设的总体现状、围绕创新链的人才培养、围绕产业链的人才培养等方面出发梳理中国人才链运行的现实情况。

从人才链建设的纵向主体来看，我国形成了多部门联动的政策供给结构，并呈现出中央高度重视、地方密切关注以及用人单位广泛参与的合力局面，具有工程化与系统化的特点。从中央各部门来看，我国高度重视人才工作，形成了以重大人才工程为代表的人才工作体系，并分别由中组部、中宣部、人力资源和社会保障部、教育部、科技部、国资委、农业农村部、国家卫生健康委员会等部门牵头，会同相关部门组织实施；各项工程实施过程中，各牵头单位签订重大人才工程责任书，组建部领导牵头、相关司局参加的工作班子，联动部门领导也亲自主持实施方案制订工作。在中央的统筹规划下，各部门的任务目标、主要内容、工作分工、进度安排、经费预算和组织领导机制较为明确，实施方案具有可操作、可监测、可评估的特点；同时，注意与科技发展规划、教育改革相衔接，形成了协调一致、整体推进的工作格局。从地方层面来看，各省份在对接中央人才工作的基础上，主动争取、科学谋划，重点培育符合地方特色的人才工作体系。例如，广东省依托"珠江人才计划"等省重大人才工程引进培养人才，并从人才锻造工程、人才培养强基工程、人才引进提质工程、人才体制改革工程和人才生态优化工程五个方面实施人才工作；江苏省发布《江苏省"十四五"专业技术人才发展规划》，将实施重点人才工程项目作为加强专业技术人才队伍建设的重要抓手，引领人才队伍结构调整，着力推动人才工作转型升级；江西省为加强高层次创新型专业技术人才队伍建设，制定了省百千万人才工程，工程省级人选每年选拔1次。从用人单位来看，我国人才工作的开展善于调动用人单位的积极性，注重发挥用人单位引进、培养、激励人才的主动性。例如，鼓励用人单位依托技术研发中心、重点实验室等，加强以国家级"工程"人选为支撑的创新团队建设；专业技术人才知识更新工程重视发挥企业作用，加强用人单位人才培养培训与工程培养培训任务的衔接，在实践中集聚和培养创新型人才。

　　从人才链建设的投入方式来看，形成了政府、社会、用人单位和个人多元投入的人才培养体系。为落实人才投资优先保证的要求，不同层级的部门、地方和单位相结合的多元投入机制逐步形成与完善，

| 创新链　产业链　资金链　人才链深度融合 通往高质量发展之路

在中央统筹规划下，地方和用人单位会配套给予流入本地的人才适当的经费支持，同时各地、各部门和用人单位还纷纷将包括重大人才工程在内的各类人才工作纳入本地（部门、单位）人才培养工作。例如，浙江省为提高人才投入绩效，对人才投入方式进行创新，运用后补助、自主创新产品首购等方式，加大对人才的创业创新支持。为支撑人才链的良好运转，我国坚持精神激励和物质奖励相结合，形成了以政府奖励为导向、用人单位和社会奖励为主的奖励体系；同时，各类人才薪酬制度逐渐完善，收入分配管理逐步规范；通过完善以养老保险和医疗保险为重点的社会保障制度，形成国家、社会和单位相结合的人才保障体系；收入分配向有突出贡献的人才倾斜，如浙江省在《浙江省人才发展"十四五"规划》中强调要合理分配职务科研成果的转化收益；对创新创造、成果转化、社会服务等业绩突出的单位或团队，可适当增加绩效工资总量；各地方还进一步完善货币化人才住房保障政策，形成"货币补贴＋实物保障"有序衔接、互为补充的人才住房保障体系；此外，人才发展金融支持体系、教育服务体系以及生命周期健康服务体系等人才生态系统逐渐完善，并在部分省市形成规模。

从人才链运转过程中对人才的挖掘与评价方式来看，具有包容性、开放性与平等性。注重对青年人才的发掘与培养，例如，在创新型科技人才选拔上力图破除求全责备、论资排辈的传统观念，克服唯学历和论文的倾向，强调对优秀青年科技人才的发现、使用和资助力度；同时，还注重对国际人才市场的发掘，推进专业技术人才职业资格国家间、地区间的互认；对社会主义市场经济体制下各种所有制组织中的人才平等对待；围绕重点领域发展，预测人才需求，定期发布急需人才类型目录，按照国家规划，政策向重点产业集中倾斜。同时，为支持农村社区、贫困地区、边疆民族地区和革命老区的发展，这些地区的人才遴选也会在职务、职称晋升等方面采取倾斜政策。同时，各地方充分发挥市场在人才资源配置中的决定性作用，合理发挥政府作用，加强政策供给、要素供给和服务供给，实行更加开放的人才政策，更好激发人才、市场主体、社会力量的积极性。例如，推进人才评价的科学化市场化社会化，健全以创新能力、质量、实效、贡献为导向的人才评价体系，推进科学化、市场化、社会化评价。

第二节 中国"四链"融合的指标体系与测算方法

基于本书前篇关于创新链、产业链、资金链、人才链的科学内涵和理论分析，本节构建"创新链—产业链—资金链—人才链"相互融合、协同发展的指标体系，通过提供中国区域的实践经验证据，从实证层面明晰"四链"融合的核心要义。根据协同理论，"四链"融合的过程呈现出一个系统的形态，系统之间表现为整体和部分协同以及部分之间协同。创新链、产业链、资金链、人才链的协同作用取决于其内部各种要素之间的相互作用关系，将四个系统内的各种要素、资源进行合理的配置，在自组织和市场等动因的促使下，政府、企业、高校、科研机构、金融机构等每一个系统主体自主和自发地寻求合作和发展，通过政策、法律、法规、制度的作用，进行知识、技术、创新和价值等信息的沟通与交换，在竞争中协调相互之间的相关联系。当这种相互作用到达临界点时，系统整体发生质变而形成协同效应，由原来的混沌无序状态逐渐进入协调稳定发展的有序状态。同时，创新链、产业链、资金链、人才链这四个系统之间遵循一定规则，自动形成一定的结构和功能，具有自主性和相对稳定性，在长期协同过程中形成了一套有效的自我匹配系统，且有从低度协同向高度协同的演进趋势。

由此，本书将"四链"融合看作一个动态复合系统，每一个链条都是一个相对独立和相互作用的子系统。本节设计了创新链子系统、产业链子系统、资金链子系统和人才链子系统，通过采用各具体指标体系的数据和多重研究方法，进行"四链"融合程度的测算、评估与分析,从而清晰地了解21世纪之后中国科技创新体系中创新链、产业链、资金链、人才链之间融合的总体水平,识别可能影响链条子系统协同发展的障碍因子,剖析"四链"融合在东、中、西和东北四大区域间的差异情况以及长期动态演进特征,为新时代创新链、产业链、资金链、人才链深度融合,提高我国科技创新能力,支撑产业现代化发展提供实证依据。

一、指标体系构建

子系统间的协同作用生成有序结构,并且当存在多个序参量时,多个序参量协同一致共同决定系统的有序结构(孙玲,2009)。如何促进子系统之间的协同,需寻找影响各个子系统之间协同的关键主要因素。因此,本书为客观评价"四链"融合程度,本着系统性、科学性、可操作性、可比性、层次性以及简明性的原则,综合考虑以往文献中指标的选取,且充分体现系统的有序性质,设计了创新链、产业链、资金链和人才链子系统融合度评价指标体系,如表4-1、表4-2、表4-3和表4-4所示。指标体系的构建思路是"自上而下"与"自下而上"相结合的,一方面遵循创新链、产业链、资金链和人才链的科学内涵与发展特征,从每个链条在促进科技创新和产业现代化中的功能定位出发确立指标体系的一级、二级维度;另一方面,综合考虑数据的可获得性、权威性和已有文献中指标的常用性、代表性,基于各维度的表征意义,遴选用于测算的70个三级指标,本书只列至二级维度。

表4-1　　　　　　　创新链子系统评价指标体系

一级指标	二级指标
创新投入	科学研究投入
	技术提升投入
	产品开发投入
	基础设施投入

续表

一级指标	二级指标
创新成果	专利数量
	论文数量
	奖项数量
成果转化	产学研合作
	转让许可
	成果应用
	科技服务
	科技中介
	市场化
	产业化
创新环境	供给侧政策
	需求侧政策
对外依存度	知识创新依存度
	技术创新依存度

表4-2　　产业链子系统评价指标体系

一级指标	二级指标
基础能力	通信基础
	物流基础
吸引能力	劳动力性价比
	市场前景
抵抗能力	产业结构合理化
	产业结构高级化
	产业结构服务化
	内循环稳定性
	外部冲击强度
竞争能力	市场竞争力
	技术竞争力
创新能力	产业创新能级
	产业创新生态

续表

一级指标	二级指标
引领能力	数字化引领
	高端化引领
	可持续引领

表4-3　　　　　　　　　资金链评价指标体系

一级指标	二级指标
公共资本	科学技术领域财政支出比重
	教育领域财政支出比重
社会资本	资本整体规模
	银行贷款规模
	资本市场融资规模
外国资本	外资规模
	外资参与度
金融质量	融资成本
	科技金融
	普惠金融

表4-4　　　　　　　　　人才链评价指标体系

一级指标	二级指标
人才培养	高等教育
	职业教育
	继续教育
人才激励	人才利益政策
	创新环境政策
人才使用	高技术人才
	科技服务人才
人才质量	国民整体素质
	劳动力素质

现有文献中对于创新链、产业链、资金链和人才链"四链"融合

的概念尚不清晰，有关链条间融合水平的测算仅仅局限在总量层面，并没有对其中的内在结构进行剖析。本书认为"四链"融合是围绕创新链部署产业链，围绕产业链部署创新链，破除体制机制障碍，促进各主体高效协同，政策同向发力，建设要素集聚融通的创新生态。各个链条在"四链"融合中的功能定位和角色不是平行的，其中，创新链和产业链是基础，资金链和人才链是支撑。"四链"融合的创新生态包含多个维度构成的复杂内在结构，底层是影响每个链条运行发展的主要影响因素，它们相互作用共同决定本链条发展水平；中间层是两两链条之间的协同融合，任何一个存在短板都会影响最终的"四链"融合程度。

(一) 创新链指标体系

根据创新链的科学内涵，创新链是从创新投入到产出科技成果，最终实现产业化的完整过程。创新链的主要功能定位是通过新技术的扩散和新产品的商业化带动产业和经济发展。同时，创新结果会受到内外部创新环境的影响。因此，本部分在创新链子系统设立创新投入、创新成果、成果转化、创新环境、对外依存度五个主要一级维度。其中，创新投入包含科学研究投入、技术提升投入、产品开发投入、基础设施投入四个二级维度；创新成果包含以论文为代表的基础研究成果、以专利为代表的应用研究成果和以国家级科技奖项为代表的突破性创新成果三个二级维度。目前，我国成果转化的方式包含共同研发、成果所有权转让、许可和作价投资、成果应用、技术咨询与服务等。科技中介是促进科技成果流动和转化的重要桥梁，而成果转化的效益最终表现为技术从研发部门向生产部门的转移转化和生产部门应用技术实现大规模产业化和商业化。因此，成果转化包含产学研合作、转让许可、成果应用、科技服务、科技中介、市场化和产业化七个二级维度。创新环境包含以创新补贴为代表的从供给侧推动创新的政策和以政府采购为代表的从需求侧拉动创新的政策两个二级维度。对外依存度包含知识创新依存度和技术创新依存度两个维度，分别用国内外学者研发合作和从国外引进技术来衡量。

（二）产业链指标体系

产业链的主要功能定位是需求引导，强调产业发展的目标和结果。党的二十大报告和"十四五"规划强调"要提升产业链供应链现代化水平"，形成具有更强创新力、更高附加值、更安全可靠的产业链供应链。我国长期处于技术追随和产业依附地位，高端和关键核心环节普遍存在不同程度的对外依赖。为应对全球产业链供应链格局的变化，在未来产业等领域建立领先地位，这就要求我国产业链具备较强的基础能力、吸引能力、抵抗能力、竞争能力、创新能力和引领能力。本部分将这六个能力作为产业链子系统的一级维度。其中，基础能力是产业链的基础设施建设水平，为产业发展夯实底座、提质增效，包含通信基础和物流基础两个二级维度；吸引能力是本土产业链对全球资本的吸引程度，劳动力性价比和市场前景作为投资者考虑的两个重要因素，构成二级维度；抵抗能力指产业链受到冲击时的稳定程度，这主要取决于对外冲击强度、产业自身结构和国内循环稳定性三个方面，其中产业结构包含产业结构合理化、产业结构高级化、产业结构服务化。因此抵抗能力选取表4-2中的五个二级指标。产业链在长期内应对全球变化冲击时的适应程度和恢复速度要求具备较强的竞争能力和创新能力，其中竞争能力包括市场竞争力和技术竞争力，创新能力包括产业创新能级和产业创新生态。引领能力是产业链强链的主要体现，习近平总书记提出"要推动产业高端化、智能化和绿色化，促进全产业链优化升级"，因此设立数字化引领、高端化引领、可持续引领三个二级维度。

（三）资金链指标体系

资金链的内涵包含类别和过程两个层面。前者指按照资金的门类和不同资金供给主体,大致可以分为政府公共资金、银行金融机构贷款、资本市场股权和债券融资、风险投资几类;后者认为资金链是包含资金投入、资金运营和资金增值三个环节。在本书中,我们认为资金链的功能定位是资本要素的提供者,支撑创新链和产业链发展,因此资金运营和增值两个环节已经在创新链和产业链中得以体现。由此,本部分在设计资金链指标体系时只参考第一个层面,设计公共资本、社会资本、外国资本和金融质量四个一级指标。其中,政府财政支出具有较强的领域特性,根据本书研究问题,包含科技和教育两个领域,分别用科学技术财政支出比重和教育财政支出比重代表政府对该领域的重视程度;社会资本包含资本整体规模、银行贷款规模、资本市场融资规模。外国资本包含外资规模和外资参与度两个二级维度,前者仅从资金来源角度表示资金整体规模而不考虑具体用途,后者则强调直接参与和管理控制被投资企业的程度,更能代表外国投资者建立持久利益的投资行为。中央金融工作会议提出"金融要为经济社会发展提供高质量服务",促进金融支撑经济高质量发展和实体经济稳定增长,这就需要优化资金供给结构,持续加大对重大战略、重点领域和薄弱环节的支持力度,推动实体经济融资成本稳中有降,特别是小微企业、绿色发展、科技创新等领域。根据数据可得性和本书研究问题,设计融资成本、科技金融和普惠金融作为金融质量的三个二级维度。

(四)人才链指标体系

人才链的内涵同样包含类别和过程两个层面,类别层面从供需匹配视角,强调培养某一特定领域的人才,满足科技创新和产业发展需求,当前我国在许多新兴产业和未来产业领域缺乏掌握专业知识和技能的研究型人才与高技能人才以及科研服务人才,这就需要高等教育、职业教育和继续教育统筹协调、同步推进;过程层面强调以人才培养、人才激励、人才使用等全流程制度体系建设提高劳动力质量和人才积极性,充分实现人才的经济效能转化。同时,当前我国人口总量与人口结构发生深刻变化，出生率降低、老龄化加快，我国劳动力数量见顶。随着我国"劳动力数量红利"的减少，开始逐步转向"劳动力质量红利"（蔡昉，2021）。结合以上分析，设计人才培养、人才激励、人才使用、人才质量四个一级维度，分别反映我国人才数量、人才政策、人才结构和人才质量四个方面。其中，人才培养包含高等教育、职业教育和继续教育三个二级维度；人才激励包含人才利益相关政策和创新环境政策两个二级维度；人才使用包含高技术人才和科技服务人才两个二级维度；人才质量包含国民整体素质和劳动力素质两个二级维度。

二、数据来源与处理

样本区间选取2015—2021年，考虑到数据的可获得性，故保留剔除西藏、青海、香港、澳门和台湾后的我国其他29个省份和全国数据。数据来源为《中国科技统计年鉴》《中国统计年鉴》《中国工业统计年鉴》《中国高技术产业统计年鉴》《中国火炬统计年鉴》《中国电子信息产业统计年鉴》《中国创业投资发展报告》《国泰安数据库》《中国人口与就业统计年鉴》《中国财政年鉴》《中国环境统计年鉴》《各地方政府的统计年鉴》《CnOpenData数据库》《中国科技人才发展报告》，等等。部分数据根据政府政策文本和公告，运用Python爬虫技术和文本分析技术，本书不进行具体阐释。最后根据每个指标的规律特征，对缺失数据采用线性插值法进行填补，以确保研究的严谨性。

三、相关研究方法

（一）相关系数矩阵法

为了对各指标进行集成，区别各指标对于系统的贡献，同时避免主观因素的影响，采用一类客观赋权法——相关系数矩阵法测度权重。

假设"四链"融合程度指标体系包含 n 个指标,它们的相关矩阵 x 为:

$$x = \begin{bmatrix} a_{11} & \cdots & a_{1n} \\ \vdots & \ddots & \vdots \\ a_{n1} & \cdots & a_{nn} \end{bmatrix} \quad x_i = \sum_{j=1}^{n} |a_{ij}| - 1 \quad i = j = 1, 2, \cdots, n$$

(4-1)

其中,a_{ij} 表示第 j 个省份的第 i 个指标;x_i 表示 i 指标对 $n-1$ 指标的总影响,x_i 值越大,代表 x_i 对整个指标体系越重要,需赋予越大的权重,故将 x_i 归一化便可得到各指标的权重 θ_i 和各个系统的综合评价指标 μ:

$$\theta_i = \frac{x_i}{\sum_{i=1}^{n} x_i} \quad i = 1, 2, \cdots, n \quad (4-2)$$

$$\mu = \sum_{i=1}^{n} \theta_i \cdot x_i \quad (4-3)$$

(二) Max-min 极差法

最终合成的指标来源于不同层次的指标体系,各个层次的具体指标值的量纲与数量级均有差异,将这些不同量纲、不同数量级的指标正规化之后,才具有横向和纵向的可比性与实用性,这也是构建综合指标体系必要的基础工作。同时,统一指标大小走向对整个系统的意义。当单个经济指标的值越大对整个体系发展越有利时,采用正向指标计算方法,当单个经济指标的值越小对整个体系发展越好时,则采用负向指标计算方法。因此,我们采用极差法(Max-Min)对原始数据进行正规化处理,公式如下:

$$Z_{pjt} = \begin{cases} \dfrac{x_{pjt} - \min(x_{pjt})}{\max(x_{pjt}) - \min(x_{pjt})} & x \text{ 为正指标} \\ \dfrac{\max(x_{pjt}) - x_{pjt}}{\max(x_{pjt}) - \min(x_{pjt})} & x \text{ 为逆指标} \end{cases} \quad (4-4)$$

其中，x_{pjt} 表示第 j 个指标、第 t 年、省份 p 的数据，$j = 1$，2，…，k，$t = 1$，2，…，T，$p = 1$，2，…，n。本部分中，k 为 70 个指标，T 为 7 个年份，n 为 29 个省份。由于处理后的数据存在零，为了使后续的运算有意义，对数据进行整体平移，即 $Z_{pjt} + \gamma$，但为了保持原始数据的内在规律，最大限度地保留原始数据，γ 的取值需要尽可能地小，取 $\gamma = 0.00001$。

（三）耦合协调度模型

使用耦合协调度模型测算"四链"融合的总体发展水平。耦合度由物理学中的容量耦合引入而来。其中，耦合度指两个及两个以上子系统相互作用、彼此影响的强度，协调度指系统演变过程中内部各要素相互和谐一致的程度。耦合协调度越高则表明系统间相互配合、相辅相成的关系越良性发展。计算步骤如下所示：

1. 耦合程度

$$C_2 = \sqrt{\frac{U_1 \cdot U_2}{\left(\frac{U_1 + U_2}{2}\right)^2}}$$

$$C_4 = \sqrt[4]{\frac{U_1 \cdot U_2 \cdot U_3 \cdot U_4}{\left(\frac{U_1 + U_2 + U_3 + U_4}{4}\right)^4}} \quad (4-5)$$

2. 协调程度

$$T_2 = \beta_1 \cdot U_1 + \beta_2 \cdot U_2$$
$$T_4 = \beta_1 \cdot U_1 + \beta_2 \cdot U_2 + \beta_3 \cdot U_3 + \beta_4 \cdot U_4 \quad (4-6)$$

3. 耦合协调程度

$$D = \sqrt{C \cdot T} \quad (4-7)$$

4. 划分耦合协调度等级（见表4-5）

表4-5　　　　　耦合协调度等级划分标准

耦合协调度	等级	耦合协调度	等级
0.00~0.09	极度失调	0.50~0.59	勉强协调
0.10~0.19	严重失调	0.60~0.69	初级协调
0.20~0.29	中度失调	0.70~0.79	中级协调
0.30~0.39	轻度失调	0.80~0.89	良好协调
0.40~0.49	濒临失调	0.90~1.00	优质协调

其中，$U_i(i=1,2,3,4)$ 表示创新链、产业链、资金链、人才链子系统；C_2 表示任意两个链条之间的耦合协调度；C_4 表示四个子系统之间的耦合协调度；$C\in[0,1]$，越接近1，则耦合度越高。$\beta_i(i=1,2,3,4)$ 为待定系数，表示在"四链"融合过程中，每个子系统的重要程度，即权重，一般都取值为0.25。T_2 和 T_4 分别表示两个子系统或者四个子系统之间的协调度。$D\in[0,1]$ 为耦合协调度，数值越接近1，则系统间耦合协调水平越高，在我们这里表示"四链"融合的总体发展水平越高。

（四）灰色关联矩阵法

创新链、产业链、资金链、人才链四个子系统的融合发展是其系统内各要素之间相互适应、协作、促进形成的由低级到高级、由无序到有序、由简单到复杂的演化过程。可见，创新链、产业链、资金链、人才链之间的融合发展与四个链条子系统的要素关系密切相关。因此，本部分试图从结构上探究影响链条融合发展的重要因素。灰色关联分析方法适用于数据量小、信息贫乏的不确定性系统为研究对象。灰色关联分析的基本思想，是根据不同指标变量序列曲线形状的相似性来判断各个指标变量联系的紧密性，根据紧密性可以判别指标变量的主次关系。灰色关联度的大小可以反映系统中各个因素对目标值的影响程度。因此,在本书中,灰色关联分析可以用于测度创新链、产业链、资金链、人才链其中一个子系统内不同指标对每两两链条融合程度影响的次序性,从而判定因素影响的重要程度。本部分采用与熊萍萍等(2021)类似的基于面板数据的灰色关联度分析方法。计算思路如下:

1. 面板数据的矩阵表示

设某子系统有 m 个指标(i 是其中的一个指标),目标序列指标为 j,共有 S 个省份($s=1,2,\cdots,S$)和 T 个年份($t=1,2,\cdots,T$),归一化面板数据。

$$Z_i = \begin{bmatrix} z_i(1,1) & z_i(1,2) & \cdots & z_i(1,S) \\ z_i(2,1) & z_i(2,2) & \cdots & z_i(2,S) \\ \vdots & \vdots & \ddots & \vdots \\ z_i(T,1) & z_i(T,2) & \cdots & z_i(T,S) \end{bmatrix} \quad (4-8)$$

$$Z = \{Z_1(t,s), Z_2(t,s), \cdots, Z_i(t,s), \cdots, Z_m(t,s)\} \quad (4-9)$$

2. 面板数据的灰色关联系数

$$\xi_i(j)(t,s) = \frac{\min\limits_i \min\limits_j |Z_i(t,s) - Z_j(t,s)| + \rho \max\limits_i \max\limits_j |Z_i(t,s) - Z_j(t,s)|}{|Z_i(t,s) - Z_j(t,s)| + \rho \max\limits_i \max\limits_j |Z_i(t,s) - Z_j(t,s)|}$$

$$(4-10)$$

3. 面板数据的灰色关联度

$$C(t,s) = \frac{1}{S \cdot T} \sum_{s=1}^{S} \sum_{t=1}^{T} \xi_i(j)(t,s) \quad (4-11)$$

(五)障碍因子模型

为进一步诊断"四链"融合发展中的阻碍因素,有针对性地补齐短板,有效促进四个链条子系统的协调融合,参考陈诗怡和孙萍

(2024) 等研究，引入障碍度因子模型。该模型主要包含因子贡献度、指标偏离度以及障碍度三项指标，指标的障碍度越小，表示创新链、产业链、资金链、人才链耦合协调度受到该指标的阻碍作用越弱；反之，则表示耦合协调度受到该指标的阻碍作用越强，计算公式如下：

$$I_{ij} = 1 - X_{ij} \quad (4-12)$$

$$O_{ij} = \frac{I_{ij} \cdot F_{ij}}{\sum_{j=1}^{n} I_{ij} \cdot F_{ij}} \quad (4-13)$$

其中，X_{ij} 表示单个指标归一化值，I_{ij} 表示指标偏离度，F_{ij} 为因子贡献度，即单个指标对本子系统发展的权重，n 为子系统中的指标数量，O_{ij} 表示各指标对本子系统发展的障碍度。

（六）Dagum 基尼系数及分解方法

基尼系数是反映不平衡发展的指标。泰尔指数和经典基尼系数等传统的不平等程度测算指标构建于诸多假设之上，包括分组样本正态分布、同方差性、不存在交叉重叠等，使用条件较为苛刻。对此，Dagum 在 1997 年首次提出 Dagum 基尼系数，将样本的整体差异分解为组内差异、组间净差异和组间超变密度三部分，不仅可以准确测度差距的来源，而且能分析组间的交叉项问题，因此在后续研究中得到了广泛应用。我们选取 Dagum 基尼系数及分解方法作为本节测度中国"四链"融合程度空间差异的核心工具。

Dagum（1997）给出 Dagum 基尼系数的定义：

$$G = \frac{\sum_{j=1}^{k} \sum_{h=1}^{k} \sum_{i=1}^{n_j} \sum_{r=1}^{n_h} |y_{ji} - y_{hr}|}{2n^2 \bar{y}} \quad (4-14)$$

$$\bar{Y}_h \leqslant \cdots \bar{Y}_j \leqslant \cdots \leqslant \bar{Y}_k \quad (4-15)$$

其中，k 是区域划分的数量，j 和 h 是某两个特定区域的编号，在本部分就代表东、中、西、东北部地区中的某个地区。n_j 和 n_h 代表相应区域内的省份数量，y_{ji} 和 y_{hr} 分别代表 j 区域内第 i 个省份和 h 区域内第 r 个省份的"四链"融合程度，$\overline{Y}_j$ 和 $\overline{Y}_h$ 代表 j 区域和 h 区域内所有省份融合程度的均值。为了简化计算，首先依据区域"四链"融合程度对区域进行排序。

如果参与计算的两个区域为同一区域，即 $j = h$，则所得结果便为 j 区域的组内基尼系数 G_{jj}。如果参与计算的两个区域为不同区域，即 $j \neq h$，则所得结果便为 j 区域的组间基尼系数 G_{jh}。Dagum 基尼系数可分解为三个部分：区域内差距贡献、区域间净差距贡献以及超变密度贡献，分别由 G_ω、G_{nb}、G_t 表示，且总基尼系数等于三者之和，具体定义如下：

$$G_{jj} = \frac{\sum_{i=1}^{n_j} \sum_{r=1}^{n_j} |y_{ji} - y_{jr}|}{2n_j^2 \overline{Y}_j} \tag{4-16}$$

$$G_\omega = \sum_{j=1}^{k} G_{jj} p_j s_j \tag{4-17}$$

$$G_{jh} = \frac{\sum_{i=1}^{n_j} \sum_{r=1}^{n_h} |y_{ji} - y_{hr}|}{n_j n_h (\overline{Y}_j + \overline{Y}_h)} \tag{4-18}$$

$$G_{nb} = \sum_{j=2}^{k} \sum_{h=1}^{j-1} G_{jh} (p_j s_h + p_h s_j) D_{jh} \tag{4-19}$$

$$G_t = \sum_{j=2}^{n_j} \sum_{h=1}^{j-1} G_{jh} (p_j s_h + p_h s_j)(1 - D_{jh}) \tag{4-20}$$

式（4-16）和式（4-17）分别表示 j 区域内"四链"融合的基尼系数 G_{jj} 和区域内差距的贡献 G_ω；式（4-18）表示 j 和 h 区域的区域间基尼系数 G_{jh}；式（4-19）和式（4-20）分别表示区域间差距的净贡献 G_{nb} 和超变密度的贡献 G_t；$G_{gb} = G_{nb} + G_t$ 代表所有区域间差异的总贡献。其中，$p_j \equiv n_j/n$ 代表 j 区域内省份个数 n_j 占样本容量 n 的比例，$s_j =$

$n_j \overline{Y}_j / n\overline{Y}$ 代表区域"四链"融合程度占样本内所有省份融合程度的比例。D_{jh} 为 j 和 h 区域间"四链"融合的相对影响,定义如式（4 - 21）所示,F_j 和 F_h 分别为 j 和 h 区域的累积密度分布函数。d_{jh} 定义为区域间"四链"融合程度差值,p_{jh} 定义为超变一阶矩,核算方式如公式（4 - 22）、式（4 - 23）所示。

$$D_{jh} = \frac{d_{jh} - p_{jh}}{d_{jh} + p_{jh}} \quad (4-21)$$

$$d_{jh} = \int_0^\infty dF_j(y) \int_0^y (y-x) dF_h(x) \quad (4-22)$$

$$p_{jh} = \int_0^\infty dF_h(y) \int_0^y (y-x) dF_j(x) \quad (4-23)$$

（七）马尔科夫（Markov）链

马尔科夫（Markov）链（以下简称 Markov 链）由 Quah 提出,通过构造状态转移矩阵的方式来刻画随机变量的内在动态演进过程。本部分使用 Markov 链反映中国"四链"融合发展的动态变化和长期稳态趋势。具体原理是：Markov 链是一个随机过程 $\{X(t), t \in T\}$,T 表示 2015—2021 年,$X(t)$ 所有可能的结果如式（4 - 24）所示,Markov 链中随机变量 X 的状态转变概率仅决定于前一期状态的特性。

$$P\{X(t) = j \mid X_{t-1} = i_{t-1}, X_{t-2} = i_{t-2}, \cdots, s, X_0 = i_0\} = \{X(t) = j \mid X_{t-1} = i_{t-1}\}$$
$$(4-24)$$

$$P = p_{ij} = \begin{bmatrix} p_{11} & p_{12} & p_{13} & \cdots \\ p_{21} & p_{22} & p_{23} & \cdots \\ p_{31} & p_{32} & p_{33} & \cdots \\ \cdots & \cdots & \cdots & \cdots \end{bmatrix} \quad (4-25)$$

$$p_{ij} \geqslant 0; \sum_{j \in N} p_{ij} = 1; i,j \in N \quad (4-26)$$

$$P_{ij} = \frac{n_{ij}}{n_i} \quad (4-27)$$

状态 i 到状态 j，随机变量 X 的转移概率 P_{ij} 可以通过式（4-27）采用极大似然法估计得到，其中，n_{ij} 表示从状态 i 转移到 j 的次数，n_i 表示状态 i 出现的总次数。若将随机变量划分为 N 种状态，在 Markov 链状态下，就得到一个由转移概率 P_{ij} 构成的 $N \times N$ 维的状态转移矩阵。在本节中随机变量就是"四链"融合程度。

第三节 中国"四链"融合的总体发展水平

本节围绕中国"四链"融合的总体发展水平，按照四个层面展开分析：一是分析单个链条子系统的发展水平，从总量上探究全国及四大区域单个链条的建设情况；二是分析每两链之间的融合程度，从结构上探究全国及四大区域创新链与产业链融合、创新链与资金链融合、创新链与人才链融合、产业链与资金链融合、产业链与人才链融合、资金链与人才链融合的六维发展情况；三是分析四链之间的融合程度，从最终结果上探究全国及四大区域发展情况；四是对比分析各省份单个链条发展水平和每两链之间的融合程度，探究融合程度的差异主要源于链条本身的发展水平还是链条之间的结构性匹配。

一、全国及区域创新链产业链资金链人才链的总体发展水平

首先，采用前面的极差法（Max-Min）对原始数据进行正规化处理，将数据值映射到 0~1 区间，而后采用相关系数矩阵法，求得创新链、产业链、资金链和人才链评价指标权重，使用求得的权重集成各个指标，得出创新链、产业链、资金链、人才链四个子系统的综合发展水平；其次，对各个子系统链条的综合发展水平，采用耦合协同度模型集成后得出"四链"融合的总体发展水平。

为了研究不同区域的"四链"融合程度，通过区域之间的对

比分析，从而发现区域"四链"融合发展过程中的问题和短板，有利于扬长补短。参考已有研究，本节采用两种方式进行区域划分，探究融合程度的地区异质性和等级异质性，因此这里"区域"的含义包含"地区"和"等级"两个层面。一是根据中国统计局的划分标准，认为我国由东部、中部、西部和东北部四大地区组成，如表4-6所示；二是根据位序规模法则，按照全部年度平均分以第一名的省份"四链"融合发展程度作为参照，将30个省份分为4个级别，1~4级省份融合程度分别为第一名省份的85%~100%、70%~85%、60%~70%、0~60%。为了后文行文方便，根据分级标准结合分级结果实际情况，将融合程度占首位省份85%以上的1级省份称为中心省份，将融合程度占首位省份70%~85%的2级省份称为次中心省份，将"四链"融合程度占首位省份60%~70%的3级省份称为边缘省份，将"四链"融合程度不足首位省份60%的4级省份称为外围省份，如表4-7所示。比较两种划分方式，如表4-8所示，东部地区"四链"融合发展水平多为中心省份，西部地区多为外围省份，中部地区和东北部地区则多为次中心和边缘省份，表明"四链"融合发展受空间异质性和等级异质性双重作用，东部、中部、西部、东北部地区分布极不平衡。两种划分方式下的融合程度发展特征将会呈现高度相似性，因此，本节后续分析将主要按照东部、中部、西部和东北部四大地区的方式进行阐述，这样的划分方式也有利于国家针对不同地区省份制定差异化政策。

表4-6　　　　　　　　中国四大地区涵盖范围

地区	范围
东部地区	北京、天津、河北、上海、江苏、浙江、福建、山东、广东、海南
中部地区	山西、安徽、江西、河南、湖北、湖南
西部地区	内蒙古、广西、重庆、四川、贵州、云南、陕西、甘肃、青海、宁夏、新疆
东北部地区	辽宁、吉林、黑龙江

表 4-7　中国省份分级主要结果

级别		占首位省份比重（%）	省份
中心省份	1 级	85%~100%	北京、广东、江苏、上海、天津、浙江
次中心省份	2 级	70%~85%	安徽、福建、湖北、山东、陕西、重庆、辽宁、湖南、江西
边缘省份	3 级	60%~70%	四川、河南、宁夏、河北、山西、黑龙江、吉林、海南
外围省份	4 级	0~60%	甘肃、贵州、内蒙古、新疆、云南、广西

表 4-8　"四链"融合发展程度四种级别省份的地区分布

级别	东部地区	中部地区	西部地区	东北地区
中心省份	北京、天津、广东、江苏、浙江、上海			
次中心省份	福建、山东	江西、湖南、湖北、安徽	重庆、陕西	辽宁
边缘省份	河北、海南	山西、河南	四川、宁夏	黑龙江、吉林
外围省份			甘肃、贵州、内蒙古、新疆、云南、广西	

全国创新链、产业链、资金链、人才链发展水平整体呈上升态势。图 4-4 是 2015—2021 年创新链、产业链、资金链、人才链四个子系统的发展水平。根据测算结果，创新链发展速度较快，增速为 37.5%，"十三五"时期，国家政策将更加体现国家创新驱动发展战略的有关精神，注重构建公共创新体系和完善科技成果转化制度，我国在基础前沿、战略高技术、民生科技等领域取得一批重大科技成果，科技事业取得巨大进展。人才链在 2020 年疫情时期短期下降，在国家出台的一系列"稳就业""保就业"政策保障下，2021 年实现恢复性增长。这从侧面反映出我国劳动力市场容易受到重大卫生和疾病灾害事件的影响，要做好疫情期间民生兜底以及就业工作，建立劳动力市

场修复机制，加强职业技能培训体系建设。资金链在2018年后保持较快增长速度，对应我国金融市场持续给予宽松政策，社会融资规模同比增加；融资成本稳中有降，信贷资源配置进一步向重点领域和薄弱环节倾斜，助力实体经济复工复产。产业链发展水平呈现稳步增长态势，"十三五"时期国家把战略性新兴产业摆在经济社会发展更加突出的位置，大力构建现代产业新体系，通过技术创新提高国民经济可持续增长能力和全球产业链竞争力。从高端装备到精密仪器，从重大工程到基础材料，中国制造体系不断完善、质量加快提升、结构优化升级。但相比其他链条，产业链发展水平增长较为缓慢，2015—2021年增速为22.2%，说明我国迫切需要技术革命性突破、生产要素创新性配置、产业深度转型升级催生的先进生产力为产业发展带来新动能。

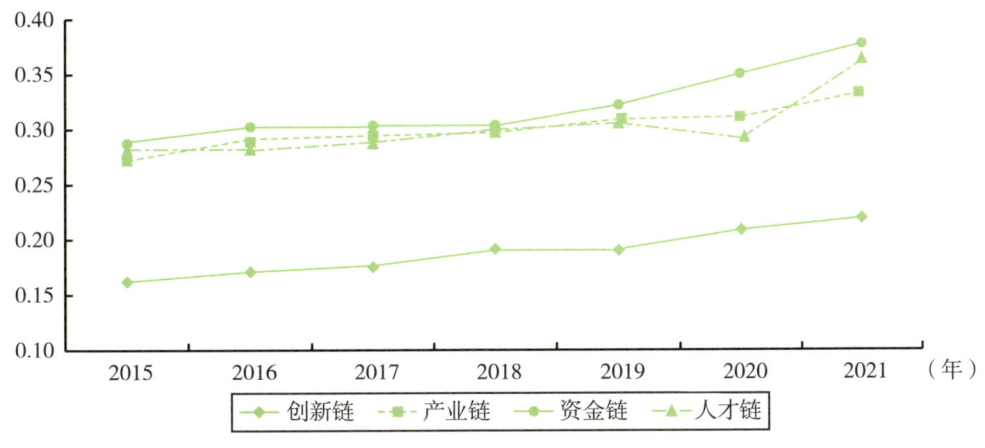

图4-4 2015—2021年全国创新链、产业链、资金链、
人才链子系统指数变化趋势

创新链、产业链、资金链、人才链发展水平存在区域差异。根据图4-5，四大地区创新链、产业链、资金链、人才链发展水平走势与全国层面基本一致。从区域差异来看，东部地区四个链条均在全国发挥引领作用且稳步增长，资金、人口要素向优势区域集中，创新动能不断积聚，高新技术产业保持快速增长。中部地区在2015年稍落后于东北部地区，但2021年中部地区资金链、产业链发展水平明显高于东

| 创新链　产业链　资金链　人才链深度融合 通往高质量发展之路

北部地区，创新链和人才链与东北部地区持平，因此整体而言中部地区呈现更强的增长动力，依托产业链"强链补链"行动，工业生产加速恢复，第三产业支撑作用稳步提升。但是，东北部地区人才链和产业链增长疲软，分别为18%和1.4%。这一现象对应东北三省近年来出现人才外流、劳动力年龄偏大、劳动生产率下降等情况。东北部产业链条中，产业结构偏重、民营经济偏弱、龙头企业和创新人才偏少，科技和市场两个高端资源尚有欠缺，产业链条化和集群化

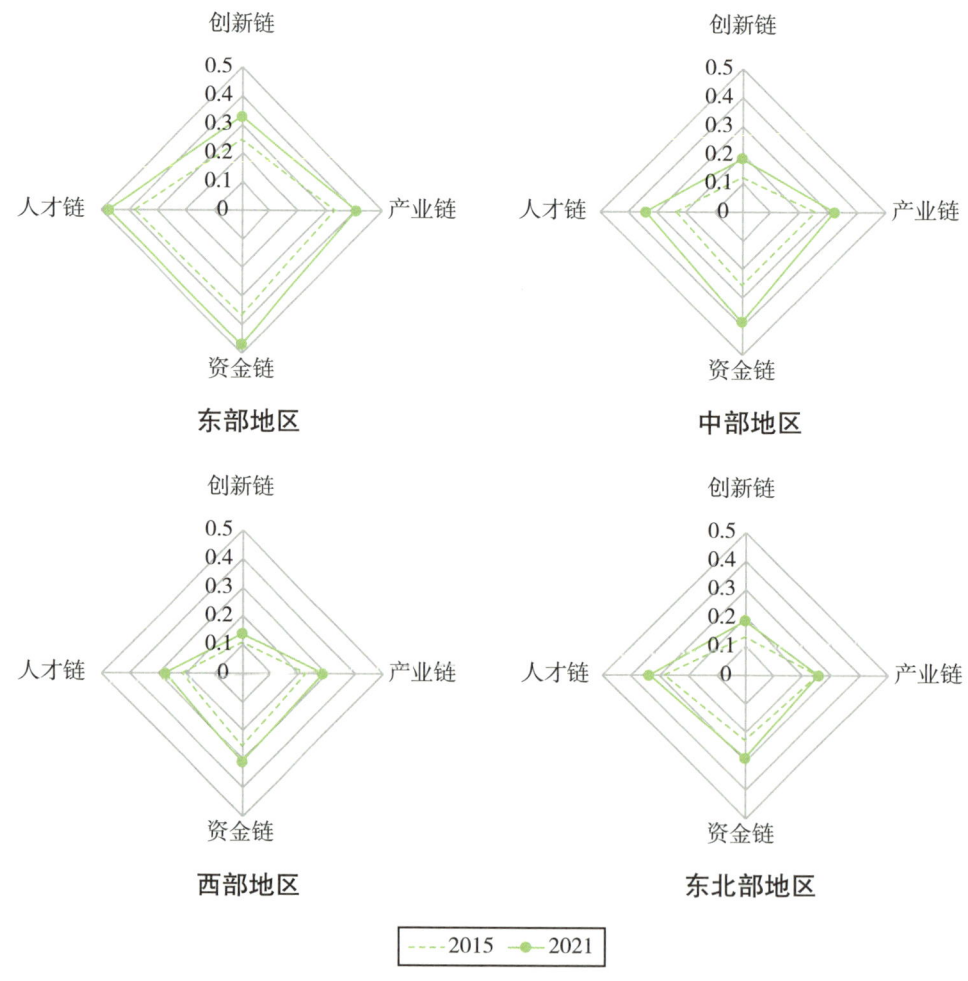

图4-5　2015—2021年四大地区创新链、产业链、资金链、人才链子系统指数变化趋势

发展仍是短板，贸易发展需进一步加强，以重工业为基础的产业格局也迫切需要改变，虽然东北三省高校数量多，集聚着哈尔滨工业大学、吉林大学等一批知名高校，但如何留住这批人才，充分利用资源富集的优势加快创新驱动和产业发展是东北三省未来的关键。西部地区各链条发展水平与其他三个地区相比存在一定差距，在发展增速上并未存在明显优势。

二、全国及区域两链融合的总体发展水平

两两链条的融合呈现上升趋势，创新链与其他链条的初始融合度较低但改善明显，且仍为当前"四链"融合的主要短板。在创新链、产业链、资金链、人才链构成的复合生态系统中，两两链条相互耦合、协同发展是"四链"融合的基本单元，为此，我们考察了每两个链条之间的融合情况，如图4-6所示。图中阴影部分面积扩大，说明两两

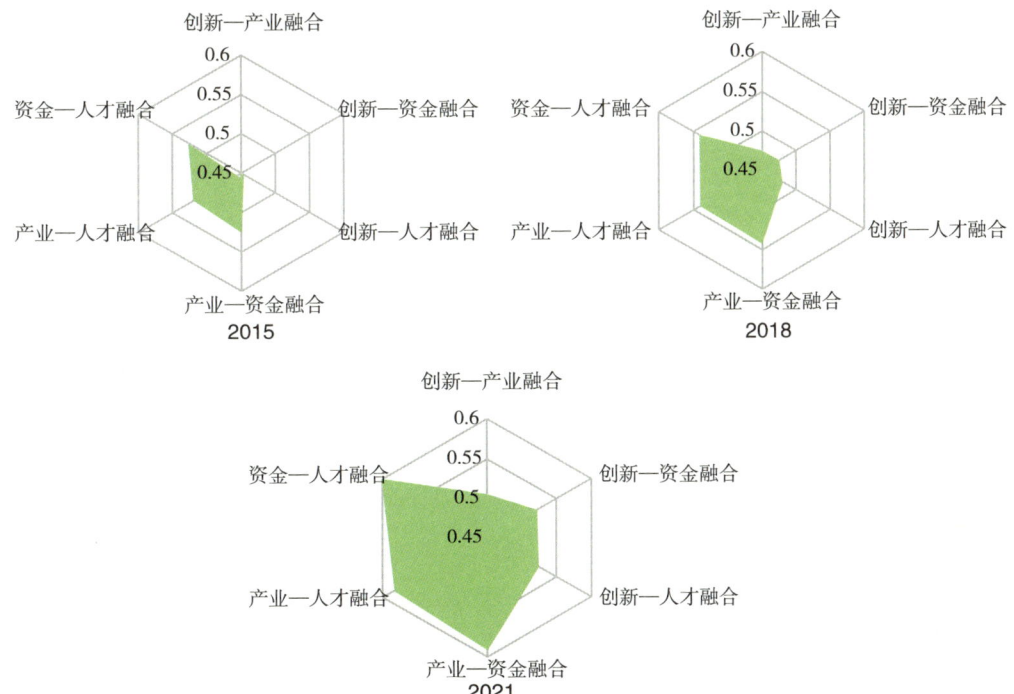

图4-6 2015—2021年全国两链融合综合指数变化趋势

| 创新链　产业链　资金链　人才链深度融合 通往高质量发展之路

链条的融合程度呈现稳定上升趋势。同时，我们发现阴影的六个角扩张速度并不一致。例如，阴影部分在2015年几乎呈现菱形，那时创新链与其他三个链条的融合均处于濒临失调状态，然而，2021年阴影区域逐渐向标准六边形转化，说明创新链在这7年间与其他三个链条的融合得到显著改善。但是不可否认的是，创新链仍是"四链"融合的主要短板，未来的政策重心需围绕科技创新能力的布局和提高。

两两链条的融合在四大地区均呈现上升趋势，东部地区基本补齐创新链融合短板，但其他三个地区特别是西部地区创新链融合仍为弱项，影响地区间"四链"融合程度差异的核心是创新链与其他链条的融合能力。我们考察了四大地区在两两链条之间的融合情况，如图4-7所示。观察发现：（1）2021年六边形面积大于2015年，说明各地区两两链条间融合均呈现上升趋势。2015年中部、西部和东北部地区基

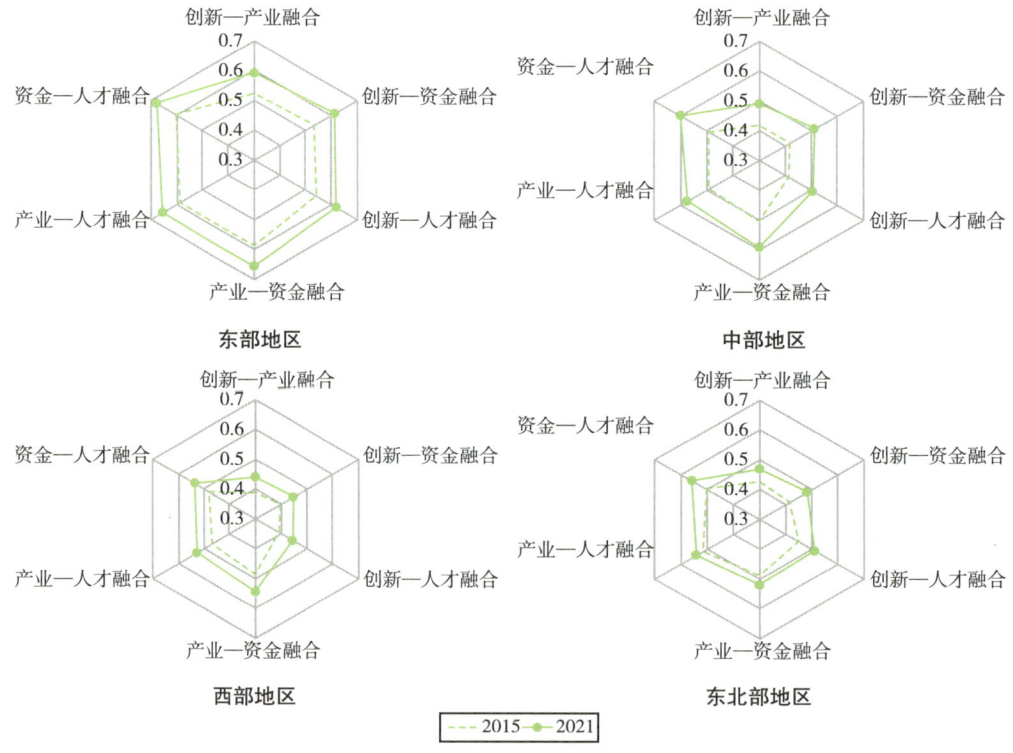

图4-7　2015—2021年四大地区两链融合综合指数变化趋势

本处于同一起跑线，但中部地区发展迅速，2021年两两链条间融合程度均已领先于西部和东北部地区。(2) 东部地区在2015年，创新链与其他三个链条的融合程度均处于勉强协调状态，2021年则基本补齐此短板处于中级协调，但尚未实现正六边形发展。(3) 当前，中部、西部和东北部地区创新链与其他三个链条间融合仍为弱项，六边形中包含创新链的三个角偏向中心的程度不同（中心代表0.3的耦合协调度），为西部地区＞东北部地区＞中部地区。可见，影响地区间"四链"融合程度差异的核心在于创新链与其他链条的融合能力，这也是各省份下一步需要着重加强的方面。

三、全国及区域"四链"融合的总体发展水平

全国创新链、产业链、资金链、人才链"四链"融合发展水平较低，但呈现上升态势。图4-8是2015—2021年全国及四大地区"四链"融合程度变化趋势，观察可知综合指数由2015年的0.48逐年上升为2021年的0.55，即从濒临失调跨入勉强协调等级，这意味着我国"四链"融合在现阶段程度不高，但是整体为上升趋势。2016—2021年增速明显加快，从2%上升为5.2%。这是因为自2016年后，我国陆续出台的科技创新政策中"四链"融合思想逐渐深入。例如，2016年《"十三五"国家科技创新规划》提出"围绕产业链部署创新链，围绕创新链完善资金链"；2017年《关于深化产教融合的若干意见》指出"深化产教融合，促进教育链、人才链与产业链、创新链有机衔接"；2020年"科技三会"中提出创新链和产业链融合，推动重点领域项目、基地、人才、资金一体化配置等。这一阶段，国家在总体上更加强调科技创新与市场需求之间的良性互动，旨在通过引导技术方向、创造市场需求、提供资助等手段提高产业链、创新链、资金链、人才链之间的对接融合，降低前沿创新所面临的市场不确定性。

"四链"融合区域间差异较大，表现为东部地区领先，中部和西部地区发展迅速，东北地区动力不足。根据图4-8，观察综合指数变

化，四大地区"四链"融合发展的走势与全国基本相同，除了东北部地区出现小幅下降波动以外，均呈现稳步上升趋势。从区域差异来看，东部地区融合发展程度明显高于其他三个地区，指数值由0.56上升至0.63，达到中级协调水平，增速为12.5%；中部地区由0.45上升至0.54，达到初级协调水平，增速为20%；西部地区由0.42上升至0.48，即将跨越濒临协调水平，增速为14.2%，东北部地区由0.46上升到0.51，达到初级协调水平，增速为10.9%。可见，虽然中部和西部地区与东部地区当前存在较大差距，但增速也快。然而需要引起重视的是，东北部地区增速显著落后于其他地区，在推进"四链"融合过程中，应继续秉持区域协调和新发展理念，努力实现中西部的崛起以及东北部地区振兴发展。

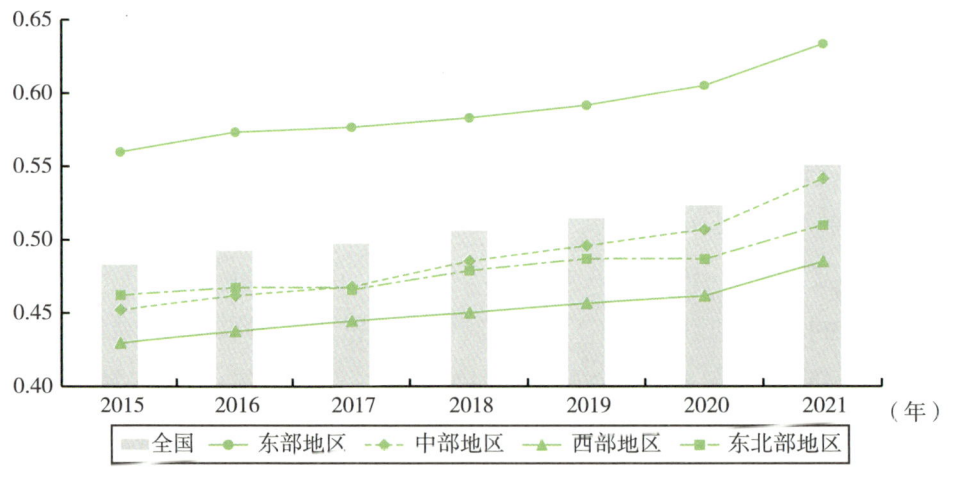

图4-8　2015—2021年全国及四大地区"四链"融合程度变化趋势

四、中国各省份"四链"融合的总体发展水平

全国各省份"四链"融合程度呈现阶梯分布特征，整体逐年提高，由沿海和发达省份向内陆省份发展。2015年，达到0.5以上的省份仅有北京市、天津市、江苏省、上海市、浙江省、广东省和山东省这7个省份，在"四链"融合发展方面成绩亮眼，其中，北京处于绝

对的领头羊地位，融合度为 0.72，上海稍微落后，但也高达 0.64，分别实现中级协调和初级协调水平。2018 年，达到 0.5 以上的省份增加了四川省、重庆市、陕西省、湖北省、安徽省、福建省、辽宁省，"四链"融合发展水平相对领先，但是还有很大的上升空间。2021 年，受到疫情影响，2018—2021 年这一阶段发展进程变缓，"四链"融合程度存在明显的阶梯分布特征，仍有 11 个省份的融合水平低于 0.5，处于濒临失调状态，这部分省份对"四链"融合的重视不足，存在较大的追赶空间；北京市、上海市、江苏省和广东省则处于第一梯队，形成了较为完备的政策体系，湖南省、安徽省、江西省、浙江省发展最为迅速，潜力巨大，这些省份的经验都值得其他省份借鉴。

各省份"四链"融合程度的差异根源在于两两链条之间的融合差异，而两链融合又在很大程度上取决于链条本身的发展水平和链条之间的结构性匹配两个方面，这一点可以通过比较单个链条发展水平与两链融合程度进行判断。考虑到单个链条发展水平和两链融合程度在数值上并不能够直接进行比较，且在图表中关系特征不够鲜明，因此，本部分采用排名比较而不是数值比较。本书仅就 2021 年进行讨论，将各个省份单链发展水平及两链融合程度在 29 个省份中从大到小进行排名，并通过图表直观反映。其中，排名靠前则表示单链发展水平高或两链融合程度高。从同一省份单链发展水平排名与两链融合程度排名的差异上看，大致分为三种情况：单链排名与两链融合程度大致持平、两链融合程度排名显著落后于单链、单链排名落后于两链融合程度。如果某一省份单链发展水平和两链融合程度同弱，则表明其两链融合程度低主要因为链条本身发展较慢；如果两链融合程度落后于单链发展水平，则表明其两链融合度较低的原因主要在于结构性匹配问题。

基于本书对于"四链"融合的定义，各个链条在"四链融合"中的功能定位不是平行的，创新链和产业链是基础，资金链和人才链是支撑。因此，本部分首先比较各省创新链、产业链发展水平排名与创新—产业链融合度排名，然后分别比较资金链、人才链发展水平排名和与创新链、产业链的融合度排名，考察其支撑能力。

创新链、产业链发展水平与创新链—产业链两链融合程度进行比较。图4-9是2021年中国29个省份创新链、产业链发展水平及两链融合程度排名。其中有三类省份需要注意。

第一类是创新链、产业链发展水平与两链融合程度排名基本一致且居于前列的省份，包括北京、广东、江苏、上海、浙江、山东和湖北，主要集中在图4-9的前1/4，这类省份具备较强的创新能力和产业能力，需要提升和补齐短板，使创新供给与产业需求之间更好地实现结构性匹配。

第二类是创新链、产业链发展水平与两链融合程度排名基本一致且居于末位的省份，包括甘肃、贵州、云南、广西、新疆和内蒙古，主要集中在图4-9的后1/4，这类省份创新能力和产业能力均较弱，单链发展水平限制了两链融合程度，迫切需要全面提升。

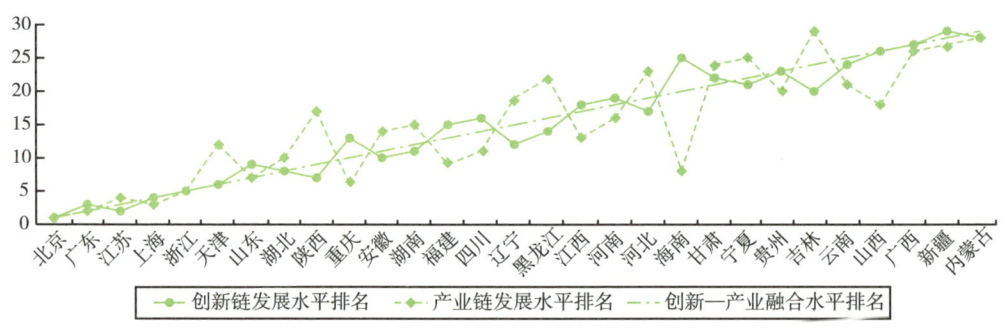

图4-9　2021年中国各省份创新链、产业链发展水平及两链融合程度排名

第三类是创新链、产业链发展水平与创新—产业链融合度排名不一致且居中的省份，主要集中在图4-9的中部，这类省份具有各自的比较优势，需要找准特色定位，加快布局。这类省份又可以细分为两类，一是产业链发展水平及两链融合程度落后于创新链发展水平的省份，包括天津、陕西、安徽、湖南、辽宁、黑龙江、河北和吉林，其科技创新总量表现优于产业发展，说明围绕创新链布局产业链的程度不够，科技成果转化为生产力的能力有待提高，特别是后四个省份，

创新链和产业链自身发展较慢也在一定程度上制约了两链融合，因此，需要同时加强单链建设和结构匹配。二是创新链发展水平及两链融合程度落后于产业链发展水平的省份，包括重庆、福建、四川、江西、海南和山西，这一类省份在产业发展层面表现较好。例如，重庆是中国老工业基地之一，形成全球电子信息产业集群和国内重要汽车产业集群，服务业规模较大，但只有培育与之匹配的科技创新能力才能建立长久优势产业，促进经济高质量发展，这类省份需加快围绕产业链布局创新链。

资金链发展水平、创新—资金两链融合、产业—资金两链融合程度进行比较。观察图4-10可知，（1）总体上，资金链与产业—资金链融合程度排名基本一致，说明各省的资金链和产业链总体是协调发展的；（2）部分省份创新—资金两链融合程度落后于资金链发展水平，这类省份资金规模总量表现优于科技创新能力，但资金要素与科技创新部门之间的需求存在结构性错配，例如，江西、海南和山西的资金链发展水平较高，但对创新链的支撑作用不足，而广西和新疆资金链本身就弱，更在很大程度上限制了科技创新和产业发展，究其根本原因，这类省份创新—产业链融合程度较低，由于资金链主要跟随产业链走，与创新链也不能很好融合，因此，要想提升资金链与创新链的融合度，不仅要从资金端发力，还要加强创新链与产业链之间的互动和联系；（3）部分省份资金链发展水平落后于创新—资金链融合

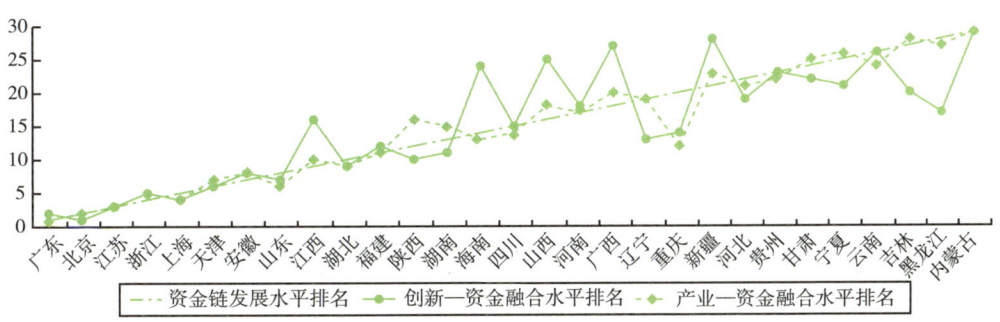

图4-10　2021年中国各省份资金链发展水平及与创新链、产业链两链融合程度排名

程度，例如，重庆和辽宁资金链发展水平较弱，但能够相对更好地支撑创新链，当务之急是加强本省资金链建设。

人才链发展水平、创新—人才两链融合、产业—人才两链融合程度进行比较。观察图4-11可知，（1）总体上来看，人才链与创新—人才链、产业—人才链融合程度排名基本一致，这说明人才链发展水平越高的省份，对产业链和创新链的支撑作用也更强；（2）存在部分省份创新—人才链、产业—人才链融合程度落后于人才链发展水平，说明围绕创新链布局人才链的程度不够，自身的人才链无法充分匹配科技创新需求，例如，吉林和江西人才链发展水平较高，但未能对创新链和产业链起到很好的支撑作用，而内蒙古、海南、山西人才链本身发展水平较弱，在很大程度上制约了本省的科技创新和产业发展，未来需要以创新和新兴产业为导向培养人才、吸引人才、留住人才和使用人才；（3）存在部分省份人才链发展水平落后于创新—人才链、产业—人才链融合程度，例如，辽宁和四川人才链发展水平较弱，但能够相对更好地支撑创新链和产业链，当务之急是加快本省人才链建设。

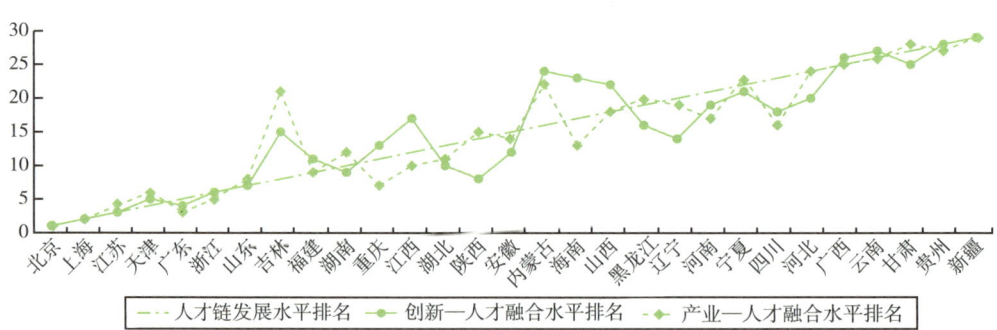

图4-11　2021年中国各省份人才链发展水平及与创新链、产业链两链融合程度排名

第四节　中国"四链"融合的影响因素与可能障碍

第三节的测算结果表明，创新链产业链资金链人才链两两融合

发展水平在逐步提高。然而，创新链与其他链条的融合仍为短板，为了进一步推动链条间两两融合，促进"四链"深度融合，必须探究影响链条间协调发展的核心因素。由于链条各因素的影响关系较为复杂，本节使用灰色关联度模型进行分析，结果可以反映因素对两两链条间融合的重要程度。但是，因素的重要程度并不能反映对当前链条融合是否存在一定的阻碍作用，即"短板效应"，只有重要且存在短板效应的因素才是未来政策的主要发力点。对此，本节使用障碍度因子模型进行分析。

一、中国"四链"融合的影响因素重要度分析

根据前文所述，创新链、产业链、资金链、人才链在"四链"融合的产业科技创新系统中功能定位有所不同。具体来看，创新链的主要功能定位是通过新技术的扩散和新产品的商业化带动产业和经济发展。产业链的主要功能定位是引导需求，强调产业发展的目标和结果。资金链和人才链的功能定位是要素的提供者，支撑科技创新和产业发展。因此，"四链"融合可以提炼为四个主要方面：（1）围绕产业链部署创新链；（2）围绕创新链布局产业链；（3）围绕创新链完善资金链和人才链；（4）围绕产业链完善资金链和人才链。因此，本节首先重点探讨创新链和产业链中各类要素分别对创新—产业融合度的影响程度；其次探讨资金链、人才链中各类要素分别对于创新链、产业链融合度的影响因素，以考察其支撑作用。参考已有研究，采用灰色关联度模型测算因素的关联度反映重要程度，结果如表4-9所示。

（一）创新链对创新—产业链融合的影响

创新链各影响因素对创新—产业链融合都显现出高度关联，其中，成果转化是首要因素。根据表4-9（a），创新链各个一级维度指标对创新—产业链融合的灰色关联度均高于0.8，呈现出高度关联。其中，

成果转化、创新投入和创新成果三个维度的指标是影响产业链发展的最重要因素,这也证实了大部分学者观点,创新链的全过程、各环节都需要与产业链形成匹配,特别是成果转化阶段跨越"死亡之谷",加速技术成果转化为新质生产力尤为重要。对外依存度同样表现为重要因素,已有大量学者发现在科技创新合作中存在知识和技术的溢出效应,加强对外研发合作是确保我国走在全球科技前沿、提升全球价值链位置的重要渠道。创新环境也是影响两链融合的重要因素,这是因为随着科技创新逐渐成为各国竞争主战场,政府政策的宏观调控作用愈发凸显。政府相关部门需结合科技创新自身规律和国家发展需求进一步完善科技创新政策体系建设。

(二)产业链对创新—产业链融合的影响

产业链各影响因素对创新—产业链融合都显现出高度关联,其中,抵抗能力是首要因素。根据表4-9(a),产业链一级维度指标对创新—产业链融合的灰色关联度均高于0.7,呈现出较高度关联。这说明各因素都很重要,其中,抵抗能力为最重要的影响因素,原因是随着全球产业竞争进入"链时代","卡链""断链"构成威胁产业安全的主要因素,党的二十大将产业链韧性提升至维护国家产业安全的战略高度。其他因素也呈现出重要性说明了更高创新力、更高附加值、更具竞争优势的产业链建设需求确实对本地创新形成引导作用,同时,产业链发展会带动本地创新实力,形成良好的自反馈。例如,全球产业创新集群能够对人才、资金实现虹吸效应,促进要素聚集一体化配置和科技创新成果产出与市场化应用,提高创新—产业链融合程度。因此,我国需进一步加大企业产业数字化、高端化、绿色化转型、产业创新集群和新型基础设施建设等产业发展政策力度。

(三)资金链对创新—资金链融合、产业—资金链融合的影响

资金链影响因素对产业—资金链融合的重要性高于创新—资金链

融合,其中,最重要的是社会资本和金融质量。在资金链和人才链对创新链和产业链的影响因素上,创新链和产业链作为要素需求方,影响因素的灰色关联度排名具有高度的重合性,这也从侧面反映出我国以创新驱动产业发展的大势所趋,技术自主可控和产业高质量发展之间密不可分的现实。根据表4-9(b)和(c),一是相比创新—资金链融合,影响因素对产业—资金链融合的重要性更高;二是资金链中对融合度最重要的影响因素是社会资本和金融质量。这两个维度的资金类别都具有极强的市场属性,说明有序的市场环境能够提高资本的有效配置,引导资金流入创新链和产业链所需环节,促进科技创新和产业发展。与创新链不同的是,公共资本和外国资本对产业链也表现出较高的关联度,这说明我国产业发展也在很大程度上受到本地政府财政资金引导和外国投资者的直接影响。

(四)人才链对创新—人才链融合、产业—人才链融合的影响

人才链各影响因素对创新—人才链融合、产业—人才链融合都显现出高度关联,其中,人才培养是首要因素。根据表4-9(d)和(e),人才链各个指标对创新—人才链、产业—人才链融合的关联度均很高。其中,人才培养的关联度超过0.8,呈现出高度重要性。这一结果说明,高等教育、职业教育与继续教育的协同共融向科技创新和产业发展输送更为精准的人才资源,通过推动教育与经济社会的深度融合,释放了教育赋能新质生产力的巨大潜力。同时,人才激励、人才质量和人才使用也是重要因素。

表4-9 "四链"融合影响因素的灰色关联度

创新链—产业链融合程度影响因素的灰色关联度(a)					
创新链因素	创新投入	创新成果	成果转化	创新环境	对外依存度
	0.874	0.843	0.876	0.813	0.823
产业链因素	基础能力	吸引能力	抵抗能力	竞争能力	创新能力	引领能力
	0.748	0.76	0.832	0.775	0.753	0.758

续表

资金链因素	创新链—资金链融合程度影响因素的灰色关联度（b）			
	公共资本	社会资本	外国资本	金融质量
	0.691	0.733	0.664	0.709
资金链因素	产业链—资金链融合程度影响因素的灰色关联度（c）			
	公共资本	社会资本	外国资本	金融质量
	0.756	0.797	0.729	0.775
人才链因素	创新链—人才链融合程度影响因素的灰色关联度（d）			
	人才培养	人才激励	人才使用	人才质量
	0.811	0.789	0.745	0.789
人才链因素	产业链—人才链融合程度影响因素的灰色关联度（e）			
	人才培养	人才激励	人才使用	人才质量
	0.874	0.849	0.807	0.853

二、中国"四链"融合的障碍因子识别

根据障碍度因子模型计算得到影响因素在各个省份的障碍度排名（见表 4-10），我们这里仅关注排名前三的影响因素，它们的障碍度和能够解释 50% 以上的阻碍作用，具有较强的代表性。

表 4-10　中国各个省份创新链产业链资金链人才链影响因素的障碍度排序

	创新链影响因素的障碍度排序				
影响因素	创新投入	创新成果	成果转化	创新环境	对外依存度
排序	2	3	1	5	4
	产业链影响因素的障碍度排序				
影响因素	基础能力	吸引能力	抵抗能力	竞争能力	创新能力	引领能力
排序	4	6	1	5	2	3
	资金链影响因素的障碍度排序			
影响因素	公共资本	社会资本	外国资本	金融质量
排序	3	1	4	2

续表

	人才链影响因素的障碍度排序			
影响因素	人才培养	人才激励	人才使用	人才质量
排序	1	4	3	2

（一）创新链的障碍因子识别

创新链前端科研投入和成果、中端成果转化、政府需求端政策和对外科研合作为主要障碍因子，且相对发达省份、中等省份和落后省份的首要障碍因子存在差异。通过观察影响因素作为前三名障碍因子的频次，可以发现影响大部分省份的主要障碍因子为成果转化、创新投入和创新成果，特别是二级指标科研投入、专利数量、科技中介数量、成果市场化、成果产业化、政府政策、知识创新对外合作障碍度排名靠前，一是说明我国在创新链前端和中端的能力较弱，但不论是基础研究、应用研究还是中试制造都在一定程度上影响最后的科技成果应用于产业的能力，因此，必须一视同仁、统筹布局。二是说明政府从需求端引导企业科技创新的力度有待提高，这就要求进一步完善政策链条，促进各类要素协同和高效配置，引导企业成为主体，最大限度地释放创新潜能。三是对外基础研究合作也需进一步加强，企业在引入国外新技术时，也需要具备更为长远的考量，更多考虑所用技术的国产化程度，对可能出现的产业链技术"卡脖子"问题提前进行准备。从省份差异上来看，根据障碍因子的分布规律，可将29个省份大致分为三类：第一类是以北京、广东、江苏、上海、天津、浙江为代表的发达省份，这部分代表创新链最高水平的省份，科技成果转化和对外依存度是主要短板；第二类是相对中等省份，如安徽、山东、福建、湖北、湖南、河南、重庆等，障碍因子主要是成果转化和创新成果，可见虽然我国的专利和国际论文数量居于世界首位，但其质量还需进一步提高；第三类是甘肃、江西、广西、贵州、内蒙古、新疆等相对落后省份，这部分省份在研发投入上的障碍度基本都居于首位，可能原因在于资金匮乏和创新意识不足。前文提到天津、陕西、安徽、湖南、辽宁、黑龙江、河北和吉林创新链发展水平超前于产业链发展水平及两链融合程度，这些省份大多属于第二类。

（二）产业链的障碍因子识别

产业链抵抗能力、创新能力和引领能力三个一级指标为主要障碍因子，其中，内循环稳定性、产业创新能级、产业数字化引领和高端化引领几个二级指标上呈现出较为明显的短板效应，各省份的主要障碍因子一致性较高。从一级指标来看，障碍度排名前三位的抵抗能力、创新能力和引领能力在前面灰色关联分析中也呈现出高度的重要性，因此，这三个影响因素既重要且存在短板效应。一是说明我国目前尚未形成完整、循环的产业链，因而在面对外部重大风险时，产业各环节维持自身系统稳定、防止断裂和缺失的能力还有待提升。二是尽管近年来中国产业链参与国际分工的程度和能力均显著增强，特别是在一些高新科技领域已逐步向价值链的中高端发展，但与发达国家相比仍然存在一定差距。三是创新生态系统是企业实现从"后发者"到"颠覆者"的重要载体，然而我国尚未形成多个全球性产业创新集群和平台，创新生态系统功能未能充分发挥，因此，如何在全国范围内进行资源整合，形成产业链深度嵌入、科技资源空间布局合理、科研与生产紧密衔接的创新生态系统，解决"卡脖子"问题，摆脱关键技术受制于人的局面，成为围绕产业链布局创新链的关键路径。从二级指标来看，产业创新能级、产业数字化引领和高端化引领、内循环稳定性障碍度排名较靠前，说明目前我国产业链供应链核心环节的数字化水平相对比较滞后，新型基础设施及其配套服务的整体研发和应用水平尚显不足。同时，创新生态系统实现颠覆性技术创新主要依靠多元化主体完成，既需要华为等跨国企业，也需要大量中小型企业"隐形冠军"、小微型高新技术企业和"独角兽"企业，这类具有持续创新活力的企业我国当前十分缺乏。另外，我国"双循环"发展面临内循环支撑能力不足、外循环发展动力减弱的双重挑战，政府需要在未来进一步扩大内需，充分发挥我国超大规模市场内需潜力，吸引外资、跨国企业参与到国内经济活动中，不断提升我国产业链现代化水平。同时，更要在未来进一步壮大新兴产业、布局未来产业，加大第三产业和高技术产业发展力度，加快推进数字产业化和产业数字化，赋能产业创新和转型升级。

（三）资金链的障碍因子

各省份资金链中社会资本和金融质量均为主要的障碍因子，而相对落后省份还需面对来源于政府公共资金不足的现实问题，二级指标上科技领域公共资本、风险投资和科技金融障碍度排名靠前。根据障碍因子的分布规律，可将 29 个省份分为两类。第一类是以北京、天津、浙江、上海、广东、山东、江苏、湖北、安徽、福建为代表的较发达省份，主要障碍因子是社会资本、外国资本和金融质量，其中二级维度指标风险投资和科技金融是既重要又存在短板效应的影响因素。这类代表我国创新链发展水平最高的省份，表明我国初创企业风险投资、资本市场对外开放和金融结构优化上仍需政府加强建设和引导。第二类是以广西、海南、内蒙古等为代表的中等和较落后省份，主要障碍因子是公共资本、社会资本和金融质量，其中，二级维度指标科学技术财政支出是存在短板效应的影响因素。可见，不论对于相对发达省份还是相对落后省份，社会资本和金融质量均为主要的障碍因子，而对于相对落后省份则要面对同时来源于政府公共资金和社会资本总量不足以及金融质量不高的现实问题，资金链难以较好地支撑创新链发展。在社会资本中，直接融资相比间接融资在推动科技创新和产业发展方面具有更多优势，包括风险共担和利益共享机制、更加精准高效的企业估价、有助于提升企业治理水平的激励约束机制和对间接融资的带动等，但是结果显示我国在风险投资和科技企业上市等直接融

创新链　产业链　资金链　人才链深度融合 通往高质量发展之路

资方面的制度建设仍有待改善。全球技术革命、产业链重构对各国金融质量产生了更高的要求，必须坚持把金融服务实体经济作为根本宗旨，以科技创新引领现代化产业体系建设，促进发展新质生产力，持续加大对民营经济、中小微企业等领域的普惠金融支持，同时加快金融数字化、智能化转型，提高金融服务便利性和竞争力。同时，也要发挥政府科学技术财政资金的作用，对于关键核心技术和产业领域的创新生态进行系统性、前瞻性布局。

（四）人才链的障碍因子识别

人才链中人才培养、人才质量和人才使用三个一级指标为主要障碍因子，其中，二级指标上高等教育、科研及科技服务人才、劳动力素质呈现出较为明显的短板效应，各省份的主要障碍因子一致性较高。全国各省份在人才链上障碍度排名前三位的依次是人才培养、人才质量和人才使用，特别是二级维度指标中高等教育、科研及科技服务人才、劳动力素质障碍度较高。这几个指标在前面灰色关联分析中也呈现出高度的重要性，因此是既重要又存在短板效应的影响因素。可见，如果要释放人才红利，促进人才链与创新链、产业链的高度融合，除了要完善人才评价、薪酬和收益分配等制度，积聚和吸引一流人才，提高人才科技创新成果产出积极性，更加需要注重人才的自主培养体系建设，特别要提高高等教育在我国国民教育体系中的主导性作用，紧密围绕国家战略需求，遵循人才成长规律和教育发展规律，形成大量人才储备，这是科技创新的源泉所在和底气所在。同时，一定要重视人才产业结构优化，引导人才流入高技术产业、科技服务行业、数字经济行业等生产部门和急需人才的行业。我国需要进一步提高全社会劳动力素质，提高人口平均受教育年限，培养一批以战略科学家、卓越工程师、青年科技人才等为核心的国家战略人才力量，这也是推动我国加快实现高水平科技自立自强、产业发展水平向高端迈进的重要支撑。

第五节 中国"四链"融合的区域差异来源与动态演进趋势

第三节测算结果表明,"四链"融合发展受空间异质性和等级异质性双重作用,东部、中部、西部、东北部地区分布极不平衡。为探究我国"四链"融合产生地区分化和等级分化的深层原因,需要进一步测度各地区省份"四链"融合差异的大小并剖析其具体来源,这一目标将通过 Dagum 基尼系数及分解方法来实现。但是,这个方法并不能对其动态变化和未来演进趋势进行判断,为了清楚各省份"四链"融合发展的动态转移特征及其概率,并探究整体"四链"融合的长期发展趋向,本节使用马尔科夫(Markov)链进行分析。

一、中国"四链"融合的区域差异与来源分解

为深入认识中国"四链"融合发展程度的区域差异,按照 Dagum 基尼系数及其分解方法,计算出 2015—2021 年中国"四链"融合发展程度的总体基尼系数,并按照区域划分方式进一步分解,测算出东部、中部、西部和东北部四大地区的基尼系数。

(一)"四链"融合总体区域差异及其演变趋势

我国"四链"融合程度的总体区域差异呈现波动的"U"形变化趋势。如图 4-12 所示,我国"四链"融合程度的总体区域差异在 2015—2018 年经历下降后,2019—2021 年小幅回升。以 2015 年 (0.089) 为基期,除了 2020 年 (0.0896) 区域差异比 2015 年略高外,其余年份均低于 2015 年,因此 7 年的波动变化最终形成区域差异缩减的结果,主要是因为近些年来我国密集出台区域协调发展政策,例如,2013 年中央指出我国经济进入"新常态",不再把国内生产总值增速

作为国民经济发展的硬指标,并于 2015 年提出了创新、协调、绿色、开放、共享的新发展理念。2016 年,"十三五"规划提出深入实施区域发展总体战略,健全区域协调发展机制。2017 年,党的十九大报告指出,我国社会主要矛盾已经转化为人民日益增长的美好生活需要和不平衡不充分的发展之间的矛盾。2018 年,国务院发布建立有效的区域协调发展新机制的意见等。新形势下要继续促进区域协调发展,发挥各地区比较优势,促进技术、资金、人才等各类要素合理流动和高效集聚,增强创新发展动力,加快构建高质量发展的动力系统。

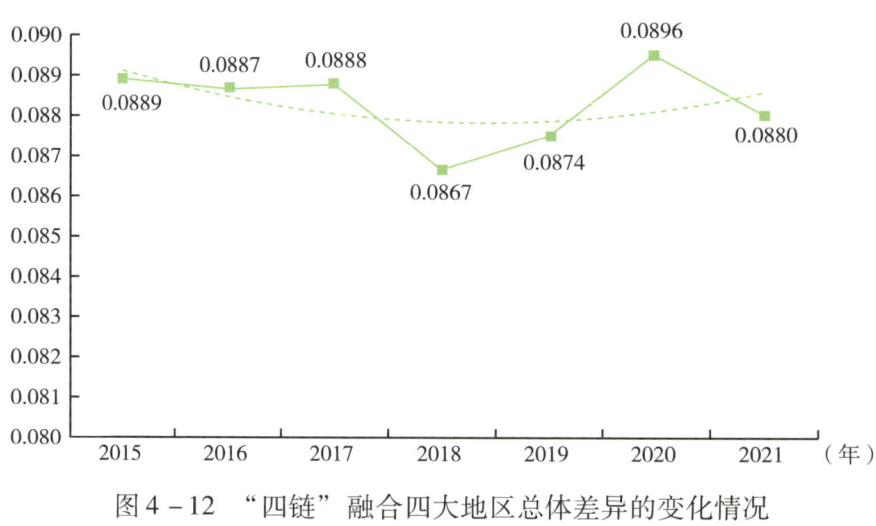

图 4-12 "四链"融合四大地区总体差异的变化情况

(二)各区域内的"四链"融合差异及其演变趋势

四大地区"四链"融合发展水平的组内差异较低,东部地区和东北部地区组内差异呈现波动下降趋势,但中部地区和西部地区组内差异呈现缓慢上升态势。图 4-13 是中国四大地区"四链"融合区域内差异的变化情况。可以看出,东部地区的组内基尼系数在 2019 年高于全国层面,而其余三个地区的组内基尼系数都远低于全国层面,说明中部、西部和东北部地区内部发展相对均衡。东部地区基尼系数位于所有地区之首,以较为平缓的速度下降,这可能与东部地区内部省份的产业发展和科技创新存在差距密切相关,例如,北京、上海、广东、江苏、浙江已初步实现了以高端制造业和现代服务业为经济支柱的高级产业结构,河北和海南等省份还是以传统产业为主,但随着京津冀协同发展和长江经济带发展为引领,逐步提高要素有序流动,加强主体协同,实现创新驱动和产业转型,东部地区内"四链"融合发展差距在缩小。东北部地区基尼系数虽出现多次波动,但整体处于最低位,说明东北三省在"四链"融合发展上步调基本一致,但也要适当警惕同质化竞争带来的挑战。中部地区和西部地区组内差异呈现缓慢上升态势,这意味着未来两个地区将会出现"四链"融合发展水平分化现象。

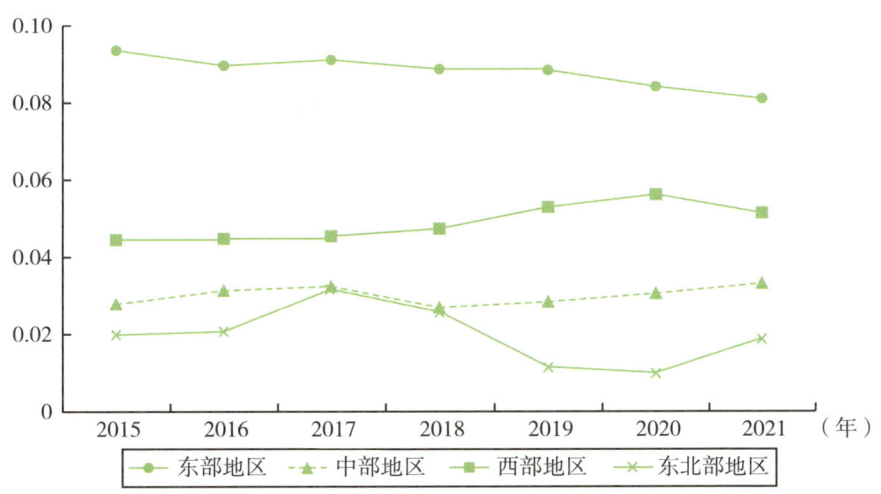

图 4-13 中国四大地区"四链"融合区域内差异的变化情况

(三) 各区域间的"四链"融合差异及其演变趋势

中国四大地区"四链"融合发展水平的组间差异主要来源于东部与西部两个地区之间差异,以东部地区为发展标杆,中部地区呈现出追赶态势。根据图 4-14,从整体上来看,2015—2021 年阴影部分面积变化不显著,说明我国地区间的"四链"融合程度分化情况在长期内较为稳定。从地区间差异的数值水平来看,组间差异主要来源于东部地区与其他三个地区之间的差异,最大值源自东—西部地区之间的对比,在样本时期内均值为0.14。从地区间差异的时变趋势来看,中部地区与东部地区、西部地区和东北部地区的组间基尼系数变化幅度较为显著,前者降低了19%,后者分别增加了40%和46%。

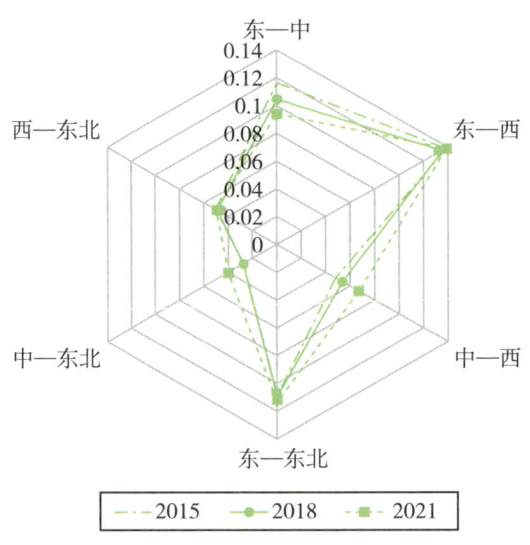

图4-14 中国四大地区"四链"融合区域间差异的变化情况

(四)"四链"融合区域差异的来源及贡献率

我国"四链"融合发展程度总体差异的主要来源为四大地区之间的差异。按照前述方法,全部样本数据的总体差异分解为组内贡献、组间净贡献和组间超变密度三部分,各部分的相对份额报告如图4-15所示。可以发现我国"四链"融合程度的组内基尼系数在初期为0.019,后期先上升并最终下降至0.018,其对于总体差异的贡献率也相应从21%下降至20%。反之,组间差异贡献则由69%上升至71%,反映出我国"四链"融合发展程度总体差异的主要来源为四大地区之间,而非地区内部,因此,要注重区域之间平衡发展。

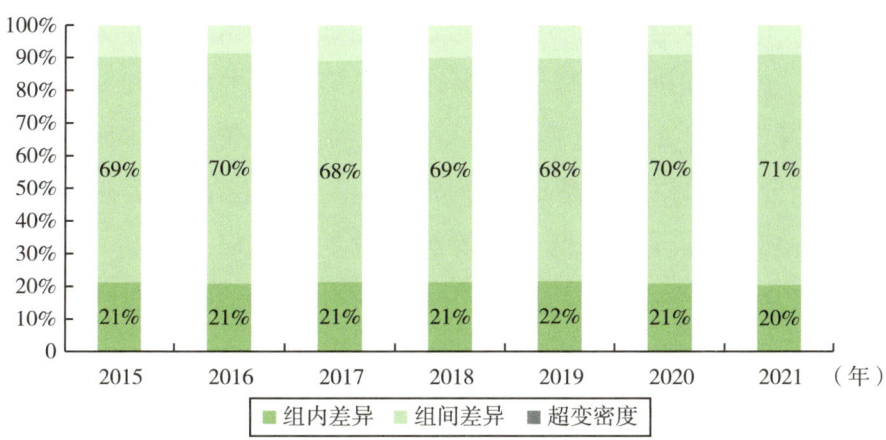

图 4-15 中国"四链"融合的区域差异及来源

二、中国"四链"融合的动态演进趋势

本节采用马尔科夫链方法,通过构建马尔科夫转移概率矩阵来研究不同级别省份之间的相互转移概率,解释不同等级省份"四链"融合程度的内部动态性。借鉴学者的已有做法,根据位序规模法则,将省份"四链"融合发展水平划分为完备的、有限的、不交叉的四个区间,对应四类"四链"融合等级。具体来说,以各年度平均分第一名的省份(即首位省份)"四链"融合发展程度作为参照,1、2、3、4级省份分别为第一名省份的 85%~100%、70%~85%、60%~70%、0~60%。为了后续叙述方便,我们将 4 级省份分别称为中心省份、次中心省份、边缘省份和外围省份。

表 4-11 汇报了 2015—2018 年以及 2015—2021 年整个阶段的平均马尔科夫转移矩阵;FCST:2030 和 FST:2040 表示基于 2011—2021 年转移概率矩阵预测的 2030 年和 2040 年省份等级转移概率矩阵。矩阵中的主对角线代表省份等级保持稳定的概率,主对角线以下表示省份等级上升的概率,主对角线以上表示省份等级下降的概率。根据表 4-11 结果,分析得出以下结论:第一,全阶段转移概率矩阵中,主对角线元素明显高于其他元素,说明省份等级在长期内保持了较高的

稳定率；只有主对角线相邻两边的非对角线概率大于 0，大部分省份的"四链"融合程度不可以跨等级转移；第二，主对角线相邻两边的概率估计表现为上升的总概率大于下降的总概率，整体而言，全国"四链"融合发展水平有提高的倾向；第三，从长期来看，2023 年和 2024 年，主对角线元素降低，跨等级上升的概率显著提高，表明随着"四链"融合的相关政策及全社会的努力，各省份的"四链"融合程度有望进一步提升。

表 4-11 中国"四链"融合的等级转移概率矩阵

2015—2018 年	1	2	3	4	2015—2021 年	1	2	3	4
1	1.00	0	0	0	1	1.00	0	0	0
2	0.25	0.75	0	0	2	0.25	0.75	0	0
3	0	0.36	0.55	0.09	3	0	0.54	0.46	0
4	0	0	0.30	0.70	4	0	0	0.30	0.70
FST：2030	1	2	3	4	FST：2040	1	2	3	4
1	1.00	0	0	0	1	1.00	0	0	0
2	0.44	0.56	0	0	2	0.58	0.42	0	0
3	0.14	0.65	0.21	0	3	0.30	0.60	0.10	0
4	0	0.16	0.35	0.49	4	0.04	0.31	0.31	0.34

第六节 小 结

本章内容主要围绕中国"四链"融合的现状展开，通过数据和模型，清晰地刻画出 21 世纪之后中国科技创新体系中"四链"之间的融合程度、影响因素、障碍因子、区域差异、动态演进特征，为新时代"四链"深度融合，提高我国科技创新能力，支撑产业链现代化发展提供实证依据。具体包含五个部分，主要内容与结论如下。

第一，中国创新链、产业链、资金链、人才链运行的现实情况。在创新链方面，我国基础研究整体实力显著加强；技术创新主体多元化、市场更加活跃，出台一系列科技成果转化政策并取得了阶段性成效，但对发达国家的技术依赖问题有待进一步解决。在产业链方面，我国产业结构转型升级加快推进，产业链上下游合作关系愈加密切。在资金链方面，我国金融市场已基本形成体系完整、层次清晰、功能互补的多层次架构，也基本建立科技创新与现代金融的资金链循环机制。在人才链方面，我国形成了多部门联动、工程化与系统化的人才链建设运行制度、包容性的人才挖掘评价机制以及多元投入的人才培养体系。

第二，"四链"的指标体系与测算方法。基于"四链"的科学内涵与功能定位，设计了包含创新链、产业链、资金链、人才链四个子系统的指标体系，用于衡量全国及29个省份2015—2021年的"四链"发展水平及融合程度；综合运用多种研究方法，包括相关系数矩阵法、Max-min极差法、耦合协调度模型、灰色关联矩阵法、障碍因子模型、Dagum基尼系数分解法以及马尔科夫（Markov）链。

第三，"四链"融合程度的测度与分析。2015—2021年，全国创新链、产业链、资金链、人才链发展水平整体呈上升态势且存在地区异质性和等级异质性。创新链融合是当前"四链"融合的主要短板。东部地区基本补齐短板，但其他三个地区特别是西部地区创新链融合仍为弱项。"四链"融合程度总体较低但呈上升态势，东部地区领先，中部和西部地区发展迅速，但东北部地区动力不足。全国各省份"四链"融合程度呈现阶梯分布特征，整体逐年提高，存在部分省份单链条发展水平和两链间结构性匹配制约了"四链"融合程度。

第四，"四链"融合的影响因素与障碍因子。各链条的一些重要影响因素呈现出明显的短板效应。例如，创新链前端科研投入和成果、中端成果转化、政府政策和对外科研合作为主要的障碍因子，产业链中抵抗能力、创新能力和引领能力为主要障碍因子，资金链中社会资本和金融质量为主要的障碍因子，人才链中人才培养、人才质量和人才使用为主要障碍因子。同时，创新链和资金链在不同发展水平的省份中其主要障碍因子存在一定差异，而产业链和人才链则相对一致性较高。

第五，"四链"融合的区域差异来源与动态演进趋势。我国"四链"融合程度的总体差异呈现"U"形波动变化，主要来源为四大地区之间的差异，特别是东部、西部两个地区间，中部地区呈现出追赶态势。在组内差异上，东部地区和东北部地区呈现波动下降趋势，但中部地区和西部地区呈现缓慢上升态势。短期来看，全国各省份"四链"融合程度等级在长期内保持稳定，难以实现跨等级转移，边缘省份向次中心省份跃迁的概率相对较高；长期来看，通过省份努力有望实现跨等级跃迁，全国"四链"融合发展水平总体有提高的倾向。

本章参考文献

[1] 阿儒涵. 构建有效的稳定支持机制，完善基础研究资助体系 [EB/OL]. 战略与政策论坛，2022-05-09.

[2] 陈诗怡，孙萍. 我国数字营商环境建设的耦合协调度评价及障碍因子诊断 [J]. 电子政务，2024 (6)：69-80.

[3] 李侠. 集群化：中国基础研究发展模式的转型方向 [J/OL]. 人民论坛·学术前沿，2022 (20)：38-46.

[4] 习近平. 加强基础研究，实现高水平科技自立自强 [J]. 求知，2023 (8)：4-6.

[5] 孙玲. 协同学理论方法及应用研究 [D]. 哈尔滨：哈尔滨工程大学，2009.

[6] 熊萍萍，曹书人，杨卓. 华东地区碳排放量灰色关联度分析 [J]. 大连理工大学学报（社会科学版），2021，42 (1)：36-44.

[7] 张先恩，刘云，周程. 基础研究内涵及投入统计的国际比较 [J]. 中国软科学，2017 (5)：131-138.

[8] Dagum C. A new approach to the decomposition of the Gini income inequality ratio [J]. Empirical Economics, 1997 (4).

第五章　中国"四链"融合发展典型案例与特色实践

"四链"融合的实质是引导生产要素合理流动、高效配置，也是高校、科研机构、企业、科技服务机构等创新主体强相互作用构成的相互正反馈的创新生态系统。这一融合不仅是产业链的衔接，还是一种全方位的合作与协同，旨在实现人才、技术和资本等创新要素的有机配置，推动我国产业及区域的高质量发展。我国日益重视从创新链和产业链融合角度布局系统化的政策，为解决科技创新"孤岛现象"和破解科研与经济"两张皮"痼疾等问题发挥了重要作用，也为各方协同合作提供了坚实的基础。近年来，以集成电路、新能源汽车和现代种业为代表的三大重大战略产业成为我国高质量发展的重要引擎或基石。同时，北京、上海、粤港澳三个国际科技创新中心日益成为创新资源的集聚地。可以说，相关重大战略产业和国际科技创新中心的发展，得益于技术、产业、资金、人才等创新要素的高效配置，创新链、产业链、资金链、人才链紧密结合，各链条各环节一体推进、一体设计、一体部署。从这些典型行业及特色区域出发，我们可以深入研究它们的政策演变、发展现状及取得的成就，以便更好地分析"四链"融合的特色经验。通过对这些案例的分析，我们可以更好地了解创新主体之间的合作机制、政府支持的有效性以及创新生态系统的运作方式，为推动我国产业及区域实现更高水平的创新和发展提供有益的经验借鉴。

| 创新链　产业链　资金链　人才链深度融合 通往高质量发展之路

第一节　中国重大战略产业融合发展实践经验

一、集成电路产业

集成电路产业和软件产业是信息产业的核心，是引领新一轮科技革命和产业变革的关键力量，在推动经济发展、社会进步、保障国家安全等方面发挥着广泛且重要的作用，已成为国际竞争的焦点和衡量一个国家综合实力的重要标志。由于我国集成电路产业科研技术和工业化生产规模同发达国家差距明显，其在崛起过程中面临着重重困难。特别是，随着国际对华科技前沿"脱钩"和"断供"愈演愈烈，我国面临日益严峻的"芯痛"困境。在外部技术来源严重受限的开放市场环境下，加快探索和完善集成电路领域突破封锁的中国路径至关重要。近年来党和国家围绕集成电路产业出台了一系列政策，旨在从顶层设计层面鼓励发展中国集成电路产业，完善其产业链布局、深化创新链发展、提升价值链向中高端迈进。因此，中国集成电路产业以此为契机发展迅速。集成电路制造业在研发机构数、研发（R&D）项目数、新产品开发项目数及经费投入、经费支出等指标近几年连续增加。为推动我国集成电路产业链价值链迈向中高端，本节将从我国集成电路产业的发展、政策演变与既有成就出发，从"四链"融合的角度出发，提炼和总结行业发展的经验。

（一）中国集成电路产业的发展与政策演变

中国半导体早期探索阶段发展并不落后（20世纪50年代至80年代初），但在20世纪80年代之前，我国对半导体的态度主要侧重于科研，并没有规模化生产的能力。第十三研究所在1965年研发出了中国的第一块集成电路DTL（二极管晶体逻辑），只比美国晚了7年。上海无线电五厂在1966年开发出TTL logic（晶体管逻辑），也只比西方落后3年。随后由于种种原因,集成电路产业直到20世纪70年代末才恢复正常。改革开放之初我国即开始了半导体产业链的基础战略布局,以908工程、909工程为代表的重大项目推动了我国集成电路的产业化发展,中国芯片产业开始真正意义上的发展。2000年《国务院关于印发鼓励软件产业和集成电路产业发展若干政策的通知》颁布,标志着我国政府首次从行业整体视角对集成电路产业发展予以引导扶持。此后,通过一系列政策措施推动集成电路产业发展,如表5-1所示。本节将集成电路产业的发展变化及其政策演变划分为三个阶段。

阶段一:产业链初步形成(2000—2010年)。20世纪90年代初,我国开始认识到在半导体领域与西方的差距,试图通过政府主导的重点攻坚(如908工程、909工程)快速缩短与美国、日本等国在微电子产业的技术差距,但在实施过程中由于受到管理机制约束出现了"投产即落后"的局面。2000年,我国出台了《国务院关于印发鼓励软件产业和集成电路产业发展若干政策的通知》,重点对集成电路产业予以财税支持,这一文件拉开了集成电路产业全面发展的序幕。21世纪初的一系列利好政策引发国内半导体创业潮,我国初步形成了设计、制造、封测环环相扣的产业链;2005年国内集成电路市场规模较2000年翻了两番,占全球市场25%,仅次于美国市场。基于此,《国家中长期科学技术发展规划纲要(2006—2020年)》和《集成电路"十一五"专项规划》等关键文件,为集成电路产业发展明确了中长期发展方向和阶段性目标。这一时期,"核心电子器件、高端通用芯片及基础软件"和"极大规模集成电路制造技术及成套工艺"被列为16项重大专项前两位,体现了国家对集成电路产业发展的高度重视,直接带动各部门后续出台大量配套政策予以支持。

阶段二:产业规模快速增长(2011—2019年)。2011年,国家颁布了《关于印发进一步鼓励软件产业和集成电路产业发展若干政策的通知》,为进一步优化软件产业和集成电路产业发展环境,制定了一系列财税政策、投融资政策、研究开发政策、进出口政策;同时,我国

| 创新链　产业链　资金链　人才链深度融合 通往高质量发展之路

在"十二五"期间制定了《集成电路产业"十二五"发展规划》和《国家集成电路产业发展推进纲要》，并于2014年成立了第一期规模达千亿元的国家集成电路产业基金，重点对制造业予以投资支持。这一时期，我国集成电路产业规模不断扩大，行业销售收入从2015年的3 609.8亿元增长到2019年的7 562.3亿元，实现了《国家集成电路产业发展推进纲要》中提出"2020年集成电路产业销售收入年均增速超过20%"的目标。面对关键领域和技术环节存在的突出问题，我国通过有效政策引导和市场竞争，围绕集成电路"设计——制造——封测"以及设备和材料这一超长产业链，在一些细分领域取得突破，在国产替代方面取得一定成效。相比于上一阶段，随着国内集成电路产业的快速发展，我国政策体系逐步覆盖至产业链和创新链的多数环节，政策措施更加多维和具体。

阶段三：产业迈向高质量发展阶段（2020年至今）。2020年8月，国务院再次印发《新时期促进集成电路产业和软件产业高质量发展的若干政策》，多维度上加大对本土集成电路产业的支持。例如，规定国家鼓励的重点集成电路设计企业和软件企业，自获利年度起，第一年至第五年免征企业所得税，接续年度减按10%的税率征收企业所得税；同时，明确规定凡在中国境内设立的集成电路企业和软件企业，不分所有制性质，均可按规定享受相关政策；鼓励和倡导集成电路产业和软件产业全球合作。这有助于加速集成电路产业国产化，同时为各类市场主体营造市场化、法治化、国际化的营商环境。数据显示，2021年集成电路行业投资金额为近几年最高，达到1 466.3亿元。2021年，集成电路行业投资数量大幅增长，由2017年的213起增长到766起；同时，随着5G时代的到来，物联网、电动汽车、智能驾驶、工业控制等新兴产业快速发展，也将催生大量对车用芯片、驱动控制芯片等产品的需求，为集成电路行业带来新的机遇。这一阶段，随着集成电路行业整体市场规模的发展，集成电路设计、制造和封测三个子行业的格局也在发生改变，我国集成电路产业链结构也在不断优化。

国家政策对集成电路行业自设计到制造的完整产业链扶持政策与保障措施，有助于加快各细分领域技术进步，提高国内集成电路的综合实力，促进集成电路产业的持续快速健康发展。

表 5-1　近年来中国国家层面促进集成电路产业发展的主要政策

年份	政策文件或举措	内容介绍
2000	《国务院关于印发鼓励软件产业和集成电路产业发展若干政策的通知》	通过政策引导，鼓励资金、人才等资源投向软件产业和集成电路产业，进一步促进我国信息产业快速发展
2005	《国家中长期科学技术发展规划纲要（2006—2020年）》	确定了核心电子器件、高端通用芯片及基础软件、极大规模集成电路制造技术及成套工艺等16个重大专项
2007	《当前优先发展的高技术产业重点领域指南》	发改委、科技部、商务部共同印发，将集成电路列入目录
2008	《集成电路"十一五"专项规划》	重点建设北京、天津、上海、苏州、宁波等国家集成电路产业园
2009	《电子信息产业调整振兴规划》	提出完善集成电路产业体系
2010	《电子信息产业技术进步和技术改造投资方向》	重点支持集成电路新型封装测试
2010	《国务院关于加快培育和发展战略性新兴产业的决定》	提出着力发展集成电路、新型显示、高端软件、高端服务器等核心集成产业
2011	《关于印发进一步鼓励软件产业和集成电路产业发展若干政策的通知》	为进一步优化软件产业和集成电路产业发展环境，制定了一系列财税政策、投融资政策、研究开发政策、进出口政策
2012	《电子信息制造业"十二五"发展规划》	提出着力发展设计业，壮大芯片制造业，提升封装测试水平，增强关键设备、仪器及材料自主开发能力，推动集成电路产业做大做强
2014	《国家集成电路产业发展推进纲要》	设定了2020年我国集成电路产业发展的主要目标
2015	《中国制造2025》	提出将集成电路作为新一代信息技术产业"纳入大力推动突破发展的重点领域，着力提升集成电路设计水平，提升国产芯片的应用适配能力，掌握高密度封装及三维组装技术，形成关键制造装备供货能力

续表

年份	政策文件或举措	内容介绍
2016	《中华人民共和国国民经济和社会发展第十三个五年规划纲要》	提出大力推进先进半导体、机器人等新兴前沿领域创新和产业化，形成一批新增长点，培育集成电路体系，大力发展磷化铟、碳化硅等下一代半导体材料
2016	《国家创新驱动发展战略纲要》	提出加大集成电路、工业控制等自主软硬件产品和网络安全技术攻关和推广力度；攻克高端通用芯片、集成电路装备的关键核心技术。
2016	《关于软件和集成电路产业企业所得税优惠政策有关问题的通知》	明确了集成电路企业的税收优惠资格认定的非行政许可审批取消，规定了享受税收优惠的条件，进一步从政策上支持集成电路产业发展
2016	《国家信息化发展战略纲要》	制定国家信息领域核心技术设备发展战略纲要，以体系化思维弥补单点弱势，打造国际先进、安全可控的核心技术体系，带动集成电路、基础软件、核心元器件等薄弱环节实现根本性突破
2017	《国家高新技术产业开发区"十三五"发展规划》	提出优化产业结构，采取差异化策略和非对称路径，聚焦尖端领域，推进集成电路及专用装备、信息通信设备、高档数控机床和机器人等关键核心技术突破和应用
2018	《关于集成电路生产企业有关企业所得税问题的通知》	对集成电路生产企业所得税优惠政策作了进一步规定和调整
2019	《关于集成电路设计和软件产业企业所得税政策的公告》	依法成立且符合条件的集成电路设计企业和软件企业，在2018年12月31日前自获利年度起计算优惠期，第一年至第二年免征企业所得税，第三年至第五年按照25%的法定税率减半征收企业所得税，并享受至期满为止
2020	《新时期促进集成电路产业和软件产业高质量发展的若干政策》	对新时期促进我国集成电路产业发展，从财税、投融资、研发、进出口、人才、知识产权、市场应用以及国际合作等方面给予了更加优惠的政策

(二) 中国集成电路产业发展所取得的成就

尽管我国集成电路产业发展的外部环境较为严峻,但在一系列政策、技术和市场利好环境下保持着快速发展态势,并表现出集聚和激烈的竞争态势。近年来我国集成电路产业结构和质量不断优化,国产替代成效显著,关键技术取得一定突破,产业布局特色明显。

1. 产业保持高速增长,市场规模引领全球

在国家政策的支持以及物联网、智能驾驶、新能源汽车、智能终端制造、新一代移动通信等下游市场需求的驱动下,我国集成电路产业市场规模显著增长。我国作为全球集成电路产业的重要消费国,2021年中国集成电路产业销售额达到1.05万亿元;2022年中国集成电路产业销售额达到1.20万亿元,如图5-1所示;ISS披露的数据显示,我国半导体消费量占全球比重将在2030年达到58%。在需求的引导作用下,国内集成电路行业总生产量从2003年的148亿块上升到2022年的3 242亿块,年均复合增长率约为16.69%,如图5-2所示。

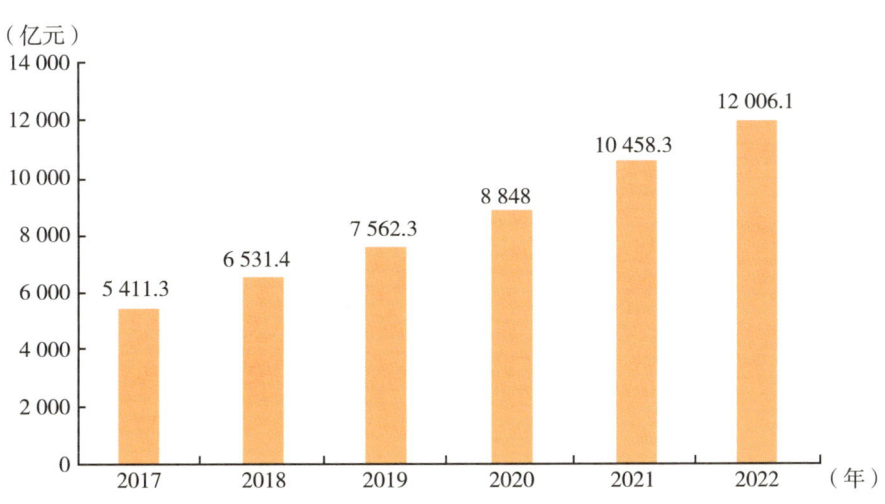

图5-1　2017—2022年中国集成电路产业销售额

数据来源:中国半导体行业协会。

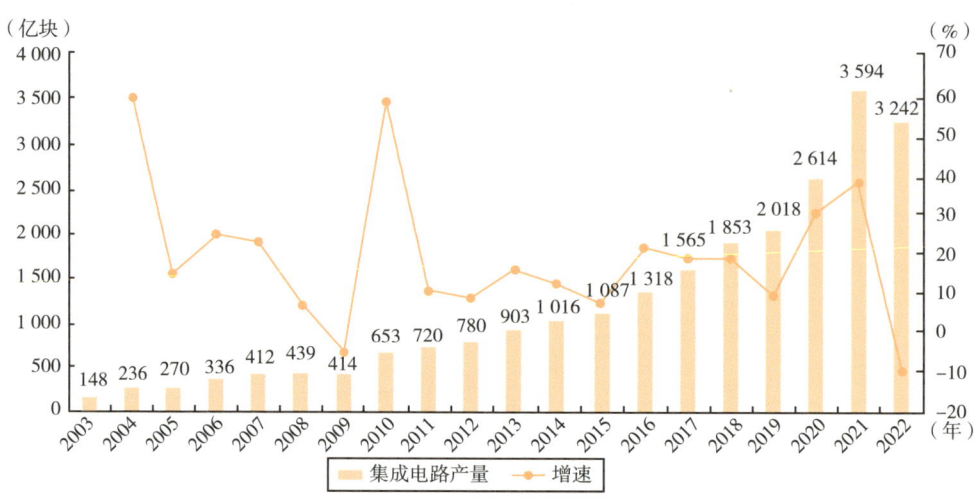

图 5-2 2003—2022 年中国集成电路产量

2. 产业链结构趋向合理，国产化替代趋势显著

近年来，我国集成电路产业链结构不断趋向合理，如表 5-2 所示，2020 年我国集成电路设计、制造、封测三业的占比分别为 42.7%、28.9%、28.4%。此外，中国已迅速崛起为全球最大且增长最快的集成电路市场，然而，国内需求主要依赖进口，特别是对高端芯片的需求存在较大缺口。为解决这一问题，政府及相关部门纷纷出台了一系列法规和政策，推动本土集成电路的自主生产。随着拥有领先技术的企业的迅速崛起，中国在高性能集成电路方面与国际水平的差距逐步缩小。本土企业的不断发展不仅填补了国内市场的一些空白，而且在某些技术领域甚至超越了国际先进水平，呈现出良好的发展态势。例如，振芯科技是入驻国家集成电路设计成都产业化基地的首批企业之一。2022 年公司实现营业总收入 11.82 亿元，集成电路业务营收 6.08 亿元，占总营收比重 51.44%。公司自主设计研制的高端集成电路产品目前已形成六大重点系列数百种产品，在多个细分领域保持领先优势。同时，国家党政军部门全面支持推行国产化方案，2019 年以试点和加大储备为主要任务，2020 年实现了高性能处理器产品等大规模替换。

表 5-2　　　　　　中国集成电路产业链结构分布

	2015年占比	2020年占比
设计业	36.7%	42.7%
制造业	25.0%	28.9%
封测业	38.3%	28.4%

资料来源：中国半导体行业协会。

3. 自主创新能力显著提高，协同创新实现新突破

一方面，我国在集成电路关键产品、集成电路设备与基础材料等方面的自主研发能力都不断提升。例如，国内大容量高密度三维非易失性闪存存储器（3D NAND）和第四代双倍速内存（DDR4）产品实现从无到有的突破，并进入和国际巨头厂商同台竞争的阶段；在国家重大科技专项的实施带动下，我国面向主流工艺节点的关键集成电路设备国产化验证效率提升4倍，化学机械抛光设备（CMP）、介质刻蚀设备、清洗机等主要设备进入先进工艺节点验证阶段，国产先进封装设备采购比例达到79%，节约设备采购资金30%以上，七大类别数百种关键工艺材料的品种覆盖率超过25%；在传统上被国外垄断的高性能计算以及服务器芯片领域，飞腾、龙芯、海光、海思等设计企业有所突破，尤其是海思半导体在芯片设计领域尤其是移动芯片设计领域已经步入全球一线阵营。另一方面，在日趋复杂的国际环境下，国内集成电路产业链开始大规模协同合作，小米、华为积极布局国产芯片赛道，全年投资共计50家以上集成电路领域企业，用资本和市场积极扶持国内集成电路产业链。而数字经济和"新基建"浪潮有望引导国内集成电路产业进入新一轮发展周期，引爆整个产业的新机遇。

（三）通过"四链"融合促进集成电路产业发展的典型经验

第一，依托新型举国体制，打造集成电路产业"创新综合体"，围绕集成电路全产业链开展共性关键技术协同攻关。在新发展阶段，

| 创新链　产业链　资金链　人才链深度融合 通往高质量发展之路

集成电路技术和产业的突破性发展任务更重、所需资金更多，需要大力发展设计产业、做优做强封测产业、稳定提升制造产业、择优扶持支撑产业、前瞻谋划替代技术，推动更多集成电路产业资源和创新要素向重点区域或示范区集聚，持续打造有全球影响力的产业集群。为此，我国围绕集成电路设计、制造、测试与封装技术的产业链协同发展需求，不断探索构建社会主义市场经济条件下关键核心技术攻关新型举国体制。科技部、国家发展改革委、工业和信息化部等部门积极利用国家重点研发计划、国家科技重大专项等给予支持；同时，我国支持集成电路和软件领域的骨干企业、科研院所、高校等创新主体建设以专业化众创空间为代表的各类专业化创新服务机构，优化配置技术、装备、资本、市场等创新资源，按照市场机制提供聚焦集成电路和软件领域的专业化服务，实现大中小企业融通发展。例如，江苏省以高端服务器 CPU（中央处理器）为突破口，重点强化江苏本土企业芯片设计和技术创新能力，推动企业与高校、国家实验室等研发单位加强合作；引导社会资本进入产业，为设计企业提供技术创新环境，充分发掘市场创新活力，建设国内服务器软硬件技术研发高地和产业化集聚区；同时，为加强行业共性技术研发，支撑江苏集成电路封测业提质升级，中国科学院微电子所和长电科技、通富微电、华天科技等多家单位共同投资建立华进半导体封装先导技术研发中心有限公司，其"高密度高可靠电子封装关键技术及成套工艺"项目荣获 2020 年度国家科学技术进步奖一等奖。无锡市以优势团队和行业龙头企业为牵引，以技术体系构建、关键核心技术突破为重点，通过制度创新，组织产业链企业、区域内优势科研团队，进行协同创新，打造了清华大学无锡应用技术研究院等 30 余个科技创新组织，在功率半导体方面形成了比较优势。

第二，按照"整体规划，系统构建"的导向引导形成产业科学分工，依托"链长"制聚力打造集成电路的创新链、产业链、资金链和人才链。近年来，集成电路产业在我国的战略地位不断提升，成为全社会关注的焦点。但由于集成电路产业的行业特殊性，需要坚持整体规划、系统构建、精准实施，构建集成电路产业生态圈，以产业集群效应促进产业链发展。"链长制"是指在一条产业链上培育龙头企业作为"链主"，以地方政府相关负责人任产业链"链长"，并以此为抓手贯通上下游产业链条；通过"链长"制，有利于为集成电路产业发展协调经济资源。例如，江苏充分发挥省领导挂钩联系优势产业链制度的统筹协调作用，完善集成电路产业的统筹协调工作机制，依托省级集成电路产业专业机构和专家资源，结合长三角集成电路产业链分布和全省实际，强化产业布局，优化产业链条，协调项目引进、资源投入和政策支持，支持有基础有条件的地区和一批龙头骨干企业，打造具有特色的集成电路产业集群；无锡市率先实施链长制，成立了市集成电路产业领导小组和市半导体行业协会，由市委、市政府主要领导担任组长，切实加强对产业的研究、组织、服务和领导，由市委主要领导担任产业链链长，建立"一个专班、一套支撑服务机制、一个决策咨询机构、一套议事协调机制"，充分发挥主要领导协调资源的能力，统筹推进产业链（集群）建设的重大事项，具象打造并持续推进产业发展路线图。通过协调上汽大通等重点车企与中科芯、锡产微芯等芯片生产企业对接，推动缓解车企"缺芯"难题，以及华虹基地项目等快速落地、高效建设和全面达产。

第三，按照"主体集中，区域集聚"的原则，以区域创新中心为依托凝聚集成电路产业链发展的核心要素，引领人才、技术、资本一体化配置。近年来，在相关政策的支持推动下，我国集成电路产业发展势头向好，技术水平大幅提升，企业加速成长壮大。但随着国内投资热情不断高涨，也出现了一些缺少技术、人才与经验的企业投资集成电路行业；一些地区存在不顾自身条件盲目跟风投资，带着急功近利和相互竞争的攀比思想建设集成电路产业园区、出台产业政策、设立产业投资基金、上马大型集成电路制造项目，陷入招商引资"价格战"。集成电路产业链的现代化水平要求相关地区的产业必须具有一定

| 创新链　产业链　资金链　人才链深度融合 通往高质量发展之路

的经济规模和生产能力；同时，需要相关地区集聚一批掌握本领域主导话语权的大型企业，以及有一批细分领域的专精特新隐形冠军企业。为此，我国按照"主体集中、区域集聚"的发展原则，加强对集成电路重大项目建设的服务和指导，依托科技创新中心的创新链、资金链和人才链发展集成电路的产业链。目前，我国集成电路区域布局形成了四大聚集区，分别是以上海为核心的长三角地区、以北京为核心的京津冀地区、以深圳为核心的珠三角地区，以及以武汉、西安、成都等为代表的中西部地区。其中，上海已经成为国内集成电路产业集中度最高、产业链最完善、综合技术能力最强的集成电路超级重镇，聚集了集成电路产业链现代化的政策环境、核心要素和经济规模：上海市持续加大对集成电路产业和软件产业的扶持，市政府分别于 2000 年、2012 年、2017 年和 2022 年出台了四轮综合性支持政策，有力促进了上海集成电路产业和软件产业做大做强。2020 年，我国共落地 478 个集成电路项目，总投资额接近 6 000 亿元；上海落地项目和投资总额均占全国项目和投资额总数的 10%，上海市集成电路产业从业人员在 23 万人左右，硕士、博士及以上技术人才占比为 18% 左右，远高于其他省市；集成电路产业销售收入为 2 071.3 亿元，占全国比例为 21%，且持续多年保持在 20% 以上；上海的集成电路产业链的中外资企业充分参与了全球价值链的分配，在多轮资源优化后，在设计、制造、设备等环节都出现了国内领先的头部企业，对上海及国内制造业数字化转型中产生的芯片需求形成了有效协同。在上海带动作用下，长三角地区集聚了全国 50% 的设计企业、55% 的制造企业、80% 的封装测试企业，具备产业协同和创新集群高质量发展的基础。

第四，依托大基金和科创板带动社会资金，实现资金链与创新链和产业链的深度融合。为推动我国集成电路产业发展，2014 年国家集成电路产业投资基金股份有限公司（以下简称"大基金一期"）正式成立。大基金一期投资对象覆盖集成电路设计、制造、封测和装备材料等环节的龙头企业和众多有潜力的企业和项目，成效显著；同时，大基金充分发挥了杠杆作用，不仅吸引民间资本进入集成电路产业，还带动地方政府成立超过 5 000 亿元的产业基金，掀起了我国集成电路产业发展热潮。2019 年，国家集成电路产业投资基金二期股份有限公司（以下简称"大基金二期"）宣告成立，并屡次以首发、战略配售、定增等方式出现在集成电路、半导体企业的投资者名单中。数据显示，截至 2023 年 7 月，大基金二期已投资了 38 家公司，投资总额超过 530 亿元。与大基金一期相比，大基金二期更注重"强链补链"，在半导体设备、材料等关键薄弱环节加大了投资。同时，不只投资龙头上市公司，也更多关注其子公司。例如，湖北晶瑞以及正在冲刺IPO 的兴福电子、广钢气体，均是半导体材料领域的佼佼者；至纯科技、万业企业参股子公司浙江镨芯，则均在半导体设备领域表现抢眼。此外，截至 2023 年 10 月，科创板集成电路上市公司达到 106 家，合计募集资金 2 899 亿元，总市值超过 2 万亿元，分别占 A 股同行业公司家数、募集资金总数和总市值的 64%、88% 和 56%。科创板集成电路产业链不仅已初具规模，且形成了链条完整、协同创新的发展格局，涵盖设计、制造和封测三大环节的主产业链环节，以及设备、材料、EDA 工具软件、IP 技术授权等支撑环节，涌现出一批具有行业标杆性和引领性的龙头企业。

二、新能源汽车产业

　　汽车产业是高度综合的产业，具有高投入、高产出、规模效益强、产业关联度大、经济带动力强等特点，是典型的资本、技术、人才密集产业，是国民经济支柱产业。当前，新一轮科技革命和产业革命愈演愈烈，汽车产业生态和竞争格局面临重构，能源消费结构发生重大变化，新能源汽车逐渐成为各国汽车工业发展的战略选择。新能源汽车是指采用非常规的车用燃料作为动力来源，综合车辆的动力控制和驱动方面的先进技术，形成的技术原理先进、具有新技术和新结构的汽车，包括纯电动汽车、增程式电动汽车、混合动力汽车、燃料电池电动汽车、氢发动机汽车等。发展新能源汽车是我国从汽车大国迈向汽车强国的必由之路,可以有效缓解石油对外依存度,有助于解决能源与环境问题,可以有效承接产业优化升级等战略机遇。在这一背景下,本书梳理了近年来中国促进新能源汽车产业发展的改革措施、所取得的成就,并在此基础上,提炼了中国新能源汽车产业发展过程中促进"四链"融合的典型经验。

(一) 中国新能源汽车产业的发展与政策演变

我国的新能源汽车产业于20世纪90年代起步,其发展演变与政府持续不断的政策布局密切相关(见表5-3)。根据我国政策发布时间和实施力度,以及产业推广规模和范围不同,我国新能源汽车产业发展与政策演变可以分为研发布局与产业化准备(20世纪90年代初—2006年);小规模示范推广阶段,产业化发展开始形成(2007—2012年);大规模推广,产业化进程明显加快(2013—2017年);市场化发展(2017—2020年);高速发展,行业进入普及期(2021年至今)五个阶段。

表5-3 近年来中国国家层面促进新能源汽车产业发展的主要政策

年份	政策文件或举措	内容介绍
2000	《"863"计划电动汽车重大专项》	确立了以混合动力汽车、纯电动汽车、燃料电池汽车为"三纵",以多能源动力总成控制系统、驱动电机和动力电池为"三横"的电动汽车"三纵三横"研发布局,全面组织启动大规模电动汽车技术研发
2004	《汽车产业发展政策》	突出发展节能环保、可持续发展的汽车技术
2006	《新消费税政策》	对混合动力汽车等具有节能、环保特点的汽车将实行一定的税收优惠
2007	《新能源汽车生产准入管理规则》	对新能源汽车进行了定义,并对新能源汽车的生产企业资质、生产准入条件以及申报要求等内容作了具体的规定

续表

年份	政策文件或举措	内容介绍
2007	《产业结构调整指导目录（2007年本）》	压缩天然气、氢燃料、生物燃料、合成燃料、二甲醚类燃料以及灵活燃料汽车和混合动力汽车、电动汽车、燃料电池汽车等新能源汽车整车，以及燃料电池及电催化器、电极、复合膜和双极板等电池关键材料，质子交换膜等关键零部件的开发及制造，都已列入了国家鼓励范围，享受鼓励政策
2009	《关于开展节能与新能源汽车示范推广试点工作的通知》	在北京、上海、重庆、长春、大连、杭州、济南、武汉、深圳、合肥、长沙、昆明、南昌13个城市开展节能与新能源汽车示范推广试点工作
2009	"十城千辆"电动汽车示范应用工程	工信部等四部委联合启动"十城千辆"节能与新能源汽车示范推广应用工程，在13个城市进行私人购买新能源汽车示范。主要内容为，通过提供财政补贴，计划用3年左右的时间，每年发展10个城市，每个城市推出1 000辆新能源汽车开展示范运行，涉及公交、出租、公务、市政、邮政等领域
2009	《新能源汽车生产企业及产品准入管理规则》	规定了新能源汽车企业及产品的准入条件，并将新能源车清晰地划分为起步期、发展期和成熟期三个不同的技术阶段
2010	《私人购买新能源汽车试点财政补助资金管理暂行办法》	中央财政安排专项资金，支持开展私人购买新能源汽车补贴试点。为加强私人购买新能源汽车试点财政补助资金管理，提高资金使用效益，特制定此办法
2010	《关于加快培育和发展战略性新兴产业的决定》	提出着力突破动力电池、驱动电机和电子控制领域关键核心技术，推进插电式混合动力汽车、纯电动汽车推广应用和产业化。同时，开展燃料电池汽车相关前沿技术研发，大力推进高能效、低排放节能汽车发展
2011	《国家"十二五"科学和技术发展规划》	提出全面实施"纯电驱动"技术转型战略，实施新能源汽车科技产业化工程

续表

年份	政策文件或举措	内容介绍
2013	《关于继续开展新能源汽车推广应用工作的通知》	继续依托城市尤其是特大城市推广应用新能源汽车。重点在京津冀、长三角、珠三角等细颗粒物治理任务较重的区域，选择积极性较高的特大城市或城市群实施
2017	《乘用车企业平均燃料消耗量与新能源汽车积分并行管理办法》	制定了乘用车燃油车辆油耗标准与新能源汽车生产比例
2018	《外商投资准入特别管理措施（负面清单）（2018年版）》	专用车与新能源汽车整车制造外资股比限制被取消，这意味着外资独资设立新能源汽车整车企业正式放开
2020	《新能源汽车产业发展规划（2021—2035年）》	为推动新能源汽车产业高质量发展，加快建设汽车强国，所制定的中长期发展规划
2021	《国民经济和社会发展第十四个五年规划和2035年远景目标纲要》	聚焦新一代信息技术、生物技术、新能源、新材料、高端装备、新能源汽车、绿色环保以及航空航天、海洋装备等战略性新兴产业，加快关键核心技术创新应用，增强要素保障能力，培育壮大产业发展新动能
2022	《扩大内需战略规划纲要（2022—2035年）》	提出优化城市交通网络布局，大力发展智慧交通。推动汽车消费由购买管理向使用管理转变，推进汽车电动化、网联化、能化，加强停车场、充电桩、换电站、加氢站等配套设施建设。便利二手车交易

阶段一：研发布局与产业化准备阶段（20世纪90年代初—2006年）。20世纪90年代初，我国着力探索一条摆脱燃油汽车技术，减少环境污染，实现世界汽车大国的跨越式发展道路。"八五"到"十五"期间，我国先后开展了"电动汽车关键技术研究"项目、"电动汽车重大科技产业工程"项目和"电动汽车重大科技专项"（"863"计划），形成我国新能源总体技术路线，即"三纵三横"（"三纵"为燃料电池汽车、混合动力汽车、纯电动汽车，"三横"为多能源动力总成系统、驱动电机、动力电池）的研发布局。"十一五"期间，通过"863计划节能与新能源汽车项目"，开展了一大批以整车集成为载体、

动力系统为核心，突破节能与新能源汽车关键零部件瓶颈技术的研究项目，初步构建了电动汽车产学研联合技术创新体系。建成 15 个国家重点实验室和工程技术研究中心，形成电动汽车研发平台 48 个，目录公告了各类新能源汽车 350 余款。这一阶段，我国以科研攻关项目为主进行探索，实现新能源汽车的产业培育，为新能源汽车的产业化奠定了技术基础。

阶段二：小规模示范推广阶段，产业化发展开始形成（2007—2012 年）。这一阶段，我国不断规范和推广新能源汽车行业，并将新能源汽车列为战略性新兴产业之一，在市场培育、技术研发、准入管理和产业化等方面出台了一系列密集的政策，2004 年国家颁布了《汽车产业发展政策》，明确提出鼓励发展节能环保型电动汽车与混合动力汽车技术；2008 年奥运会期间，北京推出了 500 辆新能源汽车，往返于鸟巢、水立方和奥运村之间；2009 年 1 月，工信部等四部委联合启动"十城千辆节能与新能源汽车示范推广应用工程"，在北京、上海、重庆、长春、大连、杭州、济南、武汉、深圳、合肥、长沙、昆明、南昌 13 个城市进行私人购买新能源汽车示范。这些做法或政策体现了国家大力发展新能源汽车的信心和决心。综合来看，这一阶段主要为行业的战略规划期，但新能源汽车生产的资质批准及市场推广逐渐从以政府、企事业单位为主导公共领域向私人购买领域拓展。经过十余年的持续研发和示范运行，我国已经具备较强的研发实力，基本形成了产业化发展的雏形。

阶段三：大规模推广阶段，产业化进程明显加快（2013—2017 年）。这一阶段，国家先后出台了支持新能源汽车产业化的各项政策，涵盖财税补贴、技术研发、生产准入、市场推广、基础设施以及标准法规等领域，全方位的新能源汽车政策标准体系初步形成。例如，2013 年，财政部联合四部委出台了《关于继续开展新能源汽车推广应用工作的通知》，同时为应对日益严重的"雾霾"天气，生态环境部于 2013 年发布了《大气污染防治计划》，将推广新能源汽车列为大气污染防治关键举措之一，推动我国新能源汽车较快发展；2014年国务院办公厅发布了《关于加快新能源汽车推广应用的指导意见》（国办发〔2014〕35号），该指导意见系统性涵盖了充电设施建设、公共领域加大推广力度、完善补贴税收准入、破除地方保护等内容，实施后有力促进了产业发展。2015年示范城市增加到88个，新能源汽车销量突破33万辆，占全球新能源汽车销量近60%的份额，标志着中国已经成为全球最大的新能源汽车市场。新能源乘用车产品增至58款，技术迭代速度明显加快。例如，产品续航里程达400公里的北汽EU400，电池成本下降到1900元/千瓦时。销量的快速增长带动了相关上下游企业的发展，宁德时代、力神、国轩、孚能、中航锂电等动力电池企业加大研发投入、扩充产能；精进电动、上海电驱动等企业生产的驱动电机和控制器国产化程度逐年提高，技术水平接近国际水平；充电服务市场也快速兴起，国家电网、特来电等企业开始布局充电设备生产商及上游配套领域，以充电桩为龙头的充电产业链正在形成。

阶段四：市场化发展阶段（2017—2020年）。这一阶段，以《乘用车企业平均燃料消耗量与新能源汽车积分并行管理办法》《外商投资准入特别管理措施（负面清单）（2018年版）》《新能源汽车产业发展规划（2021—2035年）》等为代表的新能源汽车政策陆续出台，其中，《新能源汽车产业发展规划（2021—2035年）》为我国新能源汽车产业长远发展勾画出清晰路线图。新能源汽车产业加速向市场驱动转型，产业对外开放力度加大，产业竞争格局逐步形成。2018年我国新能源汽车销量首次突破100万辆，2020年底我国新能源汽车保有量超过492万辆；与之前纯电车型集中于入门级相比，该时期以蔚来ES8、理想ONE、比亚迪汉、特斯拉国产Model 3等为代表的中高端产品快速抢占市场，推动私人消费迅速增长，2020年底私人消费占比提升至71%，市场逐步向非限购区域渗透，2020年非限购城市销量占比提升至62%，市场化驱动特征更加明显。

阶段五：高速发展，行业进入普及期（2021年至今）。近年来，我国汽车产品形态、交通出行模式、能源消费结构和社会运行方式正在发生深刻变革，为新能源汽车产业提供了前所未有的发展机遇。经过多年持续努力，我国新能源汽车产业技术水平显著提升、产业体系日趋完善、企业竞争力大幅增强，产销量、保有量居世界首位，产业进入叠加交汇、融合发展新阶段。2022年12月31日，持续13年的新能源汽车购置补贴政策终止，新能源汽车企业从开始的投机性参与到带动有实力的企业全面进入再到补贴加速退出的过程中，取得了去伪存真的效果。但在补贴逐步退坡过程中，新能源汽车的市场销量爆发性增长，表明消费者已对新能源汽车充分认可，市场自身的扩张足以抵消退坡带来的冲击。例如，2021年补贴力度在2020年的基础上退坡20%，核定补贴车辆数量却比2020年增长近7倍，达到156.9万辆。

（二）中国新能源汽车产业发展所取得的成就

发展新能源汽车是我国从汽车大国迈向汽车强国的必由之路，是应对气候变化、推动绿色发展的一项重要战略举措。党的十八大以来，我国坚持纯电驱动战略取向，不断推动新能源汽车产业快速发展，回顾其发展路程，中国新能源汽车产业从零起步，由弱到强，逐步成为引领全球汽车产业转型升级的重要力量。

1. 产销量实现跨越式增长，市场规模领跑全球

作为汽车领域的新兴产业，我国新能源汽车呈爆发式增长态势。2012年是中国新能源汽车跨入万辆级别的起步之年，中国汽车工业协会统计数据显示，汽车产销量分别为12 552辆和12 791辆；在中国新能源汽车推广应用财政补贴政策大力推动下，中国新能源汽车产业经过了十余年的飞速发展，正在从萌芽期向成长期迈进。中国汽车工业协会数据统计显示，2022年我国新能源汽车产销分别完成705.8万辆和688.7万辆，同比分别增长96.9%和93.4%，连续8年保持全球第一；市场渗透率提升至25.6%，高于2021年12.2个百分点，全球销

量占比超过60%，如图5-3和图5-4所示。其中，纯电动汽车销量536.5万辆，同比增长81.6%；插电式混动汽车销量151.8万辆，同比增长1.5倍。此外，我国新能源汽车出口量快速增长，2022年中国汽车出口增加了100万辆，其中，新能源车是汽车出口的主要增长力量，出口67.9万辆，同比增长1.2倍，占总出口量的22%。

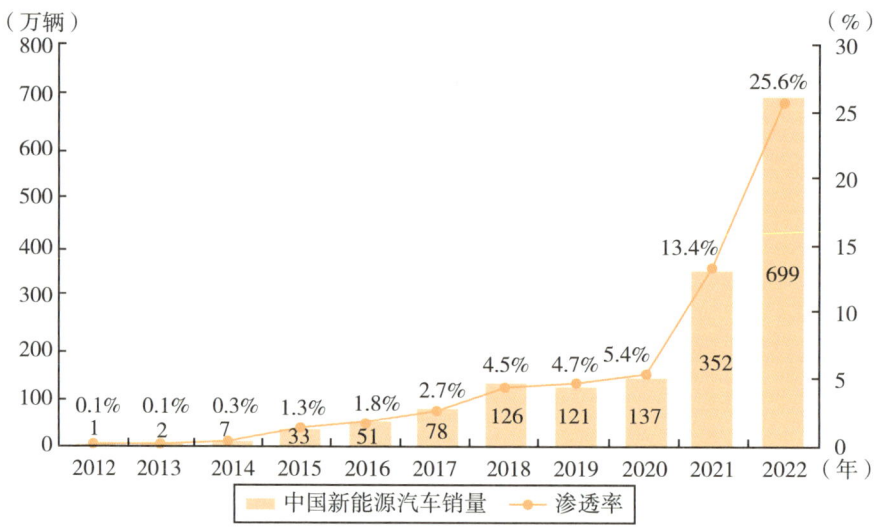

图5-3 中国新能源汽车销量及渗透率

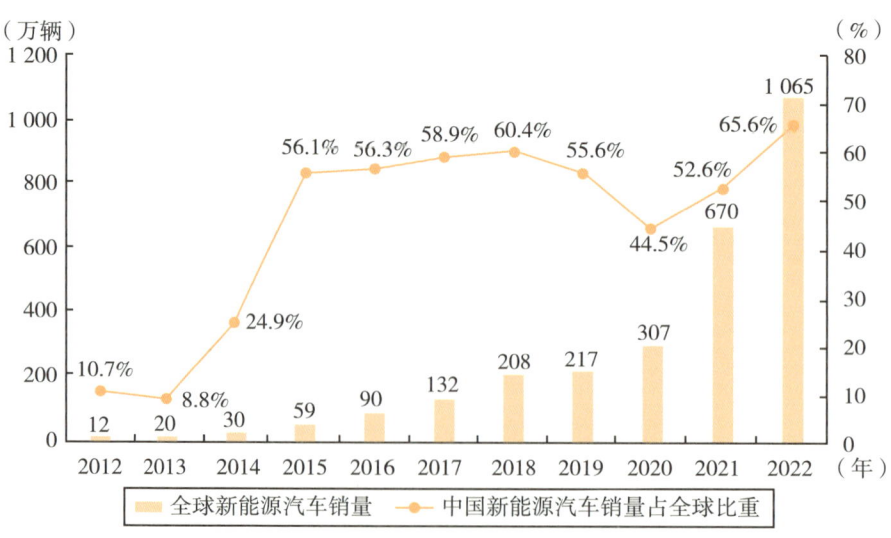

图5-4 全球新能源汽车销量及中国占比

2. 关键技术不断突破，技术水平跻身世界前列

近年来，中国深入推进"三横三纵"技术研发布局，不断提升新能源汽车技术水平和产品竞争力；新能源汽车产业链供应链体系逐渐完备，成功实现了基础材料、关键零部件以及制造装备等产业链的全面衔接。其中，中国的动力电池领域表现卓越，中国已经成为全球最大的动力电池生产国，装机量占全球比重超过50%；在新能源汽车电池安全、循环次数、能量密度等多个核心特征领域取得了重大突破。图5-5展示了2000—2021年锂离子动力电池专利分布，全球共计申请相关专利19 801件，其中中国专利申请就高达15 501件，全球其他地区专利申请4 300件。

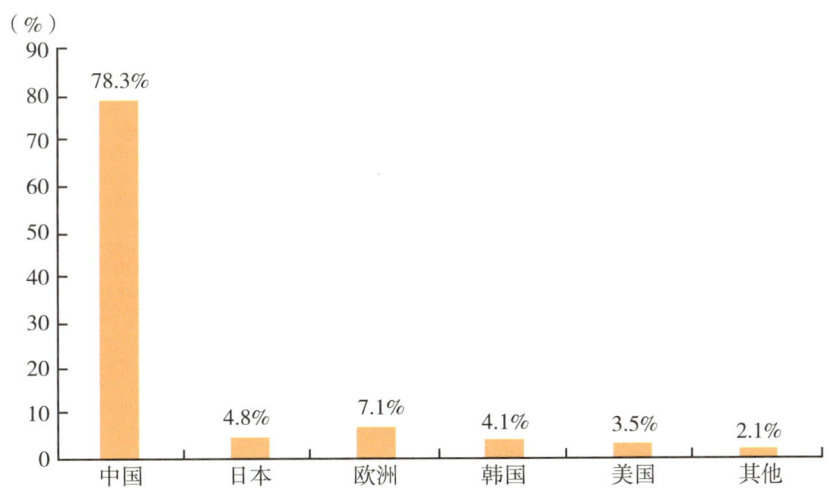

图5-5　2000—2021年锂离子动力电池专利申请量国家（地区）分布

3. 产业发展带动充电桩等设施建设，充电网络规模全球领先

我国已经形成传导充电、电池更换、无线充电等多个技术路线并存的发展模式，有力保障了电动汽车规模化发展；成功打造出了"十纵十横两环"高速公路快充网络，构建形成了全球最大规模的充换电网络，为新能源汽车的发展构建了良好的使用环境。据中国电动汽车充电基础设施促进联盟（EVCIPA）公告，截至2023年8月底，全国

创新链　产业链　资金链　人才链深度融合 通往高质量发展之路

充电基础设施（公共+私人）累计数量为720.8万台，其中公共充电桩227.2万台，随车配建私人充电桩493.6万台。随着中央、地方层面政策支持力度加大，技术支撑和标准体系日益完善，新能源汽车充电站被纳入"新基建"范围，我国充电基础设施将迎来新的发展机遇。为此，我国提出到2030年，基本建成覆盖广泛、规模适度、结构合理、功能完善的高质量充电基础设施体系，有力支撑新能源汽车产业发展，有效满足人民群众出行充电需求。

4. 自主品牌新能源汽车抓住发展机遇，品牌影响力不断提升

随着新能源车销售量的同步上升，自主品牌在市场份额方面也呈现显著增长。根据中国汽车工业协会的统计数据，2023年1—11月，中国自主品牌乘用车销售总量达到1 297.8万辆，占乘用车销售总额的55.8%。相较于上年同期，自主品牌市场份额提升了6.6个百分点，创下了自2006年以来的最高水平。这一数据表明，自主品牌汽车在中国市场的销售量已经超过半数，标志着其在市场竞争中的卓越地位。这一成功的崛起主要归因于自主品牌在电动汽车领域取得的技术创新、商业模式和产业生态等方面的先发优势。自主品牌的快速崛起不仅令我国车市的竞争格局发生了根本性的变革，同时也得益于其积极响应新能源转型、持续进行研发投入以及不断升级迭代产品等方面的努力。

5. 企业创新应用模式，5G等技术被引领发展

新能源汽车具备低碳、环保以及舒适等特质，同时享有一系列限购和限行政策的优惠。其在共享出行、网约车、出租车、公交车等出行场景中逐渐成为首选。自2016年以来，全国多个省市出台相关政策，规定新增或更换出租车、网约车须全部为新能源汽车；深圳市在2017年底已经实现了公交车全部采用纯电动，而在2018年底，该市的纯电动出租车比例达到了99.06%，成为全球首个实现公交车和出租车全面电动化的城市。在共享出行和网约车领域，曹操出行、EVCARD等平台完全采用新能源汽车，而滴滴出行、首汽约车等平

台的新能源车辆比例也在不断提高。2022年下半年，滴滴平台网约车月运营里程中纯电动汽车的里程占比已攀升至50%以上。此外，以新能源汽车为载体的融合开放发展成为新特征，数据显示，2023年1—7月，中国市场（不含进出口）交付了77.24万辆配备5G技术的乘用车，同比增长322.08%，为5G技术的采用提供了数据支持；在新能源汽车市场，5G技术的应用占比超过了八成，前装标配搭载率更是高达19.30%，凸显了5G技术在新能源汽车领域的巨大潜力。

（三）通过"四链"融合促进新能源汽车发展的典型经验

第一，立足发展实际，持续性、分阶段地从顶层设计和政策措施发力，通过政策链引导"四链"融合。中国政府高度重视新能源汽车产业发展，根据实际情况，分阶段出台中长期产业规划，以进一步促进新能源汽车产业规范有序高质量发展，2012发布的《节能与新能源汽车产业发展规划（2012—2020年）》，明确了中国新能源汽车以纯电驱动为新能源汽车发展和汽车工业转型的主要战略取向；2020年发布的《新能源汽车产业发展规划（2021—2035年）》，提出到2035年我国新能源汽车核心技术要达到国际先进水平，质量品牌要具备较强的国际竞争力的远期目标。在此期间，中央及地方各级政府先后出台了近600项政策、150余项标准扶持新能源汽车产业发展，支持范围涵盖技术创新、推广应用、安全监管等各个方面。各项政策、标准的相继落地，在激发新能源汽车市场消费活力的同时，也进一步加快了各创新主体的深度合作，通过逐步放宽新能源汽车投资准入，鼓励优质社会资本进入新能源汽车生产制造领域，为各类型企业跨界进入新能源汽车领域创造了宝贵机遇。体系化的政策链有力推动了我国新能源汽车产业驶入发展快车道。

第二，遵循创新发展规律，有重点地持续布局创新链，有步骤地通过创新链带动产业链发展。自20世纪90年代开始，我国便开始布

| 创新链　产业链　资金链　人才链深度融合 通往高质量发展之路

局新能源汽车的科技攻关项目，在中央政府的大力支持下，以原国家计委、科技部为主持续投入科研经费，连续四个"五年计划"推进电动汽车研究。在这一过程中，由于电动汽车存在多种技术路线，中国在确立纯电为主流技术路线的同时，也给了其他技术路线包容发展的机会，妥善处理好了多种技术路线的关系。电动汽车创新链上关键核心技术的突破，为后续产业链的纵深发展提供了机遇。随着新能源汽车产业被国务院确定为中国七大战略性新兴产业之一，在电池创新、充电创新、整车创新和机制创新的带动下，新能源汽车拥有了大规模推广的技术基础。例如，中国新能源汽车企业较早研究开发全新的专用于新能源汽车的底盘平台，解决了影响新能源汽车续驶里程的首要问题——电池仓的容积问题，所以中国品牌的新能源汽车普遍续驶里程长，用户适应性强。

第三，通过"政产学研用"一体化建设促进创新链和产业链的深度融合，为新能源汽车的技术创新和产品升级提供了良好的协同机制。政府注重新能源汽车产业发展的顶层设计，持续完善产业政策、消费政策，制定了环环相扣的技术路线图；高校和科研院所在政府科技攻关项目引领下，瞄准国际先进技术，持续进行科研攻关，使得我国新能源汽车技术自主可控；企业作为创新链和产业链主体，在政府补贴等政策激励作用下，提前谋划、主动作为，使得行业市场竞争力实现质的飞跃；基于使用场景开发，以满足消费者核心诉求为起点，政府和企业出台一系列支持手段，布局大量的配套设施，为产业链的市场化推广创造良好条件。在"政产学研用"的合力作用下，我国新能源汽车的创新链和产业链实现了深度融合和彼此正向反馈。

第四，遵循市场规律，通过示范运营使得各地市场梯次推进，在资金链持续作用下形成一批全球领先的应用城市推动产业链的进一步发展。我国在市场培育方面出台了一系列密集的政策，从北京奥运会百辆新能源汽车示范到"十城千辆"计划再到推广至25个城市，进而推广至88个城市；从以政府、企事业单位为主导公共领域向私人购买领域拓展，用户对新能源汽车的市场接受度逐渐提升；通过形成一批全国乃至全球领先的示范城市，新能源汽车产业链获得了早期的用户基础，为其进一步科技研发提供了良好条件。此外，在推广过程中，社会资本同样发挥了不可替代的作用，持续投资新能源汽车产业，推进配套设施和商业模式不断创新。例如，上海市机关事务管理局创新建设模式，引入社会资本参与公共机构新能源汽车充电桩建设，通过合作实现双方的共赢。仅2015年上半年，就通过竞争性磋商，采用公私合营模式，在财政资金未投入一分钱的情况下，在市级机关集中办公点建设新能源汽车充电桩94台，较好地发挥了社会资本在新能源汽车充电桩建设、运营服务中的作用。

第五，产业人才不断集聚，形成了较为完整的人才梯队和体系。 汽车是极度强调规模效应的产业，在导入智能化、网联化后，更需要庞大的规模以承载巨大的资金、人才和技术的投入。根据中国汽车工程学会数据，截至2021年底，我国新能源汽车从业总数突破150万人，形成由院士专家领衔，研发人才、技能人才为核心的人才梯队。人才涵盖产业全生命周期的研发设计、测试验证、生产制造、推广应用、流通运营、充电基础设施、商业模式等环节，以及产业规划、标准法规、政策体系、企业管理等领域。在新能源人才队伍建设过程中，各级政府牵线搭桥，构建高校与企业的人才培养交流平台，不断细化企业的人才需求，通过及时沟通的平台、快速响应的机制、定期交流的模式，共同为企业培养"拿来就能用上"的人才；教育部制定的《普通高等学校本科专业目录》中新设了"智能车辆工程"专业，国内一些高校也陆续对车辆工程专业和课程体系作出调整，探索更优的培养方案。例如，北京理工大学结合科技部的重点研发专项，由学校牵头，将企业生产研发中的技术问题进行提炼、攻关，再由企业将研究成果工程化、产业化，成为创新链、产业链和人才链结合的典型实践模式。

三、现代化农作物种业产业

在农业生产中，种子是指用于播种的植物器官，是农业生产不可缺少及不可替代的生产资料，也是具有生命的生产资料。种业，即种子产业的简称，它位于农业生产链的上游，是农业的"芯片"，是国家战略性、基础性核心产业，确保农业有效供给的起点在于种业的发展和稳定。近年来，中央高度重视种业安全，把种业安全提升到关系国家安全的战略高度，强调集中力量破难题、补短板、强优势、控风险，实现种业科技自立自强、种源自主可控。"打一场种业翻身仗"逐渐成为从中央高层领导到地方政府的共识。加强"农业种质资源保护开发利用"和"育种领域知识产权保护"，支持"种业龙头企业建立健全商业化育种体系"和促进"育繁推一体化发展"等政策措施也被写进了中央一号文件。在这一背景下，本书梳理了近年来中国促进农作物种业发展的改革措施、所取得的成就，并在此基础上，提炼了中国现代化农作物种业建设过程中促进"四链"融合的典型经验。

（一）中国现代化农作物种业的发展与政策演变

自20世纪50年代初，我国便已开展了大规模的农作物品种普查、鉴定、筛选及改良等工作；20世纪60年代以来，我国逐步建立了从中央到地方的主要农产品优良品种选育和研发体系；到20世纪90年代，建立起了以院校公共科研单位为主的育种研发体系。但是，长期以来，全球种业发达国家集中在欧美，以美国、德国为代表，这些国家政府从创新链产业链融合的角度部署项目并给予政策支持，构建了以龙头企业为主导的国家种业科技创新体系，在种业跨国公司的迅猛发展下，呈现出了"种质收集和技术研发全球化、产品本土化"的态势，并不断在全球范围内拓展产业链，融合全球创新链，提升竞争力（裴瑞敏等，2022）。与发达国家种业相比，我国种业发展存在全要素生产率低、育种创新能力低、基础设施落后、商业化育种体系不完善、扶持政策不健全等问题。在此背景下，为保障国家粮食安全和主要农产品种源安全，促进农业长期稳定发展，近年来，我国出台一系列促进种业现代化发展的改革措施，如表5-4所示。根据其发展历程，可以分为四个阶段。

表5-4 近年来中国国家层面出台的种子产业主要改革措施

年份	政策文件或举措	内容介绍
1997	颁布《植物新品种保护条例》	承认育种者的权利，规定"完成育种的单位或者个人对其授权品种，享有排他的独占权。任何单位或者个人未经品种权所有人（以下称品种权人）许可，不得为商业目的的生产或者销售该授权品种的繁殖材料，不得为商业目的将该授权品种的繁殖材料重复使用于生产另一品种的繁殖材料"
1999	加入《国际植物新品种保护公约》（1978）	加入该公约意味着中国的品种权得到了所有成员国的承认，同时在利用他国的新品种时也受到相关法律的约束，从而打开了中国种业走向世界和世界种子进入中国的大门
2000	《中华人民共和国种子法》	为了保护和合理利用种质资源，规范品种选育、种子生产经营和管理行为，保护植物新品种权，维护种子生产经营者、使用者的合法权益，提高种子质量，推动种子产业化，发展现代种业，保障国家粮食安全，促进农业和林业的发展，颁布此法
2011	《关于加快推进现代农作物种业发展的意见》	提出构建以产业为主导、企业为主体、基地为依托、产学研相结合、"育繁推一体化"的现代农作物种业体系，明确了坚持自主创新、坚持企业主体地位、坚持产学研相结合、坚持扶优扶强的基本原则
2012	《全国现代农作物种业发展规划（2012—2020年）》	提出以下重点任务：建立新型农作物种业科技创新体系；加强种业基础性公益性研究；构建以企业为主体的商业化育种体系；做大做强种子企业；加强种子生产基地建设；严格品种审定与保护；强化种子市场监管；健全种子市场调控体系；提升农作物种业人才素质；加强种业国际交流与合作
2014	修订《植物新品种保护条例》	为大型企业的品种审定开通绿色通道；放松植物新品种审定条件

续表

年份	政策文件或举措	内容介绍
2016	修订《中华人民共和国种子法》	强化植物新品种保护；放宽品种审定限制，只对5种主要农作物（稻、小麦、玉米、棉花、大豆）实行品种审定制度
2019	《推进现代种业发展工作要点》	提出以建设种业强国为目标，深化种业体制机制改革，突出抓重点、补短板、强弱项，强化科技创新、制度创新、政策创新、工作创新，优化种业发展环境
2021	《种业振兴行动方案》	明确了实现种业科技自立自强、种源自主可控的总目标，提出了种业振兴的指导思想、基本原则、重点任务和保障措施等一揽子安排，为打好种业翻身仗、推动我国由种业大国向种业强国迈进提供了路线图、任务书；明确了分物种、分阶段的具体目标任务，提出了实施种质资源保护利用、创新攻关、企业扶优、基地提升、市场净化五大行动
2022	修订《中华人民共和国种子法》	在植物新品种保护和种子行政审批两方面作出较大调整，扩大了植物新品种权的保护范围及保护环节，建立了实质性派生品种制度，加大侵犯植物新品种权行为处罚力度，取消了收购珍贵树木种子审批等事项，提高了生产经营假、劣种子的处罚金额

阶段一：植物新品种保护从无到有（20世纪末）。 1997年我国颁布《植物新品种保护条例》，首次在实质上承认育种者的权利。在此之前，我国种业的经营及市场管理实行"四化一供"，即品种布局区域化、种子生产专业化、种子加工机械化和种子质量标准化以及以县为单位组织统一供种（黄季焜和胡瑞法，2023）。"四化一供"符合当时种子产业的要求，从侧面反映出我国已经具备种业产业化发展的基础。但种子行业的计划经济体制色彩明显，普遍存在政事企不分、地方保护和种子杂乱等问题（种聪等，2023），育种人员培育出新品种后，育种单位无法获得新品种销售利润等低效率的供种模式也限制了产业发展。1997颁布的《植物新品种保护条例》则规定"完成育种的单位或者个人对其授权品种，享有排他的独占权"，这是对育种者权利的承认与保护，为育种者拥有新品种种子销售知识产权利润提供了基本法律依据。为了使得育种者权利受到国际社会的承认与尊重，受到

国际保护，1999年，中国正式加入《国际植物新品种保护公约》。该公约旨在通过协调各成员国之间在植物新品种保护方面的政策、法律和技术，确保各成员国以一整套清晰、明确的原则为基础，对符合新颖性、特异性、一致性和稳定性要求的植物新品种的育种者授予知识产权，保护其合法权益，农业部和国家林业局按照职责分工共同负责植物新品种权申请的受理、审查和授权。以《植物新品种保护条例》和加入《国际植物新品种保护公约》为代表的改革措施使得我国植物新品种保护事业从无到有，奠定了未来发展基础。

阶段二：商业化改革和市场化进程全面推进（2000—2006年）。虽然我国自20世纪90年代中期开始，在体制上将种子经营部门从行政部门剥离，但实际上许多地方的种子管理与经营部门仍保持着或多或少的联系；2000年颁布的《中华人民共和国种子法》界定了企业和行政部门的关系，打破了行政区划垄断经营种子的传统模式，正式摒弃了"以县为单位组织统一供种"的种子经营体制，鼓励国家鼓励和支持单位和个人从事良种选育和开发，将竞争性机制引进种子行业。《中华人民共和国种子法》的实施，使得我国种子市场呈现出主体多元化和农作物品种更新速度加快等利好特征，有力地推动了农业发展和农民增收。但是，由于这一阶段我国种子产业仍处在起步阶段，种子管理存在体制不顺、队伍不稳、手段缺乏、监管不力等问题，为推进落实《中华人民共和国种子法》，2006年国务院办公厅发布了《关于推进种子管理体制改革，加强市场监管的意见》，该文件要求实行政企分开、做好善后工作，依靠垄断经营的种子公司脱离行政部门被淘汰，种子行业商业化改革深入推进（胡瑞法等，2010）。

阶段三：现代农作物种业体系的深入建设（2007—2020年）。这一阶段，我国农作物种业发展实现了由计划供种向市场化经营的根本性转变，取得了巨大成绩，为提高农业综合生产能力、保障农产品有效供给和促进农民增收作出了重要贡献。但这一阶段，我国农作物种业发展尚处于初级阶段，与发展现代农业的要求还不相适应，具有育种创新能力弱、种子企业竞争力弱、种子生产水平不高和市场监管能力不足等问题。为此，以《关于加快推进现代农作物种业发展的意见》和《全国现代农作物种业发展规划（2012—2020年）》为代表的政策文件提出要努力构建与农业生产大国地位相适应、具有国际先进水平的现代农作物种业体系，并从种业产业链出发，提出构建以产业为主导、企业为主体、基地为依托、产学研相结合、"育繁推一体化"的现代农作物种业体系，明确了坚持自主创新、坚持企业主体地位、坚持产学研相结合、坚持扶优扶强的基本原则。为深入贯彻执行以上政策，我国还出台多项重大举措，包括建立公共研发和企业研发相辅相成、产学一体化等政策，试图通过强化新品种知识产权保护或深化体制机制改革，促进农作物种业体系的建设与完善。例如，修订《植物新品种保护条例》，为大型企业的品种审定开通绿色通道；放松植物新品种审定条件；修订《中华人民共和国种子法》，强化植物新品种保护，放宽品种审定限制；2019年颁布《推进现代种业发展工作要点》，提出以建设种业强国为目标，深化种业体制机制改革，突出抓重点、补短板、强弱项，强化科技创新、制度创新、政策创新、工作创新，优化种业发展环境。

阶段四：贯通创新链和产业链，推动种业振兴。 当前，我国种业现代化发展进入全面推进阶段，2021年中央全面深化改革委员会审议通过《种业振兴行动方案》，把种源安全提升到国家安全的高度，提出了种业振兴的指导思想、基本原则、重点任务和保障措施等一揽子安排，为打好种业翻身仗、推动我国由种业大国向种业强国迈进提供了路线图、任务书；明确了分物种、分阶段的具体目标任务，提出了实施种质资源保护利用、创新攻关、企业扶优、基地提升、市场净化五大行动。2021—2023年，中央一号文件均提出打好种业翻身仗或加快推进种业振兴行动。习近平总书记也多次指示振兴中国农业，指出"必须下定决心把中国种业搞上去，实现种业科技自立自强、种源自主可控"。为此，2021年国家发改委、农业农村部联合印发《"十四五"

现代种业提升工程建设规划》，对"十四五"时期我国种业基础设施建设布局的总体思路、框架体系、重点项目、保障措施等作出了全面部署安排，提出要坚持政府引导、多元投入，优化提升、构建体系的原则，紧紧围绕种业振兴重点任务，聚焦资源保护、育种创新、测试评价和良种繁育四大环节，布局建设一批国际一流的标志性工程。与此同时，随着新修改的种子法，植物新品种保护制度进一步健全，我国建立起实质性派生品种和种子认证制度。为推动种业振兴的宏伟目标顺利实现，本书进一步梳理了近年来我国种业发展所取得的成就，并从"四链"融合这一层面提取了中国种业现代化发展的典型经验。

（二）中国农作物种业发展所取得的成就

党的十八大以来，特别是种业振兴行动实施以来，在"解决好种子和耕地问题""有序推进生物育种产业化""开展种源'卡脖子'技术攻关"等指导性意见的出台和重点任务的部署下，种业已成为推动我国农业跨越式发展的重要引擎；我国集中优势资源聚力攻坚，在种业科技创新、种子生产与推广、种子企业发展等方面取得了许多关键性突破和标志性成果。

1. 种业科技创新迈上新台阶

推动种业振兴，核心是创新，关键在品种。党的十八大以来，特别是第三次修订的《中华人民共和国种子法》自2016年实施以来，我国品种审定试验改革持续深入，绿色通道、联合体等试验渠道相继开通，试验类型和品种类别更加多元，有效化解了试验容量不足问题，释放了育种创新活力，加快了品种选育步伐。筛选推出了一大批高产稳产、绿色优质、专用特用新品种，保障了农业生产用种需求。以粮食作物品种审定数量为例，如图5-6所示，国家级粮食作物品种审定数量由2012年的93个逐步增长至2016年的160个，后迅速增长至2023年的1 552个；省级粮食作物品种审定数量由2012年的1 330个波动发展至 2016 年的 1 245 个，后迅速增长至 2023 年的 4 300 个；其中，水稻、小麦、玉米、棉花和大豆等主要粮食作物的审定数量均增长迅速。此外，我国不断加强对种业创新链关键环节、核心技术的专利挖掘与布局。从种业专利授权量来看，如图 5-7 所示，近年来我国种业专利申请量和授权量均主要呈明显上升趋势。2021 年我国授权种业专利 10 812 件，与 2020 年相比增加 206 件。其中，发明专利授权

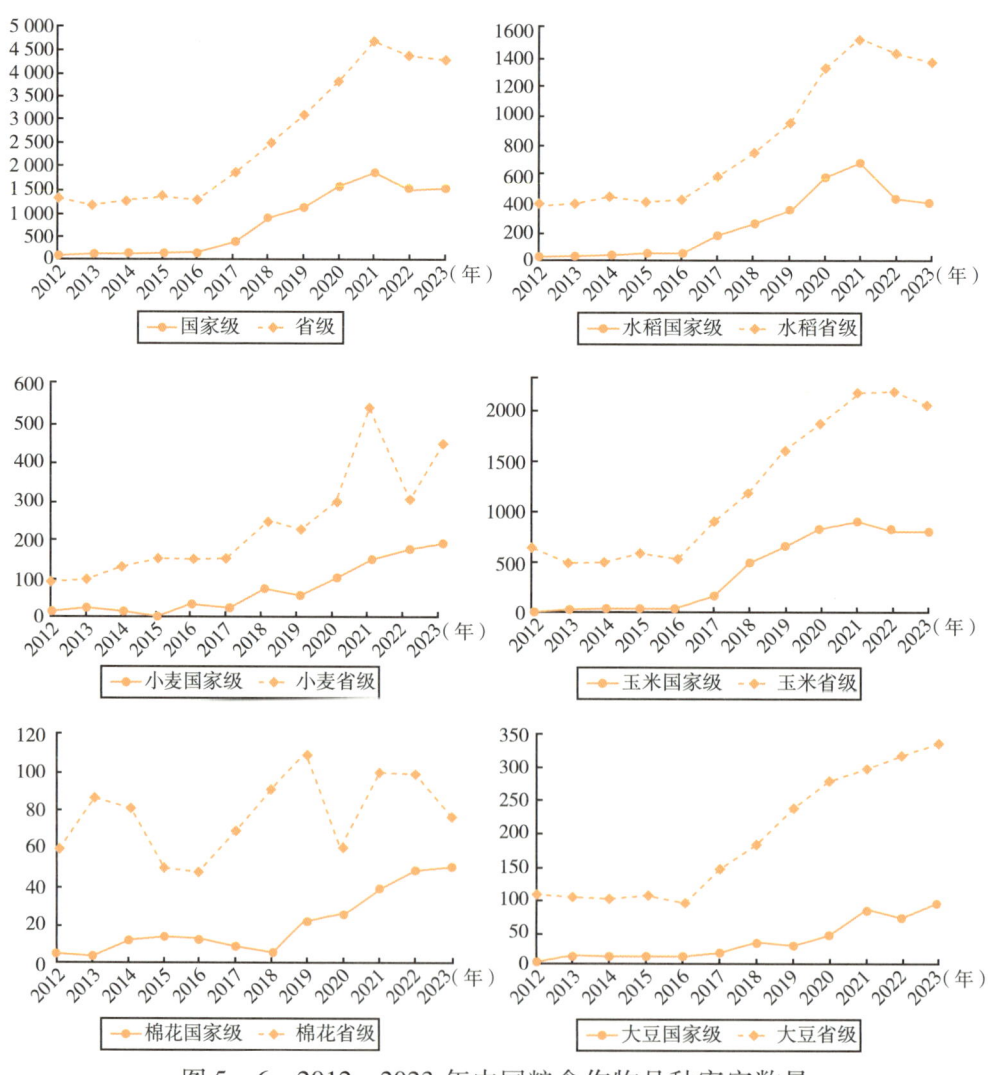

图 5-6　2012—2023 年中国粮食作物品种审定数量
注：数据来自中国种业大数据平台。

3 649 件，占授权总量的 33.75%，同比增加 1 259 件；实用新型专利授权 7 163 件，占授权总的 66.25%，同比增加 1 647 件。其中，传统育种、现代育种和种业加工 3 个技术领域均有增加，分别为 54.13%、32.83% 和 34.14%。2014 年以来，农业农村部先后启动了玉米、大豆、水稻、小麦四大粮食作物，油菜、马铃薯花生、甘蔗等种特色作物的良种联合攻关以及基础论技术创新攻关。经过 6 年多的持续努力攻关组通过在基础研究上大联合，在资源材料上大整合，在育种技术上大集成，在产业链条上大贯通，选育了一批突破性新品种，良种联合攻关在高产、绿色、专用品种选育方面成效显著。①

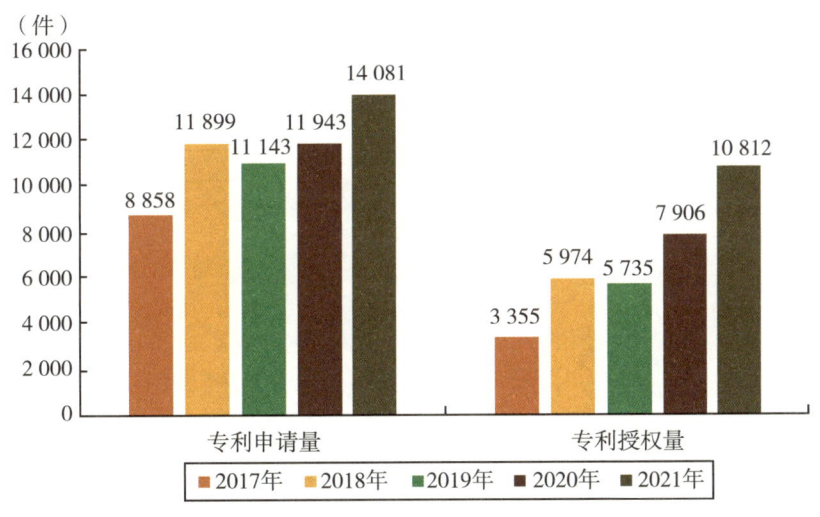

图 5-7 2017—2021 年中国种业专利的申请和授权情况

2. 粮食等主要农产品自给自足率世界领先，粮食单产水平提升明显

我国在市场未放开的条件下，实现了种业安全的绝对保障，以 2021 年数据为例，杂交玉米种子总供给量超 15 亿千克，与近 3 年总供给水平相当，总需求量 11.5 亿千克，供需比 130%，种子供应总体平衡略有盈余；杂交水稻制种新收获种子 2.74 亿千克，加上期末有效库存 0.8 亿千克，可供种子总量仍超 3.5 亿千克高位；大豆、冬小麦、

---

① 数据来自《2022 中国农作物种业发展报告》。

| 创新链　产业链　资金链　人才链深度融合 通往高质量发展之路

棉花、冬油菜等商品种子也均能有效满足生产需求，实现了用种供需平衡或略有盈余。此外，我国粮食产量连续8年保持在1.3万亿斤以上，我国粮食单产在世界上处于领先水平，近年来玉米、稻谷、小麦、大豆和薯类的粮食单产增长迅速或保持稳定，如图5-8所示。不仅如此，习近平总书记多次强调，保障粮食和重要农产品稳定安全供给始

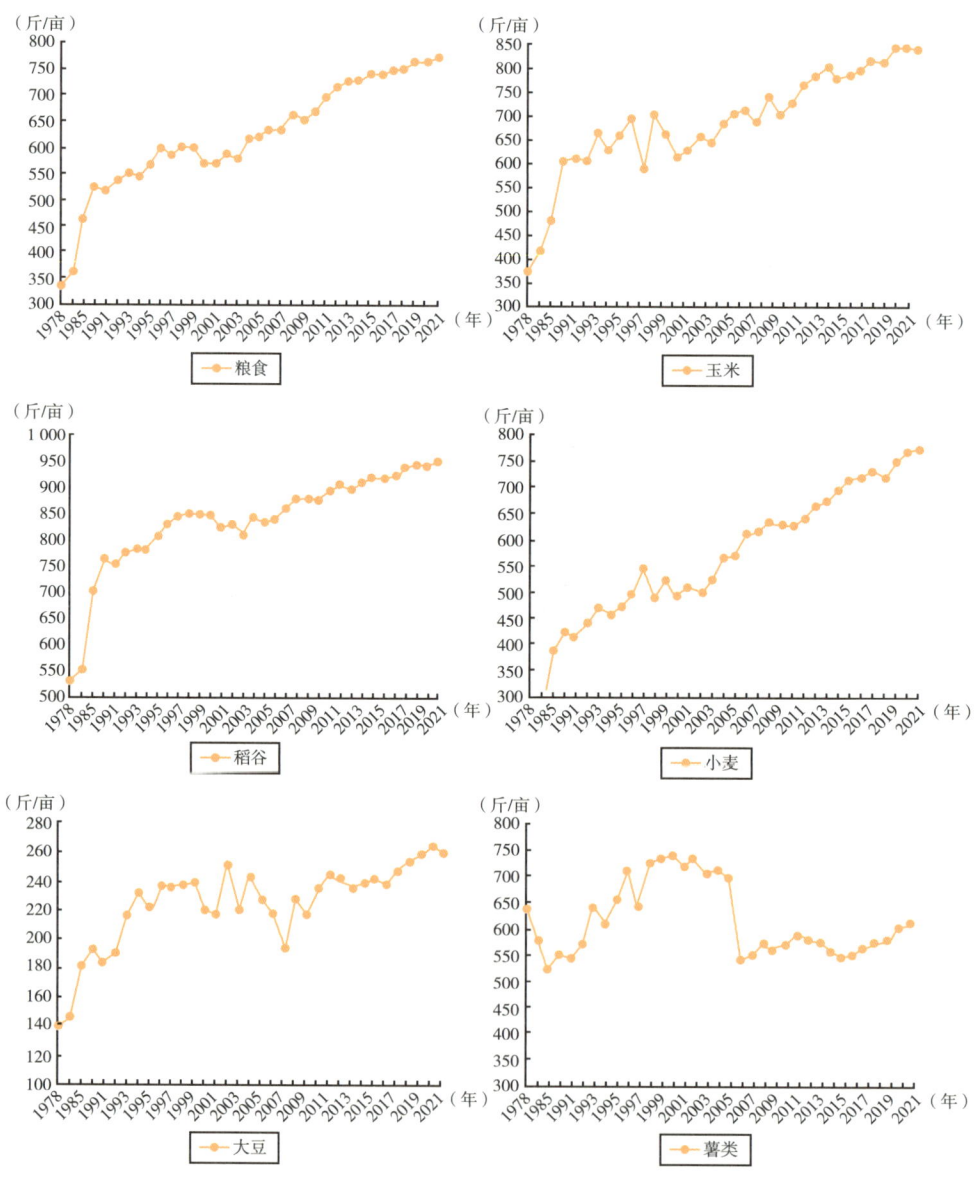

图5-8　1978—2021年中国粮食作物单产

终是建设农业强国的头等大事,并在党的二十大作出了全面推进乡村振兴、加快建设农业强国的战略部署,明确要求全方位夯实粮食安全根基。为全面贯彻落实党的二十大精神,2023年,农业农村部以实施新一轮千亿斤粮食产能提升行动为抓手,把粮油等主要作物大面积单产提升作为当年粮食生产工作的头号工程。目前,我国粮食单产的提升潜力较大,水稻、小麦、玉米国家区试平均亩产分别为600公斤、420公斤、650公斤,比大田生产分别高130公斤、40公斤、230公斤,具有向大田生产推广普及的技术可能。

3. 种业企业集群实力显著增强,种业市场规模不断扩大

我国自2015年开始放宽品种审定要求,2016年修订了《中华人民共和国种子法》,进一步把需审定品种的28个作物减少到5种作物。同时,提出了加强知识产权保护的系列措施。这些法规和政策对中国种业发展产生了较大的影响,中国种子研发体系得到不断扩展,市场导向的种子企业迅速崛起。2012—2021年,我国农作物种子企业的数量呈现先降后增的发展趋势,基本维持在6 000~7 000家。2021年企业数量达到7 668家,从2015年4 660家的低点往上爬升,表明我国种子企业类型更加丰富,如图5-9所示;在种子市值方面,1999—

图5-9 种业企业数量

2011年，我国农作物种子市值快速增长，市值由330亿元上升到990亿元；2011—2016年，我国农作物种子市值缓慢增长，市值由990亿元增长到1 230亿元；2016—2021年，我国农作物种子市值进入徘徊调整期，市值维持在1 200亿元左右，如图5-10所示。从全国范围看，我国农作物种业企业的优势群体已经形成，种业企业多、小、散的状况已有改善，主体种子企业集中在总资产超1亿元的近500家企业；2015—2021年，农作物种子企业总资产超1亿元的企业集群数量由213家增加至486家，净资产超1亿元的企业集群数量由193家增加至282家，年销售额超1亿元的企业集群数量增加至173家，主体企业集群成为我国种业的中坚力量，如表5-5所示。此外，种业企业的科研投入逐年增加，2016—2021年，农作物种子企业的科研投入从39.57亿元增加至57.50亿元，占企业种子销售额的比重由5.02%增加至8.06%，接近国外大公司的研发投入强度。

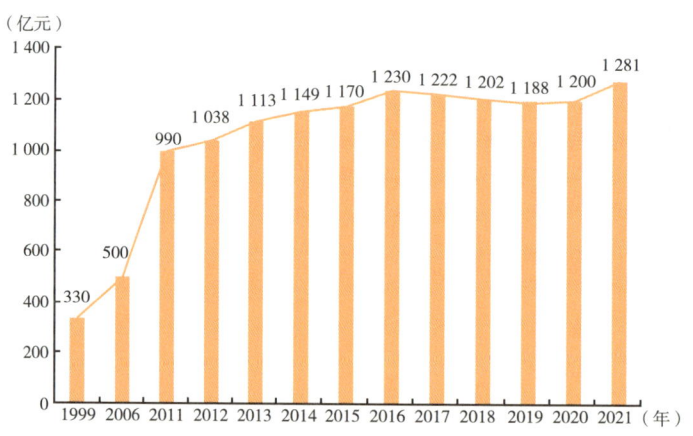

图5-10　1999—2021年中国农作物种子市值变动情况

表5-5　　　　　资产超过1亿元企业数量　　　　（单位：家）

亿元	固定资产							净资产						
	2021年	2020年	2019年	2018年	2017年	2016年	2015年	2021年	2020年	2019年	2018年	2017年	2016年	2015年
≥20	1	1	0	0	0	0	0	8	5	2	5	4	4	3
≥10	2	3	3	1	2	0	0	14	12	9	12	9	11	10

续表

亿元	固定资产							净资产						
	2021年	2020年	2019年	2018年	2017年	2016年	2015年	2021年	2020年	2019年	2018年	2017年	2016年	2015年
≥5	12	7	7	6	6	4	4	34	30	17	26	26	24	22
≥2	29	19	9	17	19	17	21	118	104	63	86	91	92	79
≥1	68	60	39	50	54	50	49	282	251	141	227	215	210	193

注：数据来源于农业农村部种业管理司，全国农业技术推广服务中心，农业农村部科技发展中心著：《2022年中国农作物种业发展报告》，中国农业科学技术出版社有限公司2022年版。

（三）通过"四链"融合促进农作物种业发展的典型经验

从产品角度来看，种业产业链是指商品种子从生产到消费全过程所涉及的相关环节和组织载体构成的一个网络状结构；从主体角度来看，种业产业链是围绕种子产业的核心企业，是将种子新品研发、繁育生产、加工、推广、营销及消费等各节点参与者联结为一体的功能性的网链。种业不仅是一条完整的产业链，还嵌入了不同维度的创新链；不仅是一条链接供应商到消费者的供应链、信息链，还是资金链和人才链的集合体。种业产业链和创新链链条长、关联学科多、涉及主体多、受时间空间影响大，需要多方协作、各环节配套、各地方联合来系统组织推进。尤其是在中国种业发展初期，科技创新基础薄弱、创新资源分散、创新主体实力不强的条件下，要适应种业科技跨学科、全产业链综合集成创新的要求，需要积极聚力整合资源。为此，本书将从"四链"融合的角度梳理中国促进农作物种业发展的典型经验。

第一，坚持种业全创新链科技攻关，系统规划基础研究、应用研究和产业研究的重点方向和内容，注重基础性、前瞻性、产业性科技项目的有机结合和相互支撑，健全新型农业科技体系。近年来，我国以水稻、小麦、玉米、大豆、棉花、油菜、蔬菜等主要农作物为对象，在统筹国家种业创新资源基础上，按照种质资源基因发掘、育种技术、品种创制、良种繁育、种子加工与质量控制等科技创新链条，从基础研究、前沿技术、共性关键技术、产品创制与示范应用，部署全产业链育种科技攻关任务。具体来看，在主要农作物优异种质资源挖掘与创新方面，建立与完善主要农作物特异种质资源安全保存、基因源分析与种质创新技术体系，促进我国种质资源丰富的优势转变为基因资源优势和产业竞争优势。例如，2021年3月农业农村部印发《全国农业种质资源普查总体方案（2021—2023年）》，启动了新中国历史上规模最大、覆盖面最广的农业种质资源普查行动。在育种技术研究方面，聚焦主要农作物重要性状遗传基础与组学解析、分子设计育种、染色体细胞工程与诱变育种等方面的研究；2021年，我国现代育种领域专利授权数量增幅达18%。在主要农作物良种培育方面，突出主产区需求，以提高产量、改善品质、增强抗性为重点；在主要农作物制繁种研究方面，主要开展种子安全高效生产、加工和质量控制技术研究与标准制定、种子规模化加工关键技术与装备、高通量品种纯度快速检测技术和指纹图谱检测技术等研究。

第二，作为核心环节的育种研发逐渐向以企业为主转变，发挥不同主体在产业链上的优势。中国种子市场发展经历了"自己留种——国家调配——市场供种"的发展过程（王术坤和韩磊，2022）。对应地，国家级、省地级科研院所及高等院校等科教单位长期以来是我国种业科技创新主体，育成了90%以上的主要农作物新品种，对我国种业科技发展和农业增产发挥了重要作用。特别是通过我国科技体制改革以及各类科技计划（"863"、科技支撑计划等）的实施，有效推动了我国农作物育种创新体系的建设和发展，形成了具有中国特色的发展格局，包括以国家级科研机构、高等院校等为主体的农业重大基础理论研究体系，以国家级农业科研机构、涉农大学和涉农重点企业参与形成的重大关键技术研究体系，以区域省级农业科研机构、农业大学为主体的区域创新体系，涵盖国家和省部级重点实验室、工程技术研究中心、农作物改良中心、协同创新中心等的基地平台体系。但是，随着种业市场化进程推进和商业化改革深入发展,我国种业研发主体逐渐向以企业为主过渡,特别是2011年《关于加快推进现代农作物种业发展的意见》,首次把农作物种业提升到国家战略性、基础性核心产业的高度,首次明确了企业是种业发展的主体,提出建立以企业为主体的商业化育种体系,加速推进种子企业兼并重组,尽快提高企业管理水平,打造一批现代种业集团;2016年修订的《中华人民共和国种子法》中对经认定的"育繁推一体化"种子企业实行"绿色通道",企业参与研发育种的积极性迅速提高,种子企业实力明显增强,市场集中度逐步提高。在这一背景下,中国种业科研实力不断提升,逐步形成了以农业科研院所、农业高校、企业为主体的"政府+市场"的中国特色育种研发模式。不同的研究主体在产业链中发挥各自的比较优势,形成了以科研机构、高校、大型育种企业为主的基础研究团队和以中小型育种企业为主的品种创新和推广应用团队,初步打造了一套贯通基础研究和应用研究的种业集成研发系统,建立了种业基础研究与应用研究互促共赢的协同发展机制。纵向上中央及省市各级农业科研机构具有比较的明确主责主业,横向上农业领域国家实验室、科研院所、高等院校、涉农企业等各类主体在农业科技创新中具有比较明确的角色定位,构建了梯次分明、分工协作、适度竞争的农业科技创新体系。

第三,坚持国家需求与市场导向紧密衔接,强化具有中国特色的商业化育种体系建设,推进创新链和产业链的有效延伸。商业化育种具有"国际化竞争、高投入保障、高技术支撑、市场化导向、专业化分工"的基本特征(周华强等,2016),可采取企业自主育种、企业订购/收购品种、事企合作育种三种模式。与种业发展拥有100多年历史的发达国家相比,我国商业化育种只有10多年时间,现有育种企业绝大部分都是推广公司,其中具备自主研发能力的企业少,掌握的科技资源存在不足,但我国不断建立健全企业牵头组织、科研院校协同推进的育种创新实施模式,加快实施种业振兴项目,引导企业加大研

创新链　产业链　资金链　人才链深度融合 通往高质量发展之路

发投入，鼓励以应用技术为主，建立企业科研商业化育种联合机制，形成了具有中国特色的商业化育种体系。例如，隆平高科公司建立了以分子生物技术和传统育种技术相结合的技术平台、生态测试和农艺性状测试组成的测试网络等较为完善的商业化育种体系，率先完成了从依托研发到自主研发的转变，改变了"中国种子企业基本无科研"的历史；投资800多万元建设了种质资源库，成立了由营销、制种、加工、科研、管理等人员组成的"育种方向决策委员会"，逐步形成了体系化育种的格局；投资3亿多元建成了国内领先、世界一流的水稻、玉米种子全自动生产线及仓储检测中心，使公司种子加工和贮存能力从4 000万千克提高至1亿千克，极大提高了供种保障能力；国家水稻商业化分子育种技术创新联盟是由安徽荃银高科种业股份有限公司联合中国科学院、中国水稻所等6个科研单位和科学家团队，发起成立的"6+1"科企合作新模式，该联盟不断在整合熟化科学家团队在功能基因挖掘利用、种质资源创建、优质多抗品种选育等方面的核心技术成果，实现了优势新品种的快速精准选育，初步搭建起有中国特色的水稻设计育种体系。其中，利用全基因组学测序解析指导配组的特优质水稻沪科优泰香，入选了2020年农业农村部水稻良种联合攻关品种展示示范。

第四，**依托以南繁基地为代表的育种基地，构建突破性、引领型、平台型为一体的新体制新机制，汇聚种业尖端科技力量，建设集科研、生产、销售、科技交流、成果转化为一体的服务全国的南繁硅谷**。南繁种业基地是我国农作物品种繁育的一个独有方式，具有重要的战略意义，是"中国饭碗"强有力的支撑。据统计，每年有700家单位和7 000人在海南省开展南繁工作，全国70%农作物新品种经过南繁培育，从而在农业生产上推广应用。我国高度重视南繁基地的建设，利用"南繁科研育种+南繁基地+南繁成果推广"全产业链南繁模式，充分发挥科研、基地、企业三方在科技、人才、市场、基地等方面的优势和特色，利用"产学研推"集成优势，快速实现科技成果就地转化。近年来南繁基地育种创新主体逐步落地，2021年中国农业科学院南繁育种研究中心已正式运行，中国农业大学，南京农业大学、中国热带农业科学院、中国水产科学研究院等16个科研院校以及中种集团、隆平高科、德国科沃施等25家国内外优质种业企业已入驻南繁科技城，推进资源汇聚和产业集聚。推动种源关键核心技术攻关；种业科技创新平台逐步投入使用，例如，海南种子创新研究院科研楼、中国热带农业科学院三亚试验基地项目正在收尾，国家南繁作物表型研究设施已顺利开工，两年内约有23万平方米科研试验设施将陆续投入使用；种业创新实验室、南繁育种科技服务中心、深蓝渔业创新实验室、耐盐碱水和技术创新中心、国际玉米技术创新与成果转化中心等科技创新平台，正在加快开展前期工作。

第五，围绕种业创新链和产业链，一体化配置资金、人才、技术等创新要素。一方面，由于种业企业研发周期长、投入大，我国致力于建立起多元化投资渠道，不断加大农作物种业财政投入力度，支持种质资源开发、常规品种培育、关键技术及标准研发建立现代种业发展基金，重点支持"育繁推一体化"种子企业开展商业化育种；支持种子企业参与转基因生物新品种培育国家科技重大专项；支持种子企业通过兼并、重组、联合、入股等方式集聚资本，引导发展潜力大的种子企业上市融资。例如，"十四五"期间，中国农业发展银行将安排不低于1 000亿元的资金全力支持种业振兴，连续印发了《关于支持现代种业高质量发展的意见》等4个专项促进文件，研究出台了"利率最高可优惠50个基点、期限最长可达20年"等一揽子最优特惠政策。另一方面，致力于提升农作物种业人才素质，为推动人才链和产业链融合，支持企业与优势科研单位建立科企合作平台，充分利用科研单位人才、技术、资源和科研成果，加快提升企业育种创新能力；支持企业建立院士工作站、博士后科研工作站和学习实践基地；依托重大科技项目、重要创新平台和重点创业基地，通过国家重点人才计划等途径，支持企业引进国内外高层次人才和领军人物，支持企业选派人员到高等院校进修和培训；对种子企业科研、生产、检验、营销、管理等人员进行定期培训，加强对制种农民技术培训，培养制种能手和制种大户。严格种子行政执法人员资格考核，提高业务水平和依法行政能力。

第二节　国际科技创新中心特色实践

一、我国科技创新中心建设的层级与布局

科技创新中心是指科技创新资源密集、科技创新活动集中、科技创新实力雄厚、科技成果辐射范围广大，从而在价值网格中发挥显著增值作用并占据领导和支配地位的城市或地区，对创新资源流动具有显著的引导、组织和控制能力。科技创新中心不仅是新知识、新技术、新产品、新产业的策源地，而且是先进文化和先进制度的先行者，具有科学研究、技术创新、产业驱动和文化引领四大功能，如图5-11所示。科技创新中心建设充分体现了科技在经济结构调整和经济增长方式转变中的引领作用，依托密集的创新资源和创新成果，它在战略性新兴产业或未来产业发展中能发挥关键作用，在全球或一国之内价值网络中占据领导和支配地位。中心地理论认为，城市等级与城市职能有关，高等级的城市职能决定着城市的等级结构，科技创新中心也存在着空间等级性。高等级创新中心通常具有低层级创新中心的一般职能，但低等级创新中心可能存在特殊职能，不同层级的科技创新中心不存在隶属关系（张文忠，2022）。科技创新中心主要集中在经济发达、文化繁荣、开放度高的城市，不同层级的科技创新中心与城市的等级结构体系基本相吻合。

中国是幅员辽阔的大国，各区域之间差距较大，因此，多层次的科技创新中心布局建设显得尤为重要。针对我国不同等级城市的要素流动、产业体系、市场规模和社会环境等情况，我国存在国际科技创新中心、国家科技创新中心等不同层级的建设目标。具体来看：（1）国际科技创新中心位于创新链条的顶端，是一个国家最高等级的

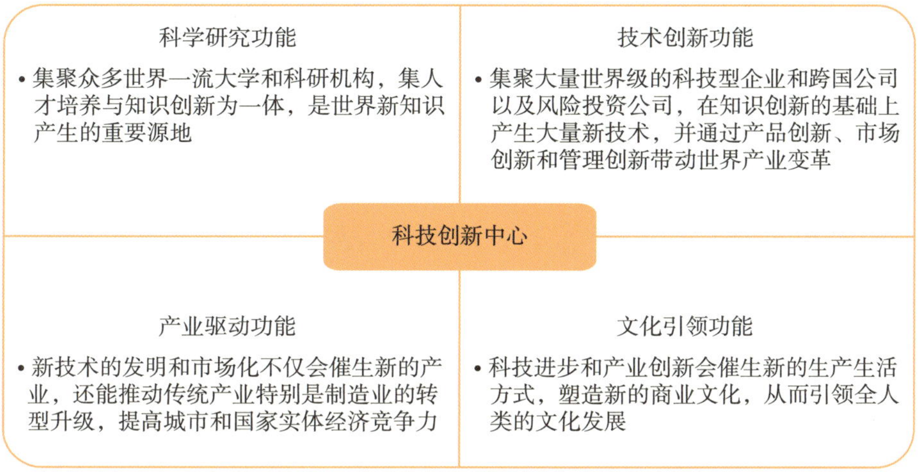

| 第五章 | 中国"四链"融合发展典型案例与特色实践

```
┌─────────────────────────────────┬─────────────────────────────────┐
│      科学研究功能                │      技术创新功能                │
│ • 集聚众多世界一流大学和科研机    │ • 集聚大量世界级的科技型企业和    │
│   构，集人才培养与知识创新为一    │   跨国公司以及风险投资公司，在    │
│   体，是世界新知识产生的重要源    │   知识创新的基础上产生大量新技    │
│   地                             │   术，并通过产品创新、市场创新    │
│                                  │   和管理创新带动世界产业变革      │
│              ┌─────────────┐                                      │
│              │ 科技创新中心 │                                      │
│              └─────────────┘                                      │
│      产业驱动功能                │      文化引领功能                │
│ • 新技术的发明和市场化不仅会催    │ • 科技进步和产业创新会催生新的    │
│   生新的产业，还能推动传统产业    │   生产生活方式，塑造新的商业文    │
│   特别是制造业的转型升级，提高    │   化，从而引领全人类的文化发展    │
│   城市和国家实体经济竞争力        │                                  │
└─────────────────────────────────┴─────────────────────────────────┘
```

图 5-11 科技创新中心的功能

科技创新中心，突出表现为汇聚大量科技创新资源的大城市或城市群，是一个国家创新发展的增长极，也是代表国家参与全球竞争的重要载体。"十四五"规划纲要指出，支持北京、上海、粤港澳大湾区形成国际科技创新中心，其中，北京国际科技创新中心是以北京为核心，包括天津、河北的京津冀地区；上海国际科技创新中心是以上海为核心，包括江苏、浙江和安徽的长三角地区；粤港澳大湾区国际科技创新中心是以深圳和香港为核心，包括整个大湾区。(2) 全国科技创新中心则能够有效对接上一等级科技创新中心的科学研究成果，关注技术创新，并在全国范围内推动实现产业化，建设载体一般也是跨省级的；2022 年 4 月，《武汉具有全国影响力的科技创新中心建设总体规划》正式获得国家层面的批复。至此，科技创新中心布局遍布东西南北中各个区域。我国的国际及全国科技创新中心的相关情况如表 5-6 所示。此外，我国还支持有条件的地方建设区域科创新中心，确定了北京怀柔、上海张江、大湾区、安徽合肥和西安等综合性国家科学中心，并通过多种措施强化国家自主创新示范区、高新技术产业开发区、经济技术开发区等创新功能的发挥。需要指出的是，综合性国家科学中心的理论和实践来源于科技创新中心

（刘冬梅和赵成伟，2023），具有特定的区域载体，是国家科技领域竞争的重要平台。这类中心一般以大科学装置为基础，系统集成科研基础设施群与政产学研多元创新主体，旨在取得重大科学突破，是创新平台集聚和辐射效应的有机结合；建设综合性国家科学中心，有助于汇聚世界一流科学家，突破一批重大科学难题和前沿科技瓶颈，显著提升中国基础研究水平，强化原始创新能力。

表 5-6　　　　　　　　中国科技创新中心情况

层级	地区	政策文件	目标定位	建设重点	区域任务
国际级	北京	《北京加强全国科技创新中心建设总体方案》（国发〔2016〕52号）	国际科技创新中心	国际一流大学和研究机构、基础研究的原创中心、生物与信息产业化基地、科教传播中心	发挥辐射带动作用，引领京津冀协调发展
国际级	上海	《上海系统推进全面创新改革试验加快建设具有全球影响力科技创新中心方案》（国发〔2016〕23号）	具有全球影响力的科技创新中心	国际一流大学和研究机构、高技术和新发明策源地、先进技术的产业化基地、协同创新中心	带动长三角区域、长江经济带创新发展
国际级	粤港澳大湾区	《粤港澳大湾区发展规划纲要》（中共中央、国务院2019年2月18日印发）	国际科技创新中心	高技术创新与转化基地、国际化人才和技术集聚区、国际化科技投融资体系	打造"一带一路"建设重要支撑区，以泛珠三角区域为广阔发展腹地
国家级	成渝	《成渝地区双城经济圈建设规划纲要》（中共中央政治局2020年10月16日审议）	全国科技创新中心	国家级研究机构、智能制造和先进制造的研发和产业化基地	打造成渝双城经济圈，带动西部地区发展
国家级	武汉	《武汉具有全国影响力的科技创新中心建设总体规划》（2022年4月，经报国务院审核同意，科技部、国家发改委联合批复）	全国科技创新中心	光电子信息研发和产业化基地、高端人才集聚区、高技术转化与创新产业集聚区	全球前沿科技的重要策源地、世界级产业创新高地、内陆开放融合创新高地、绿色高质量发展的中国样板

各层级科技创新中心是国家创新资源的集中承载地，是国家区域创新布局的重要载体，在增强科学、技术和产业国际竞争力，推动区域高质量发展中发挥着重要作用。考虑到国际科技创新中心位于创新链条的顶端，有助于打造多形态多层次创新空间结构。本部分以北京、上海及粤港澳大湾区三个区域的国际科创中心的建设情况为例，梳理我国促进"四链"融合的特色实践。

二、国际科技创新中心的运行机制

（一）北京国际科技创新中心

为高效推进北京国际科技创新中心建设，搭建了国家指导、市级统筹、属地落实、专家咨询的组织架构体系，建立了上下联动、多方协同和开放合作的常态化、多频次对接协调机制。具体来说，一是建立功能完备的科技创新中心组织推进机制。在国家科技体制改革和创新体系建设领导小组下，设立北京推进科技创新中心建设办公室，由北京市市长和科技部部长共同作为办公室主任，搭建了"中央—地方"协同推进渠道，建立了跨层级、跨领域重大事项协调机制。下设"一处七办"，负责重点区域重点领域规划编制、政策制定、项目落地和任务推进等。二是建立部院市协同的怀柔综合性国家科学中心协调推进机制。成立理事会作为议事协调和决策机构，搭建由北京市市长与中国科学院院长共同担任理事长的双理事长架构，由国家发展改革委、科技部和教育部等9个国家部门作为理事单位，下设理事会办公室，落实理事会决策事项和日常工作协调推动，确保科学中心强有力领导和协同推动机制。

在理事会架构下，北京市与国家发展改革委、教育部和中国科学院进一步建立常态化对接机制，发挥共商和指导作用。同时，成立专家委员会，由国内外20余位专家学者共同担任专家委员，在规划编制、重大项目遴选评审等方面发挥重要咨询顾问作用。三是建立市区统筹联动的怀柔科学城落实保障机制。在"一处七办"架构下，成立怀柔科学城专项办，由市发展改革委、怀柔科学城管委会、怀柔和密云两区政府共同牵头，强化市级统筹和跨区协同，理事会办公室同时设立在市发展改革委，进一步增强院部市区协调推动力度。设立怀柔科学城党工委和管委会，分别作为市委和市政府派出机构，强化与怀密两区联动，更好支撑空间承载和属地保障组建怀柔科学城建设发展有限公司，作为建设运营服务的市场化主体。

（二）上海国际科技创新中心

2016年，国家层面建立了推进科创中心建设的体制机制。一是国务院科创中心建设领导小组，主要职责是统筹指导北京、上海建设科技创新中心有关工作。国务院分管领导任组长，成员包括相关部委和北京、上海主要领导。二是上海推进科技创新中心建设办公室，这是国务院科技创新中心建设领导小组下设的工作推进机构，成员包括相关部委和上海市领导，办公室设在上海市政府。三是上海张江综合性国家科学中心理事会。2016年2月，国家发展改革委、科技部复函同意建设上海张江综合性国家科学中心，随后成立了上海张江国家科学中心理事会。国务院分管领导担任理事长，理事包括相关部委和上海主要领导，下设科学中心办公室，作为理事会执行机构。

市级层面，2018年4月，上海市委、市政府决定重组上海推进科创中心建设办公室（简称上海科创办），为市政府派出机构。该办公室同时挂张江国家科学中心办公室、张江高新区管委会、张江科学城建设管理办公室、自贸试验区张江管理局牌子，几块牌子、一套人马。新的机构承担张江国家科学中心理事会执行机构日常工作，承担国务院科创中心建设领导小组下设的上海办事机构日常工作，承担上海市推进科创中心建设领导小组日常工作，承担上海张江国家自主创新示范区领导小组、上海张江高新区建设领导小组日常工作。负责统筹上海科创中心建设全局性、整体性工作，协调推进上海科创中心建设相关规划政策、重大措施、重大项目重大活动。

(三) 粤港澳大湾区国际科技创新中心

2019年2月,《粤港澳大湾区发展规划纲要》正式发布,指出要将粤港澳大湾区打造成"具有全球影响力的国际科技创新中心"。

为统筹推进粤港澳大湾区国际科技创新中心和大湾区综合性国家科学中心建设,在国家粤港澳大湾区国际科技创新中心建设专责小组指导下,广东省先后成立了由省政府主要领导担任组长的省创建综合性国家科学中心工作领导小组和省推进粤港澳大湾区国际科技创新中心建设领导小组。2019年,围绕贯彻落实国务院粤港澳大湾区国际科技创新中心建设方案,省政府印发出台《广东省推进粤港澳大湾区国际科技创新中心建设实施方案》,明确"两点"(深港河套、珠海横琴)和"两廊"(广深港、广珠澳)的建设空间布局,提出了"四梁八柱"重点任务。2021年,按照国家发展改革委、科技部《关于同意建设大湾区综合性国家科学中心先行启动区的复函》部署,广东省政府联合中国科学院制定印发了《大湾区综合性国家科学中心建设实施方案(2021—2022年)》,明确提出构建国家、院、省、市四级协调推进机制,梳理形成若干重大工作任务和一批重点建设项目,努力将国家批复精神落到实处。同时,按照国家统一部署,积极推动编制形成粤港澳大湾区国际科技创新中心和大湾区综合性国家科学中心"十四五"规划。2020年12月,深圳市成立深圳市推进大湾区综合性国家科学中心建设领导小组,与深圳市推进中国特色社会主义先行示范区建设领导小组一体化运作,统筹推进综合性国家科学中心、深港科技创新合作区、光明科学城等规划建设工作。领导小组组长由深圳市委书记担任,常务副组长由深圳市市长担任,副组长由常务副市长、分管发展改革工作的副市长、分管科技创新工作的副市长担任。

三、国际科技创新中心"四链"融合的经验分析

国际科技创新中心是世界创新资源的集聚中心和创新活动的控制中心，体现着一个国家或地区的科技综合实力。加快建设国际科技创新中心，正是我国应对一系列风险挑战和增强国家竞争力的重要举措。根据国际科技创新中心指数2023（Global Innovation Hubs Index，2023），综合排名前十的城市（都市圈）依次为：旧金山—圣何塞、纽约、北京、伦敦、波士顿、粤港澳大湾区、东京、日内瓦、巴黎、上海。其中，北京在科学基础设施方面位列全球第一，超级计算机数量优势显著；粤港澳大湾区以9所200强科研机构、7所世界领先大学位列科研机构全球第一。近年来，我国国际科技创新中心的建设离不开创新链、产业链、资金链和人才链的融合作用，本部分从"四链"融合出发分析三大国际科技创新中心建设过程中的典型经验。

（一）依托持续有效的政策供给与创新力量的优化布局，聚焦打造"政产学研"协同合力的创新链运行机制

1. 在重大科技项目上提前布局，持续支持前瞻性研究

三大国际科技创新中心注重科学能力的建设，提前谋划，靠前研究。例如，北京布局未来产业，重点聚焦类脑智能、量子计算、6G、未来网络、无人技术、超材料和二维材料、基因与干细胞等前沿科技领域；开展面向未来的基础研究，聚焦新一轮科技革命和产业变革发展方向，前瞻布局基础研究、应用基础研究，搭建跨界融合技术平台，加强未来产业所依托技术和知识源头供给；加强未来技术储备，探索具有重大产业变革前景的颠覆性技术发现和培育机制。上海建立对国家重大科技基础设施前期规划、研究培育、运行管理的支撑模式；提前研究，提出一批未来拟实施的大设施项目；培育先行，聚焦世界前沿和国家战略，加强项目前期研究工作的保障辅导靠前，为国家重大

科技基础设施申报提供专业性辅导。

2. 依托连贯、持续、有效的政策供给，激发高校院所和企业科技成果转化的积极性

智能化时代，全球创新空前活跃，各类成果加速涌现，技术迭代周期明显缩短，科技创新成为世界各国战略必争的主要阵地。科技成果转化是科技创新的"最后一公里"，也是提升国家创新体系整体效能的重要抓手，对传统产业升级和新兴产业发展具有助推器作用。多年来，三大国际科技创新为促进科技成果转化出台了若干政策法规并取得了阶段性成效。例如，北京出台《北京市促进科技成果转化条例》，赋予科研人员职务科技成果的知识产权，率先出台"京校十条""京科九条"，赋予科研机构科技成果自主处置权；上海在《关于加快建设具有全球影响力的科技创新中心的意见》中强调下放高校和科研院所科技成果的使用权、处置权、收益权，允许高校和科研院所科技成果转化收益归属研发团队所得比例不低于70%；粤港澳三地积极推动合作机制的升级与创新，包括广东持续组织实施粤港澳科技合作计划、向港澳机构有序开放科技计划项目、共建粤港澳联合实验室，引导和支持更多粤港澳科技创新主体探索符合科研规律和自身发展需求的合作路径，推动港澳科技成果来粤转化。综合来看，各国际科技创新中心均致力于激发高校院所和企业的转化积极性：通过高新技术企业培育、高新技术成果转化项目认定等增强企业转化科技成果的能力；通过推进研发与转化功能型平台、新型研发机构、大学科技园等载体建设，推进科技成果转移转化；发展以技术交易所为核心载体的技术交易体系，以科创基金为代表的市场化成果转化机制；通过举办全球技术转移大会、创新创业大赛等活动，增强科技成果转移转化活力；支持科技人员兼职或离岗开展创新创业，将技术转移人才纳入上海学术带头人支持范围，并将科技成果转移转化人才列入高级职称评审，以充分发挥科技人员在科技成果转移转化中的作用，激发其积极性。

3. 重点布局一流新型研发机构，充分发挥战略科技力量作用

北京出台《北京市支持建设世界一流新型研发机构实施办法（试行）》，已经建设了北京量子信息科学研究院、北京脑科学与类脑研究中心、北京智源人工智能研究院、北京纳米能源与系统研究所、北京雁栖湖应用数学研究院、全球健康药物研发中心、北京干细胞与再生医学研究院等一批新型研发机构。其中，北京纳米能源与系统研究所、北京雁栖湖应用数学研究院已落地怀柔科学中心，北京干细胞与再生医学研究院计划落地怀柔。在前沿信息技术、光电子、物质科学、数字生物等领域谋划布局建设新一批新型研发机构，争取在量子计算、超大规模新一代人工智能模型、微纳能源与自驱动传感技术、类神经元芯片和双向闭环脑机接口、干细胞治疗与再生医学等方面形成一批重大原创成果。上海先后成立张江实验室、脑科学与类脑研究中心、量子科学研究中心、人工智能研究院、长兴海洋装备实验室、重大传染病研究院等平台，目标是优化整合各方资源，加快探索建立"目标导向、绩效管理、协同攻关、开放共享"的新型运行机制。在高水平实验室建设方面，广东在全国率先启动省实验室建设。截至目前，广东已启动建设3批共10家省实验室，其中9家位于大湾区，3家位于综合性国家科学中心；省实验室累计研发投入超60亿元，聚集国内外院士近200位，以及8家香港科研机构、41位港澳科学家。基本形成以国家实验室为核心、以省实验室为中坚力量，以各级重点实验室、粤港澳联合实验室、企业实验室及各类专业实验室为支撑的高水平多层次实验室体系。在高等学校方面，教育部联合广东省人民政府印发《推进粤港澳大湾区高等教育合作发展规划》，广东省积极推进高等教育"冲一流、补短板、强特色"行动计划。香港科技大学（广州）获教育部批准并启动建设，中山大学深圳校区华南理工大学广州国际校区正式启用，大湾区大学、广州交通大学、中山科技大学等一批一流高校正在抓紧筹建设；深圳理工大学加快建设。

4. 积极构建科技领军企业牵头的创新联合体，发挥企业出题者作用，通过产学研合作推进重点项目协同和研发一体化

科技领军企业是指具有明确的科技创新愿景使命和科技创新战略，科技创新投入水平高，在关键共性技术、前沿引领技术和颠覆性技术方面取得明显优势，能够引领和带动产业链上下游企业，在产业标准、发明专利、自主品牌等方面居于同行业国际领先地位的创新型企业。从支持政策和举措上，三大国际科技创新中心提供了多元化政策措施支持科技领军企业创新发展。例如，北京市充分发挥龙头企业的领先作用，积极推进和带动产业上下游产业链发展。支持国有、民营企业构建领军企业牵头、高校院所支撑各创新主体相互协同的创新联合体。发挥企业出题者作用，产学研合作推进重点项目协同和研发活动一体化，针对工业母机、高端芯片、基础软件等产业薄弱环节开展联合攻关。鼓励领军企业主导国际标准、国家标准和行业标准制定。支持领军企业联合高校院所组建联合实验室、新型共性技术平台等，解决跨行业跨领域关键共性技术难题。同时，引导央企、领军企业打造开放式创新平台，促进大中小企业实现融通发展。不断健全市属国有企业技术创新经营业绩考核制度，鼓励国有企业对标全球同行标杆企业，打造成为领军企业。上海打造了一批头部企业牵头的开放式创新平台，推动产学研深度合作、大中小企业协同创新，有力提升产业基础能力和产业链现代化水平。一批行业领域的未来科技龙头企业加快成长，截至2022年8月底，已有71家上海企业登陆科创板，市值超1.4万亿元。粤港澳大湾区依托港澳两大国际化平台，吸引全球科技领军人才积极参与大湾区科技合作计划或学术研讨活动；加大对核心信息技术的投入，加速"数字湾区"建设，打通大湾区信息"大动脉"；加速大湾区科技成果转化，依托高校、科研机构和企业自主创新体系，促进形成大湾区内重点项目产学研结合的发展联盟。

（二）围绕创新链优化产业链，培育产业创新发展新动能

1. 聚焦核心产业，以"高精尖"产业牵引区域发展，围绕创新链拓展产业链

高精尖产业的本质是一种创新驱动的产业，这一概念由北京提出，用来代表具有"高级、精密、尖端"属性，能满足新时代首都战略功能定位和现代化经济体系建设要求的产业。2011 年《北京市关于加快培育和发展战略性新兴产业的实施意见》发布，随后《北京市战略性新兴产业科技成果转化基地认定管理办法》等一系列文件发布，以推动和规范战略性新兴产业的发展。2017 年，北京市根据党的十九大发展要求，以有序疏解北京非首都功能、提升发展水平为根本要求，以创新驱动为导向，落实京津冀协同发展战略，选取十个代表新经济增长的产业作为重点发展的"高精尖"产业。根据十个产业的发展特点，北京细化明确各个产业重点发展的领域，指明产业布局优化的方向。同时，立足北京市产业发展实际，明确产业发展可依托的资源、载体，为各个产业的发展提供战略指引。为支持高精尖产业发展，北京市从政策、资金、人才等六个方面制定保障举措。推出一批先行先试政策，统筹各层级产业资金和政府引导资金，加大对高端人才引进的政策支持，强化知识产权保护，增强为企业主动服务的意识和能力。目前，北京已经培育出新一代信息技术、科技服务两个万亿级产业集群，以及医药健康、智能装备、人工智能、节能环保、集成电路五个千亿级产业集群。例如，北京市推出高精尖产业发展投资基金（有限合伙），围绕构建北京"2441"高精尖产业体系，重点投资新一代信息技术、医药健康、集成电路、智能网联汽车、智能制造与装备、绿色能源与节能环保等重点产业领域，同时前瞻性布局"长安链"、光电子、前沿新材料、量子信息等领域未来前沿产业。基金通过"直接投资＋母子基金"方式，培育产业发展新动能，助力打造特色鲜明、

具有国际竞争力的产业集群，支持北京市构建"高精尖"经济结构，全力服务北京国际科技创新中心建设。类似地，上海提出要形成以集成电路、生物医药、人工智能三大产业为核心的"高精尖"产业发展体系；广东在制造业"十四五"规划中，提出重点发展集成电路、新能源等"高精尖"产业。

2. 依托重大科技基础设施布局产业创新载体，打通从原创发现到产业化的通道

重大科技基础设施是为探索未知世界、发现自然规律、实现技术变革、提供极限研究手段的大型复杂科学研究系统，是突破科学前沿、解决经济社会发展和重大安全科技问题的物质基础。三大国际科技创新中心积极推动重大科学基础设施的布局，例如，北京目前在用、在建、拟建的大科学装置共19个，是全国科技资源最为密集的城市之一；上海在建和已建的重大科技基础设施达14个；粤港澳国际科技创新中心聚焦材料、生命、信息、海洋、能源等重点科学领域，推动散裂中子源、强流重离子加速器等重大科技基础设施建设。我国国际科技创新中心依托重大科技基础设施布局产业创新载体，深圳市光明区坚持重大科技基础设施建设"沿途下蛋"理念模式，以合成生物领域为试点，衔接重大科技基础设施、服务设施关联企业，一体化布局深圳市工程生物产业创新中心，积极探索"楼上创新楼下创业"综合体模式，打通"原创发现——工程技术开发——中试转化——产业化"通道，被纳入国家发改委推广的深圳经济特区经验举措47条清单。

3. 从产业集群入手探索高质量发展方式，推动产业链"全链条、矩阵式、集群化"发展

随着产业链上下游合作的日渐紧密，国际科技创新中心的建设过程中注重高位统筹、系统谋划、前瞻布局，愈发重视工程化推进"技术—产品—标准—场景"联动迭代，系统构建技术产品化、产品产业化、产业规模化的全链条产业生态。例如，深圳市出台《关于支持企业提升竞争力的若干措施》《关于促进人才优先发展的若干措施》《深圳市重点产业链"链长制"工作方案》等文件。"一链一图",绘制重点产业链发展路线图,推动产业链上下游、产供销、大中小企业整体配套、协同发展。创建"矩阵式"产业扶持体系,从企业招引、项目培育、空间落地、人才支撑、惠企政策等多维度,为企业提供全方位、常态化服务。整合产业发展重点依托的空间载体,如新型工业化产业示范基地、各类开发区等,集中布局产业链上中下游企业,推动建立"头雁引领群雁飞""大手牵小手"产业生态,实现产业集群化发展。

(三) 围绕创新链配置资金链,持续优化创新生态

从科技投入来看,2020年北京市研究与试验发展（R&D）经费投入强度超过6%,基础研究经费投入约占全国的1/4,投入强度已接近发达国家水平;上海研究与试验发展经费投入强度为4.21%,粤港澳大湾区为3.7%,均显著高于其他区域。

1. 依托财政科技资金投入以及基金等形式,致力于为全链条全过程的科技创新提供资金支持

例如,北京为推进财政科技资金投入方式和支持方式创新,促进创新链、产业链、资金链深度融合,为加强全国科技创新中心建设提供支撑,成立北京市科技创新基金,其原始创新阶段的重点为投资高等院校、科研院所、创新型企业及人才团队的前沿性科学发现;成果转化阶段的重点为引导国内外优秀的天使投资机构、创业投资机构共同投资孵化、转化阶段的创新型高端项目,支持创新、创业,推动科技成果在京落地转化,辐射带动津冀及全国的创新发展;"高精尖"产业阶段的重点为投资并联合社会资本聚焦符合首都战略定位的"高精尖"产业,加大向产业链高端的投资,推动企业技术变革和升级。上海着眼于科技创新全链条,加快构建"风险共担,利益共享"机制,例如,上海市科委深化与建设银行上海分行的合作,引导更多金

融资源投早、投小、投硬科技，实现创新全链条、全方位、全过程的加速。

2. 依托协同效应突出、支撑作用明显的重大专项，加强财政资金的科技投入联动机制

例如，北京和上海加强部、市财政资金科技投入联动机制，积极争取重大科技项目、重大科技基础设施等国家创新项目在京落地；加大市级财政资金投入力度，重点支持规划涉及的重大平台、重大工程、重大项目落地实施。粤港澳大湾区充分发挥省级财政基础研究投入引导作用，加强与国家部委院所合作，加强与地市、行业部门、企业合作，建立多层级、多行业协同联动的基础研究投入体系。

3. 通过"包干制"和基础研究特区等形式，放松科研人员对项目经费的自主使用权

例如，北京在基础研究领域选择部分高校院所、医疗卫生机构，以及市自然科学基金试点开展科研项目经费"包干制"，赋予科研人员更大经费使用自主权；对试验设备依赖程度低的智力密集型科研项目，进一步提高间接费用核定比例和加大人员绩效支出激励；探索开展科研项目"里程碑"式管理试点，根据阶段性考核结果给予分阶段支持。上海率先设立"基础研究特区"，首批"基础研究特区"包括复旦大学、上海交通大学、中国科学院上海分院，皆已启动第一批项目，资助情况为前五年总体资助预算 3 亿元，第一年资助经费为每家单位各 2 000 万元，试点单位以不少于 1∶1 的经费比例共同投入；试点单位围绕评价体系、经费使用等管理机制创新，开展了符合各自特点的积极探索。粤港澳大湾区实施"卓粤"计划，组建广东省自然科学基金管理委员会，专业化开展自然科学基金项目组织和管理工作；创新管理体制和组织模式，率先全面开展"负面清单+包干制"改革试点，探索组建粤穗、粤深、粤佛、粤莞、粤惠等省市联合基金。

4. 重视金融对科技支撑的作用，营造金融与科技和产业相融合的新机制

例如，北京出台《关于对科技创新企业给予全链条金融支持的若干措施》，从产品创新机制、上市支持机制、被投企业服务机制、考评激励机制、风险补偿机制、协调对接机制和试点先行机制等方面打造多层次、专业化、特色化的科技金融体系，以北京国际科技创新中心核心区为重要载体，有力支撑北京国际科技创新中心建设。上海金融中心与科创中心协同发展，多层次资本市场日趋完善，上海证券交易所设立科创板并试点注册制，有力推动党中央交给上海的三项新的重大任务落地落实。上海股权托管交易中心设立科技创新板，被国务院确定为全面创新改革典型案例。聚焦科技企业成长全生命周期，出台"科技金融 20 条"等，启动"浦江之光"行动，从企业孵化培育、改制挂牌上市、集聚资源要素、优化基础环境等方面，强化科技要素和金融资本对接。建立覆盖全市的科技银行网络，全市现有科技支行 7 家、科技特色支行 91 家。中小微企业融资环境进一步优化。设立上海中小微企业政策性融资担保基金，规模逐步扩大到 100 亿元，有效缓解企业准入难、融资难等问题。截至 2019 年底，上海"高企贷"服务企业 1 108 家，授信规模 407.9 亿元，其中中小微企业占比超过九成。粤港澳大湾区坚持把金融支持科技创新作为发展创新链和产业链的重要抓手，将金融支持科创发展纳入广州金融"十四五"发展规划，引导银行为全市超过 11 000 家科技企业累计提供授信超过了 1 400 亿元，累计发放贷款超过了 840 亿元。全市上市公司中超过一半为高新技术企业。

（四）围绕产业链拓展人才链，积极打造创新人才高地

1. 依托人才计划、国家级创新基地、新型研发机构等创新平台等集聚世界一流高层次科技创新人才

例如，北京出台实施"人才五年行动计划"，落实和实施中关村国际人才20条出入境政策和外籍人才绿卡直通车、积分评估等政策，集聚培养一批战略科技领军人才；上海依托高水平科研机构和新型研发机构，对标国际通行规则和标准，优化完善管理运行机制，为世界一流创新团队提供事业平台，打造一批面向新兴、前沿领域的交叉融合创新团队；粤港澳大湾区制定外国人才分类标准，鼓励各地结合本地产业结构及发展需求编制"高精尖缺"人才目录；吸引推介外国留学生毕业后在粤创新创业，扩大引进外国优秀青年人才规模。

2. 构建开放、流动、竞争、协同的用人机制，培育杰出青年科技创新人才

例如，北京持续实施"北京学者""智源学者""科技新星计划"等人才计划，扩大北京市自然科学基金青年科学基金项目的支持规模，发现和培养一批创新思维活跃、敢闯"无人区"的青年人才；支持国家级创新基地、新型研发机构"择优滚动支持"重点领域青年人才，建立基于专家实名推荐的非共识项目筛选机制，支持青年人才承担科研任务，探索推行青年人才"推荐制"，扩大青年科技人才支持范围，给予长期、稳定的经费支持。上海选拔海内外优秀博士予以重点培养，扩大"超级博士后"计划影响力和覆盖面；优化青年科技创新人才支持体系，引导高校、科研院所、企业等联动支持青年人才发展，为青年人才创造多学科交叉、多行业融合的交流平台和发展机遇。粤港澳大湾区探索建立青年人才举荐制度，组建青年人才举荐机构，探索由用人单位推荐确定的用人模式，制定更加适合青年人才需求的综合支持政策，让青年人才安心从事科学研究。

3. 动态调整重点领域急缺人才目录，强化重点产业领域科技人才支撑

例如，北京面向海内外发布核心区人才引进需求信息和重大科技攻关专项、重大科技成果转化、重点产业化项目目录，以项目引进带动人才引进，以人才引进促进项目发展。建立直接引进机制，对贡献

突出、确需破格引进的核心区经济社会发展急需高层次人才，采取综合评价和个案研究相结合的方式直接引进。上海围绕集成电路、生物医药、人工智能等重点领域，加快形成科技创新人才集聚效应，上海制定重点领域紧缺人才（科技类）目录并实行动态调整，将目录所列人才纳入优先支持和服务范围，发挥目录对高校学科设置、在职培训的引导作用；粤港澳大湾区坚持需求导向和产业导向，聚焦掌握重点产业"卡脖子"关键核心技术领域以及前沿科技领域的高层次人才，支持用人单位通过市场化方式全年制、常态化精准引才、靶向引才。

4. 打通创新要素流通渠道，吸引聚集人才

例如，2018年2月，科技部、财政部联合印发《关于鼓励香港特别行政区、澳门特别行政区高等院校和科研机构参与中央财政科技计划（专项、基金等）组织实施的若干规定（试行）》，将港澳科研人员和机构纳入中央财政科技计划。通过"资金过河"渠道，方便香港科技工作者更加便利自由、高频次地参与到内地研究项目中。同时，开通科研用物资跨境流动清单，试点开展工作。通过疏通资金、科研物资等流动的堵点，加强对科研工作者的吸进，进一步聚集人才。

5. 依托自然基金项目和高水平高校院所的基础研究主力军，打造基础前沿科技创新团队

例如，北京持续支持已经布局的新型研发机构，优化人才支持政策，引进、培育高层次人才梯队，鼓励自主选题，引入项目经理人，争取在量子计算、超大规模新一代人工智能模型、微纳能源与自驱动传感技术、类神经元芯片和双向闭环脑机接口、干细胞治疗与再生医学等方面形成一批重大原创成果；上海探索设立资金渠道更加多元化的基金，扩大基金规模，对上海优势领域基础研究人才提供全方位支持；粤港澳大湾区着力优化科技项目、着力加强人才培育合作，支持构建开放、高效、可持续的基础研究发展体系。

6. 通过"破四唯"和"立新标"等措施实施科技人才分类评价，通过精准服务与分类施策，营造人才发展的良好生态环境

例如，北京全面推行职称分类评价标准和代表作评审制度，对科技人才进行差别化分类评价，突出评价科研成果的质量和原创价值；扩大科研经费使用自主权，以信任为前提赋予战略科学家充分的人财物自主权和技术路线决定权，减少不必要的评审评价等各类活动，保障科研人员的科研时间；上海进一步下放职称评审权限，推动自然科学研究人员高级职称评审权下放到符合条件的科研机构，充分发挥科研单位在职称评审中的主导作用；鼓励高校、科研院所和企业为科技创新人才"双向设岗"，支持科研人员离岗创办企业开展成果转化。粤港澳大湾区不断拓展"一试三证"合作范围及培养层次，共同打造高素质技能人才队伍，助推粤港澳大湾区高水平人才高地建设，着力建立健全以创新能力、质量、贡献为导向的科技人才评价体系，形成并实施有利于科技人才潜心研究和创新的评价制度。此外，三大国际创新中心纷纷制定了人才服务保障政策，并坚持分类施策、精准服务，优化各类人才住房、子女教育、医疗保险等服务，优化引进人才落户机制；加快促进创新文化与老城区保护更新同步融合发展，打造科技创新的新承载空间和交流空间，营造有利于激发人才乐于创新的环境。

第三节 小　　结

本章选取了集成电路产业、新能源汽车产业和现代化种业产业三个典型产业，以及北京、上海、粤港澳三个国际科技创新中心分析我国"四链"融合的典型实践及经验。具体来看，近年来，我国集成电路产业产业结构和质量不断优化，国产替代成效显著，关键技术取得一定突破，产业布局特色明显。从"四链"融合角度分析其发展经验如下：（1）依托新型举国体制，打造集成电路产业"创新综合体"，围绕集成电路全产业链开展共性关键技术协同攻关。（2）按照"整体

| 创新链　产业链　资金链　人才链深度融合 通往高质量发展之路

规划，系统构建"的导向引导形成产业科学分工，依托"链长"制聚力打造集成电路的创新链、产业链、资金链和人才链。（3）按照"主体集中，区域集聚"的原则，以区域创新中心为依托凝聚集成电路产业链发展的核心要素，引领人才、技术、资本一体化配置。（4）依托大基金和科创板带动社会资金，实现资金链与创新链和产业链的深度融合。发展新能源汽车是我国从汽车大国迈向汽车强国的必由之路，可以有效缓解石油对外依存度，有助于解决能源与环境问题，可以有效承接产业优化升级等战略机遇。党的十八大以来，我国坚持纯电驱动战略取向，不断推动新能源汽车产业快速发展，回顾其发展历程，中国新能源汽车产业从零起步，由弱到强，逐步成为引领全球汽车产业转型升级的重要力量。从"四链"融合角度分析其发展经验如下：（1）立足发展实际，持续性、分阶段地从顶层设计和政策措施发力，通过政策链引导"四链"融合。（2）遵循创新发展规律，有重点地持续布局创新链，有步骤地通过创新链带动产业链发展。（3）通过"政产学研用"一体化建设促进创新链和产业链的深度融合，为新能源汽车的技术创新和产品升级提供了良好的协同机制。（4）遵循市场规律，通过示范运营使得各地市场梯次推进，在资金链持续作用下形成一批全球领先的应用城市推动产业链的进一步发展。（5）产业人才不断集聚，形成了较为完整的人才梯队和体系。党的十八大以来，特别是种业振兴行动实施以来，我国集中优势资源聚力攻坚，在种业科技创新、种子生产与推广、种子企业发展等方面取得了许多关键性突破和标志性成果。

从"四链"融合角度分析其发展经验如下：（1）坚持种业全创新链科技攻关，系统规划基础研究、应用研究和产业研究的重点方向和内容，注重基础性、前瞻性、产业性科技项目的有机结合和相互支撑，健全新型农业科技体系。（2）作为核心环节的育种研发逐渐向以企业为主转变，发挥不同主体在产业链上的优势。（3）坚持国家需求与市场导向紧密衔接，强化具有中国特色的商业化育种体系建设，推进创新链和产业链的有效延伸。（4）依托以南繁基地为代表的育种基地，构建突破性、引领型、平台型为一体的新体制新机制，汇聚种业尖端科技力量，建设集科研、生产、销售、科技交流、成果转化为一体的服务全国的南繁硅谷。（5）围绕种业创新链和产业链，一体化配置资金、人才、技术等创新要素。各层级科技创新中心是国家创新资源的集中承载地，是国家区域创新布局的重要载体，在增强科学、技术和产业国际竞争力，推动区域高质量发展中发挥着重要作用。从"四链"融合角度分析其发展经验如下：（1）依托持续有效的政策供给与创新力量的优化布局，聚焦打造"政产学研"协同合力的创新链运行机制。（2）围绕创新链优化产业链，培育产业创新发展新动能。（3）围绕创新链配置资金链，持续优化创新生态。（4）围绕产业链拓展人才链，积极打造创新人才高地。

本章参考文献

[1] 胡瑞法，黄季焜，项诚. 中国种子产业的发展、存在问题和政策建议 [J]. 中国科技论坛，2010（12）：36-42.

[2] 黄季焜，胡瑞法. 中国种子产业：成就、挑战和发展思路 [J]. 华南农业大学学报（社会科学版），2023（1）：15-22.

[3] 刘冬梅，赵成伟. 科技创新中心建设的内涵、实践与政策走向 [J]. 中国科技论坛，2023（5）：34-41.

[4] 裴瑞敏，张超，陈凯华，等. 完善我国农作物种业国家创新体系 促进创新链产业链深度融合 [J]. 中国科学院院刊，2022，37（7）：967-976.

[5] 王术坤，韩磊. 中国种业发展形势与国际比较 [J]. 农业现代化研究，2022，43（5）：814-822.

[6] 张文忠. 中国不同层级科技创新中心的布局与政策建议 [J]. 中国科学院院刊，2022，37（12）：1745-1756.

[7] 种聪，郭雨溪，岳希明. 中国种业振兴：发展历程、关键问题与机制构建 [J]. 农业现代化研究，2023，44（2）：154-162.

[8] 周华强，邹向文，李玥，等. 商业化育种战略研究：历程、特点、模式及政府管理行为 [J]. 农业现代化研究，2016，37（6）：1045-1054.

第六章 "四链"融合的国际比较与经验启示

"四链"融合是我国高水平科技自立自强的重要抓手，一方面要加快突破战略性新兴产业技术瓶颈，打通堵点、补齐短板；另一方面，要通过抢占科技创新制高点，实现引领性创新，在全球科技竞争合作中塑造更多新优势。目前，世界正在经历百年未有之大变局，新一轮科技和产业革命突飞猛进，基于全球未来技术发展路径，未来产业体系正在快速形成，为我国实现"换道超车"提供了战略机遇。针对这一发展机遇，我国"十四五"规划强调"前瞻谋划未来产业"，并作出部署。美国、欧盟、日本等世界主要经济体纷纷进行布局，同时，各国积极建设科技创新中心，推动创新链、产业链、资金链和人才链一体化发展、深度融合。当前，我国在未来产业核心基础零部件、核心软件、先进基础材料等方面仍需进一步发力，竞争优势不明显。对此，有必要深入比较分析世界主要经济体在未来产业的战略布局和举措，归纳提炼出其中有关"四链"融合的经验做法，结合我国实际情况，在完善政府顶层设计、体制机制改革、市场主体合作等方面探索实现具有中国特色的未来产业高质量发展路径，加快科学技术赶超和未来产业发展的双线突破，抢占先机，主导未来。

第一节 发达国家未来产业促进"四链"融合的典型案例

一、未来产业的国际发展现状

(一) 未来产业的内涵与特征

1. 未来产业的内涵

未来产业的概念源自各国政府的发展实践,国内外学者对未来产业的内涵和特征也展开探讨,但产业界和学术界尚未给出统一界定。从国外的界定来看,主要是对未来产业的发展方向给出科学性和前瞻性预判。例如,Ross(2016)在《未来产业》一书中指出机器人、尖端生命科技、网络安全和大数据是推动20年全球经济社会变迁的关键产业;2017年美国科技政策办公室(OSTP)提出未来产业包括人工智能、量子信息科学、先进通信5G、先进制造和生物医药等前沿技术领域,这些产业能够确保美国在快速变化全球环境中竞争和获胜;俄罗斯发布《俄罗斯联邦科学技术发展战略》,从市场规模、技术标准、消费者需求、国家安全和竞争优势等方面给出界定未来产业的标准;日本将氢能源、类脑智能、量子信息、生物技术等未来产业上升到国家战略层面……可见,国外对于未来产业的概念多从实践视角,通过对这些产业细分领域精准发力,以增强本国前沿科技力量、提高全球产业竞争地位。

国内学者对于未来产业的定义更多是从经济学或者管理学的理论视角,分析的维度大致涉及生命周期、技术创新驱动和经济社会发展效益三个维度。例如,中国宏观经济研究院决策咨询部有关研究认为,未来产业主要处于技术成熟度S曲线的第一阶段和产业生命周期的初创孕育期,从发现、培育到产业化需要经历较为漫长的过程。沈华

（2021）认为未来产业是以满足未来人类和社会发展新需求为目标、新兴技术创新为驱动力，旨在扩展人类认识空间，提升人类自身能力、推动社会可持续发展的产业，将依次发展为战略性新兴产业、主导产业和支柱产业。杨丹辉（2022）将未来产业定义为重大前沿科技创新成果商业化的产物，是富有发展活力和市场潜力，对生产生活影响巨大，对经济社会发展能够产生全局带动和引领作用的先导性产业。李军凯等（2023）认为未来产业是由前沿科技和颠覆性技术突破所推动形成的具有引领力和高成长性的产业，对国家或地区发展具有重大支撑和带动作用。

基于上述国内外研究机构、政府部门和学者的观点，结合对未来产业的研究和认识，我们认为，未来产业是处于初创发展阶段，富有市场发展潜能，以前沿颠覆性技术创新为驱动力，经过长期培育，在未来成为战略性新兴产业，对国家和地区产业转型升级和经济社会可持续发展发挥巨大引领作用的重要产业。

2. 未来产业的特征

未来产业发展关系到国家和地区的经济命脉和产业安全，代表全球科技和产业发展的最新趋势和方向（李晓华，2022），其特征可以归纳为以下几个方面。

（1）融合性。未来产业的形成并不是依托单一技术，而是需要复杂的高技术群。相比一般产业，未来产业的创新活动更具原创性、前沿性、颠覆性、系统性和融合性，各产业细分领域之间关联性极强，呈现出新一轮科技革命中互促共融、跨学科、跨组织创新的特征。这种前沿技术突破、跨界融合、迭代发展的技术变革，会引发产业形态、生产方式、商业模式、价值体系和治理机制等方面的整体性变革。

（2）战略引领性。未来产业是依托前沿科技突破而形成的，带动和引领国家或者地区经济发展的方向，决定发展潜力和综合竞争力。未来产业对各个领域具有很强的渗透性，为后发国家或地区"变道超车"和"换道领跑"提供了更多可能，成为重塑世界格局的主导力量。

（3）阶段性。未来产业是一个动态的、阶段性概念，基于产业生命周期视角，从萌芽阶段到成熟阶段，依次为未来产业、战略性新兴产业、主导产业和支柱产业。未来产业目前处于孕育阶段，但具有高成长潜力，伴随新一代信息技术、人工智能、新能源、新材料、新生物技术等领域实现颠覆性技术突破和大规模商业应用，相关产业有望在未来实现高速发展，从而发挥对国民经济的强大带动作用。如果从科技创新视角，未来产业的阶段可以进一步细分为"基础研究——工程化——商业化"的创新链条。

（4）不确定性。未来产业的核心技术实用性和商业价值已经得到初步验证，但是技术先进性从来不是研判未来产业成功发展的唯一标准。一方面，颠覆性技术在带来市场机遇的同时，也会放大决策失败的后果，这种破坏性加大了政府或者企业布局未来产业的难度；另一方面，创新成果产业化是未来产业发展的前提和必要条件，但是创新链和产业链融合问题一直存在，科技成果转化是历史性难题，资金供给不稳定、人才缺失、政策跟进不及时都会在一定程度上产生阻碍，未来产业能否被市场所接受仍存在巨大的不确定性。

（二）未来产业的战略意义与全球发展趋势

1. 发展未来产业的战略意义

第一，未来产业成为大国博弈的新赛道，引领全球产业布局调整。发展未来产业是打造全球竞争新优势、抢占国际竞争制高点的重要战略。在产业现有技术路线下，全球产业链供应链延展已经接近分工的"天花板"，这意味着分工继续细化的成本将高于由此带来的收益。数字经济时代下由于数字技术的深度运用以及对全球价值链各个环节的深度赋能，最终导致价值链的"微笑曲线"中间收缩，两端陡峭，加剧了全球价值链内分工地位的不平等以及世界经济贸易格局的不平等。未来产业有巨大的成长潜力，将为全球价值链提供新动能，催生新需求，带动新一批国家投资和贸易发展，重塑未来全球产业和经济竞争格局。我国与发达国家站在未来产业发展的同一起跑线，只有抢抓发展主动权，才能避免再次陷入关键核心技术受制于人的局面。

第二，国际环境日趋复杂，保护主义和单边主义抬头增加未来产业全球化发展的不确定性，未来产业关系产业链供应链安全，布局有助于应对外部风险不确定性。面对国际环境、单独国家和小范围区域联盟利益最大化趋势明显，例如，美国加强技术出口管制、加大制造业回流，对我国实行"长臂管辖"的一系列政策，欧盟强调在经济技术产业领域掌握独立自主权等，我国面临产业链供应链"弱链"和"断链"的问题。一方面，必须寻求单向突破转向整体提升，摆脱价值链的"高端钳制"，另一方面需"换道领跑"，而未来产业提供这样的机会，有助于促进内需潜力释放，确保国内大市场发挥稳定器作用，增强抵御外部风险对我国产业链冲击的能力（杨丹辉，2022）。

第三，布局未来产业是开辟发展新赛道、塑造发展新动能，建设现代化产业体系，促进经济高质量发展的重要抓手。当前，我国已由高速增长转为创新驱动的高质量发展阶段。未来产业依托颠覆式技术的突破和产业化，将塑造经济发展新动能，引领新场景、新需求，催生新技术、新业态，从要素供给、终端需求、区域产业布局和融入全球产业分工体系四个方面促进产业链供应链现代化水平提升，推动产业体系走向智能化、绿色化、融合化，促进消费产品结构升级，加速形成适应全球变革、国际贸易产业升级的新经济（胡拥军，2023）。

2. 全球未来产业的发展趋势

第一，未来产业前沿技术研发聚焦智能、低碳、健康三大方向，信息、能源、生物是全球主要国家聚焦的关键领域。智能、低碳、健康是人类追求的长远目标，未来产业发展是人类目标的逐步实现。首先是智能。当前，人工智能、大数据、区块链、量子信息、物联网、先进计算、人机交互、虚拟和增强现实技术的布局和应用有望全面提升社会智能化程度。其次是能源，以新能源、生物能源、先进核能、氢能、低碳工业为代表的关键技术是建设形成低碳环保、实现碳中和目标、可持续发展的重点。最后是健康，新冠疫情加速未来健康产业领域的发展，体现在未来医学、生物医药、生物信息学、疫苗研发、基因技术等前沿技术的资源聚集和布局（陈凯华等，2023）。

第二，各国政府出台强有力的产业政策，加大力度实施未来产业战略布局，同时坚持发展与规范并重，对未来产业进行合理化规制。未来产业成为当前及今后较长时间全球经济产业竞争最激烈的战略必争之地，世界主要经济体高度重视并加快部署未来产业发展，美国、中国、欧盟、英国、韩国、日本、俄罗斯等国家和地区政府相继出台未来产业发展战略规划、法案法规、资金计划，积极谋求未来产业全球领导权。同时，各国坚持发展与规范并重，对未来产业设定红线已成为共识。例如，针对人工智能技术可能产生的伦理风险、隐私泄露等问题，各组织、各国和联合国纷纷出台政策进行规范，如教科文组织《人工智能伦理问题建议书》、世界卫生组织《人类基因组编辑建议》、欧盟《通用数据保护条例》等（潘教峰等，2022）。

第三，加速新兴技术、前沿技术与传统产业的融合成为未来产业发展的重要范式，并且从只重视技术创新到同时重视研发模式、生产方式、业务模式和组织结构的革新。新兴技术在传统产业中得到了快速和广泛的应用，传统产业与新兴技术深度融合，有望成为未来产业。例如，美国的先进制造业领域就是先进装备技术对传统制造业的升级。同时，促进未来产业和传统产业融合，实现产业链联动创新，不断催生新的增长点。例如，新一代信息技术与医疗行业加速融合创新后的人工智能支架等新产品推动未来医疗发展。生产力和生产关系密不可分，未来产业激发新的生产力，必然需要生产关系作出调整。例如，美国新建的未来产业研究所旨在为未来产业打造相适应的研发模式、生产方式、业务模式和组织结构。

第四，数据等新型要素投入贯穿未来产业发展全过程，塑造新产业业态，需要创新链、产业链、资金链、人才链协同布局、深度融合、共同发力。未来产业不同于现有的农业、工业和服务业，它是依托高技术服务业，融入新型要素的新产业业态。数据要素的大规模投入和开发利用将贯穿未来产业从研发到生产再到商业化的整个链条。首先，未来产业改变了要素投入结构和定价机制，对人力、资本和数据等新型要素的适配程度提出了更高要求；其次，未来产业的网络化、开放化、多元化趋势对现有研发机构、实验室等各类创新主体之间的协同联动和空间布局提出更高要求；再次，场景是社会需求和科技供给的综合集成，场景需求在拉动科技突破和产业发展中发挥重要作用，对场景创新提出更高要求；最后，未来产业发展需要财税、产业、金融、人才等政策形成有效衔接，实现保障和合理引导的作用，对政策工具的配合使用提出更高要求。可见，未来产业发展基于科研机构、科学和工程人才、资金、产业配套能力等要素条件和产业基础的支撑，在从基础研究到最终产业化的整个链条中，每个环节都需要有相匹配的要素投入（彭健等，2023），同时从区域布局来看，未来产业在资金、人才聚集的创新中心地区得以更好发展。因此，只有加强创新链、产业链、资金链、人才链协同布局、深度融合，才能在当前国外具有优势发展条件的情况下，扭转局面，形成相对领先的产业能力。

（三）代表性未来产业的国际竞争格局

第一，未来产业不同细分领域的成熟度开始出现分化，部分新型通用技术可能遭遇"索罗悖论"，科学技术难以转化为生产力。未来产业中已衍生出八个"赛道"或者是发展方向，分别是数字经济及其细分产业和深化领域、新一代通信技术和下一代互联网、虚拟和增强现实技术、先进智能制造、清洁高效的可持续可再生能源、高端硬件和先进材料、生命科学与大健康以及航空航天、太空宇宙、海洋等开发。不同"赛道"受技术经济性、市场发育程度、政策支持力度的差异影响，成熟度开始分化。其中，数字经济逐步确立了在全球产业体系中的主导支柱地位，相比之下，太空商业化开发、海洋能源矿产利用、脑科学等领域研发难度大、投入周期长，短期难以实现产业化。同时，未来产业需要面对某些领域技术价值实现的长期挑战。例如，信息与通信技术因其高昂的成本，提升生产率的效应陷入停滞。因此，未来需要进一步破解技术的贵与难，才能推动未来产业的持续发展之路（杨丹辉，2022）。

第二，未来产业中颠覆式创新和新兴领域存在逆全球化倾向，全球科技创新活动集中，加剧创新集聚效应，国家和地区间未来产业发展差距有拉大趋势。目前，对于尚处在发育孵化中的未来产业，无论国家层面或者是企业层面都存在巩固市场优势、锁定技术路线、占据竞争领导地位的意愿，这强化了研发和制造的本土化倾向。因此，未来产业在发展初期也很难成为全球化的推动力，反而会导致全球价值链的收缩。面对数字鸿沟和绿色阶级并存的现实情况，发展中国家有可能在相当长时间内被排斥在未来产业的国际竞争格局之外。根据信通院2021年数据，发达国家数字经济规模约占全球总规模的72.4%。同时，科技创新活动趋于集中，创新资源向美国西海岸和东海岸城市群聚集，高端要素配置的虹吸现象和马太效应突出，进一步加剧了国家和地区产业发展的不平衡。

第三，发达国家投入大量资源角逐量子信息、人工智能、氢能、生物医药等典型未来产业细分领域，呈现不同的领先优势和联盟优势。例如，量子信息方面，美国持续大力投入，已形成政府、产业、科研机构、投资机构多方协同的良好局面，在技术研究、应用探索上建立了领先优势。欧盟、加拿大、英国、日本、澳大利亚紧随其后，俄罗斯、印度、韩国也将量子计算列入国家科学计划之中。与美国相比，我国在量子领域目前更多集中在科研院所的研究阶段，和行业企业之间的协同融通还有一定的强化空间。人工智能方面，2021年在上海召开的人工智能大会上，公布全球人工智能排名前10位的国家为：美国、中国、韩国、加拿大、德国、英国、新加坡、以色列、日本和法国。美国独自占据第一梯队，优势十分明显，拥有谷歌、微软、IBM

等科技龙头企业；欧盟高度重视智能技术监管和规制方面的话语权；日本面向养老、健康产业，在机器人、高端医疗等领域深耕；我国在计算机视觉和语音识别方面引领世界发展，类脑计算部分技术建立优势，总体呈现巨大的发展潜力。氢能方面，在氢气制备、储运、基础设施、燃料电池等全产业链上，美国、日本、韩国、德国等发达国家依托重点企业建立了领先优势，比如日本丰田、松下，美国通用、埃克森美孚，德国西门子、林德，韩国现代等汽车公司。我国是世界第一产氢大国，但产业链中关键核心技术总体仍处在跟跑阶段，产业化水平也相对落后。生物医药方面，美国凭借强大的研发创新能力，形成了华盛顿、波士顿、圣地亚哥等生物科技和产业集群，主导全球生物科技发展方向。目前，我国加快建设形成长江流域、环渤海、珠三角等多个生物产业集群，着力打造贯穿创新链、产业链、资金链、人才链的生物医药产业创新生态系统。

二、世界主要经济体未来产业的战略部署

放眼全球，目前未来产业正处于发展的初级阶段。随着新一轮科技革命的逐渐深入，为了赢得发展先机，抢占科技竞争制高点，世界各国皆在积极探索科技"无人区"，加速谋划布局未来产业，出台相关政策并加大投资支持力度（中国科学院科技战略咨询研究院，2023；中国社会科学院工业经济研究所，2022）。各经济体虽然在未来产业大方向上基本一致，但是在重点领域选择、投资预算规模、技术路线等方面各有不同（周波等，2021；方晓霞等，2023）。接下来，我们选取世界主要经济体美国、欧盟及其成员国、英国、韩国、日本、俄罗斯，分析这些国家在推动未来产业的战略部署情况。

（一）美国未来产业的战略部署

美国在科技、经济以及军事等方面长期处于世界领先地位，为了

在新一轮科技革命和产业变革中获得领导权,美国加快了对未来产业的布局,出台了一系列报告、法案和计划,如表 6-1 所示。2019 年 2 月美国白宫科技政策办公室（OSTP）发布《美国将主导未来产业》,提出了联邦政府推动新技术发展的政策理念。这一战略文件把人工智能、先进制造业、量子信息科学和 5G 通信技术视为美国的"基础设施",并冠以"未来产业"之名加以强调,突出这些技术的发展方向和预期效果以及对经济的影响力。2020 年美国总统科技顾问委员会（PCAST）发布《关于加强美国未来产业领导地位的建议》,提出通过与政府、工业界和学术界协作,将基础研究的成果与早期应用相结合,强化未来产业发展。从这一时期开始,美国未来产业的战略布局从只关注科学技术发展,转向技术支持经济、绿色、健康等国家战略需求的根本目标。2019—2020 年美国连续出台《2021 财年政府研发预算重点备忘录》《2020 年未来产业法案》《2022 财年研发预算优先事项和全局行动备忘录》,要求确保在人工智能、量子信息科学、生物技术等领域的联邦研发投入,旨在保持和增强美国在未来产业及相关技术领域的领导地位。

表 6-1　　美国在未来产业相关技术领域的战略部署

发布时间	报告/法案/计划	部署领域
2019 年	《美国将主导未来产业》	人工智能、先进制造业、量子信息科学和 5G 通信技术
2019 年	《2021 财年政府研发预算重点备忘录》	为未来工业提供动力的技术、人工智能、量子信息科学和计算的基础研究和应用研究;先进通信网络和自动化技术;智能和数字制造,以及先进的工业机器人等先进制造技术
2020 年	《2020 年未来产业法案》	量子信息科学、生物技术、下一代无线网络和基础设施、先进制造、合成生物学等
2020 年	《2022 财年研发预算优先事项和全局行动备忘录》	人工智能、量子信息科学、先进通信网络、先进制造业、未来产业相关的计算生态系统、未来产业相关的自主驾驶和远程驾驶

续表

发布时间	报告/法案/计划	部署领域
2020年	《关键新兴技术国家战略》	高级计算、人工智能、量子信息科学等
2021年	《美国就业计划》	半导体、先进计算、先进通信技术、先进能源技术、清洁能源技术和生物技术等领域
2021年	《NSF未来法案》	量子信息科学、人工智能、超级计算、网络安全和先进制造
2021年	《无尽前沿法案》	人工智能与机器学习、量子计算科学与技术、自动化与先进制造、生物技术、医学技术、先进能源技术、先进材料科学等十个领域
2021年	《NSF未来制造业项目》	未来网络制造研究、未来生态制造研究、未来生物制造研究

2021年政府继续发布2.25亿美元的基础设施建设计划，其中，半导体（500亿美元）、生物制造（300亿美元）等未来产业是其关注的重点，1 800亿美元用于建设研究基础设施。可见，从2019年提出未来产业后，美国强化人工智能、大数据、量子信息、5G等基础设施建设，激发技术创新与应用，推动未来产业高质量发展。2021年3月美国密集出台几部计划和法案：一是《美国就业计划》，提出投资1 800亿美元用于研发未来产业技术，并认为技术的突破将带来新的市场、就业和出口；二是《NSF未来法案》，法案中计划向人工智能、超级计算、网络安全等领域投入726亿美元；三是《无尽前沿法案》，向人工智能与机器学习、量子计算科学与技术等十大未来产业相关的关键技术领域资助1 000亿美元。此外，2021年美国国家科学基金会（NSF）发布《NSF未来制造业项目》，重点支持未来网络制造研究、生态研究和生物制造研究。目前，美国政府通过出台计划和法案的方式对未来产业的研发投资已成规模，投资在本质上并不针对特定的技术成果或行业，基本都属于跨部门、跨机构、跨领域的投资项目。因此，这些"横跨性"的研发活动将会支持多个领域的发展，推动未来产业的繁荣。

（二）欧盟及成员国未来产业的战略部署

如果美国是未来产业的领跑者，那么欧盟就是紧随其后的追赶者。2018年，在美国白宫科技政策办公室（OSTP）与国家科学技术委员会发布《量子信息科学国家战略》后，欧盟同年启动了十年期的量子技术旗舰项目。2019年，由欧洲共同利益重大项目战略论坛（IPCEI）拟定，欧盟委员会发布《加强面向未来欧盟产业战略价值链报告》。该报告聚焦互联且清洁的自动驾驶汽车、氢技术及其系统、智能健康、工业互联网、低碳产业和网络安全六大领域，提出多元协同投资、强化政策扶持和提升研发支撑以推动未来产业发展。2020年7月，欧盟委员会提出《气候中性的欧洲氢能战略》，制定了氢能发展的技术路线图，大力促进氢能的技术开发和广泛应用。2021年2月，欧盟出台《民用、国防和航天工业协同行动计划》，启动欧盟无人机技术、基于集成量子加密技术的安全通信系统等旗舰项目，促进未来产业和新兴产业、传统产业融合发展。欧盟成员国也纷纷根据本国的战略需求和比较优势，提出本国的未来产业及其细分领域战略，确定重点发展领域。例如，法国和丹麦在2018年、2019年先后发布《人工智能战略》；荷兰制定了量子计划发展计划；爱尔兰致力打造"欧洲数据中心"，重点研发区块链、人工智能和物联网等数字技术；有26个成员国加入"氢能倡议"，14个成员国将氢能列入国家替代化石能源的政策框架。

德国是欧盟中未来产业发展相对领先的国家。德国在2013年提出"再工业化"战略，深耕智能制造、人工智能、清洁能源、数字化转型、数字基础设施等方面，相继出台多项战略进行部署促进未来产业发展，如表6-2所示，主要目标为加强数字化基础建设，聚焦清洁能源发展，服务和提升制造业地位。2020年新冠疫情给德国工业带来重创，德国将未来产业发展作为摆脱危机的重要途径。德国政府出台1300亿欧元的刺激经济计划，其中500亿欧元将投资未来产业，重点部署领域为药物和疫苗、电动汽车、氢能、数字化和通信、人工智能和量子等未来产业前沿关键技术群（见表6-3）。

表6-2 德国在未来产业相关技术领域的战略部署

发布时间	战略	部署领域
2013年	《保障德国制造业的未来：关于实施"工业4.0"战略的建议》	核心是"智能+网络化"，通过使用建立在信息和通信技术高度发展的基础上的CPS来实现智能制造
2018年	《研究与创新为人民——高技术战略2025》（HTS2025）	通过加大基础科研投入，保持德国全球科技领域的领先地位
2018年	《人工智能战略》	让德国和欧洲成为领先的人工智能中心，从而帮助德国维护未来的竞争力
2019年	《国家工业战略2030》	加强在人工智能、数字化、生物科技、纳米技术等领域的研发投入，打造欧洲自己的数字化基础设施，维护科技主权
2020年	《国家氢能战略》	重点发展"绿氢"，到21世纪中叶实现气候中和的目标，以成为氢技术的全球领导者
2021年	《联邦政府数据战略》	创建持续有效的数字化基础设施，增加创新和数据使用，以支撑更有效地管理国家、社会和对抗疫情

表6-3 2020年德国为应对新冠疫情危机的未来产业部署

未来产业	投入资金（亿欧元）	部署领域
药物和疫苗	95	改善医护条件、数字基础设施、重要药物和医疗设备的生产、新冠病毒疫苗研发、药品创新机构
电动汽车	≥57	电动汽车，充电基础设施，商用汽车、公共汽车和卡车的电动化
氢能	90	氢能技术、燃料电池的供热系统、氢气运输等
数字化和通信	100	电子政务系统、5G通信、6G通信
人工智能和量子	70	超级计算机、量子计算机、量子密码

第六章 "四链"融合的国际比较与经验启示

法国也是未来产业布局相对领先的国家。2013年法国发布"新工业法国"计划，提出"未来工厂"方向，核心思想是通过数字技术改造实现工业生产方式的智能化、绿色化、个性化和关联化，旨在推动人机互动、机器人、增强现实、人工智能的快速发展。2015年法国发布"新工业法国"计划第二期"未来工业"计划，本质是第一期"未来工厂"计划的拓展，目标是通过数字化转型，改变现有工业生产方式，帮助企业优化经营模式，带动经济增长。"未来工业"计划的主要部署领域为新资源、智慧城市、绿色交通、未来运输、未来医学、数字经济、智能设备、数字安全和健康的食物。为了增强在经济高潜力的竞争优势，法国在2010年、2014年、2017年、2021年先后启动四期的"未来投资计划"，分别投入350亿欧元、120亿欧元、100亿欧元、200亿欧元，战略部署了国家未来产业及相关前沿技术的重点投资领域，如表6-4所示。也是为了应对新冠疫情的冲击，2020年6月，法国政府成立科技主导权基金，其中5亿欧元设立的技术纪念基金用于重点支持人工智能、量子计算、健康、网络安全等未来产业相关技术的公司。

表6-4 法国在未来产业相关技术领域的战略部署

发布时间	规划/项目	部署领域
2015年	"新法国工业"第二期"未来工业"计划	新资源、智慧城市、绿色交通、未来运输、未来医学、数字经济、智能设备、数字安全、健康的食物
2017年	第三期"未来投资"计划	抵御气候变化、人工智能、新型无农药农业、抗生素耐药性研究、罕见病
2021年	第四期"未来投资"计划	健康：数字健康、创新疗法、生物疗法、生物制造； 生态和能源转型：工业脱碳、促进生态转型的可持续发展的农业设备、可持续的生物燃料、无碳氢技术、能源系统先进技术、脱碳和数字化的移动出行； 数字技术：云、5G通信和未来的电信网络技术、网络安全、量子技术

(三) 英国未来产业的战略部署

2008年金融危机后,英国劳动生产率持续低下。2017年在启动脱欧程序后,英国经济增速仅有1.5%,对此,英国通过出台一系列促进未来产业科技创新和产业革新的政策措施。2017年年初,英国发布《现代工业战略绿皮书》,强调新一轮科技革命和产业变革对英国经济的重要性。随后,英国成立产业战略挑战基金(ISCF),支持未来技术研究和基础设施建设。2017年年末,英国政府发布《产业战略:建设适应未来的英国》白皮书,规划了未来数十年的产业发展战略,指出科技创新促进经济发展的主体思想。为了落实白皮书内容,英国随后设立了"工业战略挑战基金,包含16亿英镑的政府投入和30亿英镑的企业投资",通过研究机构和企业产学研联合攻关技术,对四个未来产业前沿领域:人工智能与数字经济、未来交通、清洁增长和老龄化社会进行资助,而这也将成为英国未来产业的主要增长点(见表6-5)。此后,英国工程和物理科学研究委员会成立了靶向医疗、化合物半导体等13个未来制造业研究中心,重点支持早期研究的商业化以推动未来制造业更快使用新技术带来经济效益。

表6-5 英国在未来产业相关技术领域的战略部署

挑战	优先发展目标	部署领域
人工智能	建设英国成为人工智能和数据驱动创新的全球中心;推动企业应用人工智能和数据分析技术提高生产率;安全合理使用数据和人工智能;培训劳动力未来工作所需的技能	量子技术商业化(3.75亿英镑)、创意产业集群(3 900万英镑)、数字安全设计(1.87亿英镑)、下一代服务(2 000万英镑)
清洁增长	开发廉价清洁的智能能源系统;开发绿色建筑施工技术;建立能源密集型产业;加大对可持续农业的支持与激励;制定支持清洁增长的全球标准	工业脱碳(4.31亿英镑)、低成本核能(5亿英镑)、智能制造(2.87亿英镑)、能源革命(1.025亿英镑)、智能可持续塑料包装(2.09亿英镑)、建筑改造(1.7亿英镑)、粮食生产转型(9 000万英镑)、基础产业改造(6 600万英镑)

续表

挑战	优先发展目标	部署领域
未来交通运输	建立灵活的监管架构，鼓励新的运输模式和新的运营模式；实现车辆运输向零排放转化；为交通运输服务的新模式、更大的自动化程度、行程分享以及缩小私人和公共交通之间的差别做好准备；利用数据加速发展新的交通运输服务，使运输系统更有效运作	电力革命（8 000万英镑）、未来飞行（3亿英镑）、法拉第电池挑战（3.175亿英镑）、国家卫星测试设施（1.05亿英镑）、机器人技术（9 300万英镑）、无人驾驶汽车（2 800万英镑）
老龄化社会	为全球老年人提供新产品和服务；支持适应变革需求的商业模式，鼓励新护理模式的发展和推广；支持适应不断变化和老龄化的劳动力市场；利用健康数据改善国民健康，保持英国在生命科学方面的领先地位	加速疾病检测（2.39亿英镑）、健康老龄化（9 800万英镑）、从数据到早期诊断和精准医疗（2.10亿英镑）、先进医疗保健（1.81亿英镑）

（四）日本未来产业的战略部署

近年来日本在氢能源、量子科技、生物技术和人工智能等诸多未来产业领域频频发力，且成效明显。2016年日本在第五期《科学技术基本计划（2016—2020年）》中首次提出"社会5.0"，提出要最大限度地运用现代技术，通过虚拟与现实的高度融合，打造一个为人类带来更美好生活的"超智能社会"，而人工智能是核心技术。因此，日本聚焦机器人、医疗健康和自动驾驶三大优势领域，推动人工智能技术应用，2017年创建"人工智能技术战略会议"，推动制定《人工智能战略》，提出2030年后实现人工智能与其他领域的交叉融合，构筑新的社会形态，并同步推出《氢能源战略》《量子技术创新战略》《生物战略》等。此外，日本的新材料一直处于世界领先地位，也是未来产业的重点部署领域。《未来投资战略2017：为实现"社会5.0"的改革》中明确提出要聚焦生命健康、交通出行等八大未来产业领域。2017年以后，日本先后发布面向"社会5.0"的《新产业结构蓝图》

《未来投资战略 2018——迈向社会 5.0 和数据驱动型社会的变革》《集成创新战略》《科技创新战略 2020》等一系列报告法案（周斐辰，2021）。在这一阶段，日本逐渐完善未来产业系统性布局框架，重点部署领域为生命健康、人工智能、生物技术、量子技术、尖端材料制造、能源与环境、自动驾驶汽车等前沿科技。2021 年日本公布《第六期科学技术创新基本计划》和《2021 科技创新白皮书》，提出加快部署超级计算机、人工智能、量子信息等领域。至此，日本开始重视未来产业发展中基础研究环节和研发环境的改善，提出开放科学及数据驱动型研究，加大面向未来新型社会人才的开发及培养力度（见表 6-6）。

表 6-6　日本在未来产业相关技术领域的战略部署

发布时间	报告/法案	部署领域
2017 年	《未来投资战略 2017：为实现"社会 5.0"的改革》	生命健康、交通出行、世界领先的智能供应链、基础设施和城市建设、金融技术创新及应用、能源与环境、机器人革命与生物材料革命、新型居住生活服务市场八大领域
2016 年和 2017 年	《科学技术创新综合战略 2016》和《科学技术创新综合战略 2017》	16 个系统和数据库：能源价值链最佳化系统、地球环境信息平台系统、基础设施高效维护更新管理系统、抗灾社会强固系统、智能道路交通系统、新型制造系统、材料整合开发系统、实现健康立国的地区保健护理生活系统、人性化游客接待系统、智能食品供给系统、智能生产系统、三维地图信息数据库、跨行业数据流通数据库、地球环境信息数据库、人流物流车流信息数据库、图像信息数据库 新兴技术：物联网、人工智能、机器人和超分散信息处理等
2017 年	《新产业结构蓝图》	自动驾驶汽车、保险与评级智能化、原创新药、功能食品、尖端材料制造、生物能源、个性化医疗药品、护理关怀计划、维护保养服务、智能化授信、理财咨询服务等
2018 年	《未来投资战略 2018：为实现"社会 5.0"的改革》	对生活和生产、能源和经济、行政和基础设施、社区和中小企业四大领域重点展开智能化建设

续表

发布时间	报告/法案	部署领域
2020年	《科学技术创新综合战略2020》	5G移动通信技术、公共卫生、人工智能、超算、大数据分析、卫星、智能实验室、远程商业、低能耗技术、清洁能源、生物技术等领域
2021年	《科学技术白皮书》	超级计算机、人工智能、量子信息等，加大科技基础研究和人才开发力度

（五）韩国未来产业的战略部署

未来产业布局上，韩国动用一切力量推动半导体、未来汽车和生物健康发展，作为"三大创新增长产业"，力争在2025年前将这三大产业的竞争力提升至世界第一。韩国的产业结构实现了从劳动密集型向资本密集型、技术知识密集型，再向高新技术产业的过渡。2014年6月，韩国政府制定出台《未来增长动力落实计划》，从205项产业中遴选出智能汽车、5G移动通信、智能机器人等13个有望带动韩国经济发展的未来增长动力产业，其中制造业有9个。2019年韩国发布《制造业复兴发展战略蓝图》，将培育未来产业作为制造业复兴的四大战略之一。培育未来产业重点包括：到2030年，政府投资8.4亿韩元带动民间投资180万亿韩元在半导体、未来汽车、生物技术三大领域开展公私合作研发；每年投入1万亿韩元专项资金集中培育材料和核心零部件等新产业，开发100项相关技术。同年，韩国发布《政府中长期研发投入战略（2019—2023年）》，提出对食品、新药、计算机、人工智能、大数据、信息安全、生物、医疗器械等未来产业领域构建全周期的研发支持体系。

因为新冠疫情的冲击，韩国经济显现疲软，经济增速放缓，韩国的支柱产业半导体行业发展下行趋势明显。2022年8月，韩国正式实施《关于加强与保护国家尖端战略产业竞争力的特别措施法》，也称"半导体特别法"，通过指定特色园区、支援基础设施、放宽核心规制等，大幅加强对半导体等战略产业领域企业投资的支援。2022年韩国发布《国家战略技术培育方案》，以实现成为引领未来经济安全、新产业、外交安全的技术主权国家的愿景，在半导体等十二大国家未来产业战略技术领域，计划5年投入25万亿韩元以上资金，并设立"国家战略技术特别委员会"跟进落实（见表6-7）。2023年，韩国政府计划年内发布30多个"新增长4.0战略"推进方案，确保未来产业增长动力，后续接连发布《加强系统芯片生态环境战略》以及半导体、二次电池、显示超差距战略，确保半导体领域的发展活力。

表6-7　韩国在未来产业相关技术领域的战略部署

发布时间	战略	部署领域
2014年	《未来增长动力落实计划》	主力产业：智能汽车、深海海洋工程、5G移动通信等 未来新产业：智能机器人、虚拟现实数字、穿戴式智能设备 公共福利能源产业：健康护理、新能源等 基础产业：半导体、物联网、大数据等
2019年	《制造业复兴发展战略蓝图》	半导体、未来汽车、生物技术、材料与核心零部件等
2019年	《政府中长期研发投入战略（2019—2023年）》	食品、新药、计算机、人工智能、大数据、信息安全、生物、医疗器械等未来产业领域
2022年	《国家战略技术培育方案》	创新引领型：半导体和显示器、二次电池、下一代移动出行、新一代核能 未来挑战型：先进生物技术、宇宙太空及海洋、氢能、网络安全；必需基础型：人工智能、下一代通信技术（5G/6G）、先进机器人和制造、量子技术

三、发达国家通过"四链"融合促进未来产业发展的典型经验及对我国启示

我国大力推进未来产业的发展，《"十四五"数字经济发展规划》

针对类脑智能、量子信息、基因技术、未来网络等共识性未来产业进行了前瞻性布局。未来产业成为多个省份及城市在"十四五"时期重点布局的领域。2024年1月，工业和信息化部等七部门联合发布《关于推动未来产业创新发展的实施意见》，明确未来产业创新发展目标、重点任务和保障措施。未来产业发展政策环境日益优化、核心技术不断突破、融资环境得到改善，但与此同时仍然存在一些老问题：产业基础薄弱、部分关键核心技术竞争优势不明显、人才面临较大缺口、金融支持力度不够、地方布局存在交叉重复、部门联动协同有待提升、平台机构作用尚未凸显，体制机制有待进一步完善等，创新链、产业链、资金链、人才链相互衔接、深度融合的态势尚未形成。因此，本部分以发达国家在推动产业发展中的具体战略举措为核心，分析提炼"四链"融合的实践做法，为我国未来产业发展建设形成资本、人才、技术等要素一体化配置的创新生态提供一些经验启示。

第一，国家开展前瞻性顶层设计，持续出台战略和政策法规，及时跟踪评估调整，以政策链有力牵引创新链、产业链、资金链和人才链融合发展。

一是前瞻性顶层设计。例如，法国形成了多层级科技决策咨询工作机制，包括总战略研究委员会（CSR）和议会科学技术选择评估局（OPECST），帮助政府前瞻部署未来产业重点产业技术领域。日本是最早开展技术预见调查的国家之一，日本科技政策研究所每5年开展一次全国技术预见调查，目前已开展了11次，提出16个特定科技发展领域。技术预见调查活动是日本科技创新制定的重要依据，也为其未来产业前瞻布局奠定了良好基础。韩国则利用民意调查确定民众在培育未来产业技术领域的共识，2022年韩国知识产权局发布未来战略产业技术民意调查结果"改变韩国未来的十大发明技术"，韩国将根据调查结果大力发展相关产业。

二是持续出台政策，强化政府干预。如表6-8所示，近几年美国连续出台了一系列面向未来产业及其技术的发展战略、行动计划等政策，积极进行国家战略层面的部署，指导科研投入、人才引育、技术应用等各个环节，强化政府干预。英国不断完善国家科技创新政策体系，持续布局关键产业领域，2014 年提出《新兴技术与产业战略（2014—2018 年）》，2015 年发布"英国量子计算路线图"和"英国动物替代技术路线图"，2016 年推出"英国合成生物学战略计划"，2021 年出台"氢能路线图"。日本在氢能源、类脑智能、量子信息、生物技术、深海空天开发等领域很早就出台了一系列战略，包括 2008 年《脑科学战略研究项目》、2013 年《海洋基本计划》、2017 年《氢能源基本战略》、2019 年《生物战略》、2022 年《量子未来社会展望》等。

表 6-8　　　　　　　　美国未来产业细分领域政策

产业	发展目标	产业政策
量子信息科学	加强关键基础设施建设，建立量子信息科学中心，探索量子前沿，支持量子技术产业化，确保美国实现量子信息科技的经济和安全利益	《国家量子倡议法案》（2018 年） 《量子信息科学国家战略概述》（2018 年） 《美国量子网络战略愿景》（2020 年） 《国家量子倡议再授权法案》（2023 年）
人工智能	持续投资基础人工智能研究，指导各机构提供数据、模型和计算资源，促进技术转型及应用，建立统一治理标准，维持人工智能领域的领先优势	《未来人工智能法案》（2017 年） 《人工智能国家安全委员会法案》（2018 年） 《美国人工智能研发战略计划》（2019 年） 《美国人工智能行动第一年度报告》（2020 年） 《人工智能权利法案》（2022 年） 《美国人工智能研发战略计划》（2023 年）
先进通信网络/5G	加速安全网络和先进通信技术的研究、开发、测试和部署，增强数据与算力设施服务能力，应对中国 5G 发展威胁，提前布局 6G	《先进无线通信研究计划》（2016 年） 《Ray Baum 法案》（2018 年） 《5GFast 战略》（2018 年） 《美国保护 5G 安全国家战略》（2020 年）
先进制造	发展和推广先进材料和加工技术，教育、培训和匹配制造业劳动力，重点关注智能和数字制造系统、半导体等技术方向，引领全球先进制造	《先进制造业国家战略计划》（2012 年） 《振兴美国制造业和创新法案》（2014 年） 《国家制造业创新网络》（2014 年） 《美国先进制造业领导战略》（2018 年） 《国家先进制造业法案》（2022 年）

续表

产业	发展目标	产业政策
生物技术	推进生物技术领域的科学发现、技术突破和工具开发升级，支持药物开发和精准医学计划，弥补医学研究、医药产业与药品监管之间的缺口，提高美国人的健康水平	《脑研究计划》（2013年） 《精准医学计划》（2015年） 《耐药性国家行动》（2015年） 《癌症登月计划》（2016年） 《微生物组计划》（2016年） 《21世纪治愈法案》（2016年） 《美国国家生物防御战略》（2018年） 《生物安全法案》（2022年）

三是跟踪评估调整政策。德国政府每两年编制新的《德国研究与创新战略报告》，滚动监测跟踪评估产业和科技的发展动态；《未来协议：加强高校学习与教学》中明确规定每年推行项目的高校需汇报执行情况，在2025年对协议效果进行评定并给出调整方案；2020年，德国针对旧版《2018年人工智能战略》提出增强人工智能在科研基础和专业知识、技术转让和应用、政府监管架构等方面的综合实力。法国政府坚持主动围绕自身产业发展的最新实际需求，动态优化完善未来产业的具体领域，其2013年的"新工业法国"计划至今推动未来产业的顶层设计经历了"三个阶段"。第一阶段为2013—2015年，"新工业法国"计划确定重点发展领域34个；第二阶段为2015—2021年，"未来工业"计划领域改为以新资源开发、智慧城市、环保型交通工具等9个领域为支柱的布局；第三阶段为2021年至今，总额为300亿欧元的"法国2030计划"转而关注能源和经济脱碳、交通、健康等10个领域。

第二，遵循产业和科技发展的客观规律，分阶段、有步骤地在创新链和产业链上进行全生命周期布局，促进创新链与产业链有效衔接。

"高精尖"的科技创新是有发展规律和过程的，需要先有人才基础与科研基础再走向产业化和市场化。因此，发达国家基于对未来产业某细分领域亟待攻克的关键核心技术和共性问题瓶颈的分析，科学研判该技术的创新预期目标与产业化时间，结合国家已有的人才、知识基础，制定关于这项技术明确的发展路线图。例如，美国对于量子信息技术就是在客观规律基础上，分阶段、有步骤地在进行全生命周期政策布局，促进科技创新最终转化为生产力。2015年美国发布《2015—2019年技术实施计划》，提出2015—2030财年量子信息科学研发目标与基础设施建设目标，具体又分为近中远三阶段目标：近期目标（2015—2019年）聚焦量子网络硬件与软件基础；中期目标（2020—2025年）于已实现的量子网络，进一步提升网络性能，同时为了满足可应用的需求，对新技术进行进一步提升；远期目标（2026—2030年）基于稳定的量子系统，探索量子信息的各类应用。2018年和2023年美国出台了两部量子信息技术领域的法案。2018年的《国家量子倡议法案》侧重于科学研究领域和人才培养，使美国科技企业在这项关键技术方面取得了巨大进步。2023年又出台《国家量子倡议再授权法案》加强将量子技术从实验室推向市场的途径，促进与盟友的国际合作以及确保量子供应链的安全，从而加强美国的量子生态系统，保持国际竞争力。

英国历来十分重视量子科学技术，2015年先后发布《国家量子技术战略》和《英国量子技术路线图》，通过科学的顶层设计引导未来30年的量子技术研发与应用，分为6个阶段：10年内实现技术开发，5~10年实现环境监测等应用，5~20年实现心脏和大脑功能的医疗诊断的量子应用，10~15年实现无GPS的军用车辆导航等应用，10~20年实现针对重要问题的大型量子计算系统等，20~30年开发出解决复杂问题的个人量子计算系统和高性能、低功耗量子化学处理器，帮助企业明确可凭借其自身实力获得收益的应用领域，面向学术界、产业界和公共部门制定更广泛的行动，分析得到每项量子技术可能商业化的时间，有序推动量子计算科学的创新和应用，在未来促进英国量子计算产业的增长，推动就业和经济增长。

第三，通过设立专门机构，健全产业科技研发平台，汇聚各优势主体资源，建立分工明确的多元参与协同机制和产业创新生态系统，

打通贯穿创新链和产业链的全链条过程，促进"两链"深度融合。

一是设立专门机构。例如，为解决科研体制中长期存在的创新链条割裂破碎和行政监管负担过重两大问题，2021年，美国总统科技顾问委员会（PCAST）提出未来产业研究院的构想，并在后续细化了设计方案和建设步骤。这是自2012年时任总统奥巴马提出组建制造业创新研究院之后，美国再次由联邦政府层面发起的新一轮国家级创新主体建设计划。延续制造业创新研究院经验，未来产业研究院设立了由学术界、产业界、政府和非营利组织等多方代表联合组成的管理机构，强调通过产学研协同、跨学科合作来解决单个研究院的成果转化、资源共享等问题。与制造业创新研究不同的是，未来产业研究院并不仅仅致力于解决政府对于基础研究与规模化生产之间的创新环节支持不足问题，其建设的主要目标是促进从基础、应用研究到新技术产业化的创新链全流程整合，解决创新链上不同环节之间的割裂问题，致力于促进美国科技基础设施各个部分的无缝对接合作，实现"理论探索——基础研究——工程化中试——产业化"一条龙创新。在具体规划中，每个未来产业研究院都会针对各自领域的战略方向，建立从原始创新到大规模商用一条龙的研发链条，该链条是覆盖技术成熟度从第1级至第9级的全视角创新链条。未来产业研究院在整个链条中重点推进基础研究与原始创新，全面部署10年或10年以上的重大项目，针对战略性前沿、重大、关键问题进行颠覆性创新，致力于创造极具未来竞争性的产业发展机会。未来产业细分领域也纷纷成立研究机构，如美国能源部量子科学与工程类研究中心、美国国家科学基金会人工智能研究所、半导体先进制造都是由跨学科、跨机构的研究团队组成，贯穿全创新产业链条。2022年为落实《关于加强与保护国家尖端战略产业竞争力的特别措施法》，韩国政府组建由国务总理领导的国家尖端战略产业委员会，作为最高决策机构，重点推进与国家尖端战略产业有关的技术研发项目。

二是建立分工明确的协同机制。美国政府部门与工业界和学术界建立协同创新伙伴关系，由政府提供种子资金，州政府提供土地，联邦实验室提供科技基础设施，高校提供科研人员，企业提供信息数据等优势资源汇聚。德国形成了分工明确的创新协同体系，其中政府机构承担立法、规划、管理监督等职能，由大学、国立和非营利性科学技术机构、专业科研单位联合进行技术研究与技术开发，由中介组织负责技术转让等与研发、技术创新有关的业务。例如，2019年德国科学联席会通过了《研究与创新公约N》《未来协议：加强高校学习与教学》《高校教学创新协议》三份行政协议，分别规定了在政府层面、科研机构层面、高校层面分配的资金和各自的职能。

第四，政策、投资双管齐下，构建多阶段和多元投资体系，实现资金链稳定性、靶向性、动态性支持创新链产业链。

一是资金链多元性支持创新链产业链。前沿技术创新和产业发展一般风险大、投入高、周期长，多元投资可以降低风险，基本上有四类投资：（1）政府提供税收优惠、补助金、长期贷款等政策支持，例如，美国2021财年《国防授权法案》中为先进半导体研发制造等企业减免150亿美元税收，国家科学基金会通过种子补助金和研究补助金资助未来制造业重点领域项目，韩国2021年《K－半导体战略报告》为芯片研发投资提供40%～50%的税收减免和1万亿韩元长期贷款；（2）政府加大直接投资，例如，美国法案如《NSF未来法案》《无尽前沿法案》《国家量子倡议再授权法案》、英国"工业战略挑战基金"、法国"未来工业"、俄罗斯《国家技术倡议》等，都会明确提出投资多少以及投资的具体领域，发达国家的政策和投资都是双管齐下；（3）未来技术和项目吸纳市场资本和社会资本，引导改变民间资本产业的投资策略，通过"政府资金＋私人资金"方式促进研发机构和企业联合研发，例如，美国未来产业研究院、英国工业战略挑战基金（26亿英镑＋30亿英镑）、韩国官民联合制造业复兴机制、德国《国家工业战略2030》、俄罗斯《国家技术倡议》等；（4）政府需求侧的直接采购，提高新技术新产品的市场认知度，例如，中央情报局购买

DARPA 等研发机构的最新技术服务等。

二是资金链阶段性支持创新链产业链。美国未来产业研究院的资金来源随着各研究院的发展呈现出阶段性特点。在初始阶段，未来产业研究院依托多个联邦政府部门的预算联合建立"种子基金"来撬动社会投资；在成熟阶段，随着运行模式的逐渐成熟以及商业模式实现自给自足，联邦资金逐渐退出。未来产业研究院将开发创造性的融资渠道，进一步促进多部门参与，并减轻伴随联邦资金而来的行政负担。除了面向基础科学研究的国家科学基金会（NSF）以外，美国参议院提出新成立国家技术基金会（NTF），以政府主导、公私联合的方式推进未来科技领域中度成熟技术的应用研究。英国研究与创新署（UKRI）以产业战略挑战基金（ISCF）、全球挑战研究基金（GCRF）、战略重点基金（SPF）、地方强化基金（SIPF）、未来领袖奖学金（FLF）和国际合作基金（FFIC）六大资助基金为支点，对基础研究产业化全过程进行顶层布局和规划。

三是资金链靶向性支持创新链和产业链。欧盟按氢能全产业链进行靶向补贴，全面支持氢经济，至 2050 年欧洲各界对绿氢累计投资总额将达到 1800 亿～4700 亿欧元（贾英姿等，2022）。韩国在 2022 年《国家战略技术培育方案》中提出，要拿出 2400 亿韩元用于功率半导体、新一代感应器、人工智能半导体等薄弱领域，三星计划在 2030 年前增加对系统 LSI 和晶圆代工业务的投资总额到 171 万亿韩元。韩国政府 2022 年还单独设立 200 亿韩元特别预算，用于三大新产业及纳米产业零部件和设备的开发，以解决半导体供应不足导致的产业链断链等问题。

四是资金链稳定性支持创新链和产业链。欧盟 2021 年发布《欧洲地平线 2021—2024 年》，计划在未来 7 年投入 955 亿欧元助力科技和产业发展，法国 2020 年《2012—2030 年研究计划法案》将在未来 10 年增加 250 亿欧元资助竞争性基础研究。英国 2018 年成立研究与创新署（UKRI），在科技和产业之间建立长期的投资和转化机制。

五是资金链动态性支持创新链和产业链。英国通过以科研卓越框架（REF）为代表的科研绩效评价体系，将科研经费分配与科研绩效评价结果紧密挂钩，动态性调整绩效拨款的分配方式，增加科研经费拨款质量和资金使用效益。美国国防部高级研究计划局（DARPA）采取自主互补性技术方案，同时资助多个团队进行同一项目，在中期会及时淘汰达不到预期的项目，形成动态评估、竞争择优的资助机制。

第五，形成"人才输送精准化、人才管理协同化"的人才引育体系，建立人才链支撑创新链产业链、创新链产业链驱动人才链、人才链促进"两链"融合的良好局面。

一是在创新链和人才链方面，2022年美国发布《量子信息科学和技术劳动力发展国家战略计划》，壮大多元化的专业量子科研人才队伍，2023年设立国家半导体技术中心，明确建立半导体人才发展体系的目标。美国根据创新链战略需要，强化培育并向重点领域精准输送人才，同时，完善两链协同化的管理机制。2021年《创新与竞争法案》和《美国竞争法案》提出人才在创新链全过程中的法定义务和考核权重，并通过给予学术休假和对外兼职等使人才更加自由地开展研究。美国未来产业研究院把科研人才、高技能劳动力的培育使用作为其核心任务，将人才培育成果作为核心考核指标，推行灵活的人员自由流动机制，创新开展如双重聘用、联合聘用、阶段性任职等多元途径的用人机制。日本"登月型"研发制度充分授予项目经理自主权，广泛聘用大学科研机构的学者参与未来社会的开发。欧盟着力提高科研一体化水平，促进人才均衡流动。2020年美国能源部国家实验室培养超2 000名学生，2023年《国家半导体技术中心战略》强化科学家、工程师、技术人员在内的人才体系；2020年日本国家信息和通信技术研究所启动十年期的"量子原住民"培养计划，旨在培养从小就适应量子技术环境的人才；英国投资自主人工智能博士研究、建立大学和企业联合的编程学院等；韩国政府指定大学和研究院，开设针对战略产业的教育项目、扩大招生规模以及分担学费等方式支持培养专业人才；美国重视科学普及对于人才链未来布局的基础作用，例如，英特尔公司设有"明日未来"计划，谷歌与美国国家航天局合作开办奇点大学培养未来人才等，都是创新链驱动人才链的现实表现（赵晨等，2023）。

二是在产业链和人才链方面，主要围绕"满足产业端用人需求、强化人才端产业匹配"的思路。2021年，美国出台《美国就业计划》《关于确保未来由美国工人在美国制造》，通过制定人才发展、教育设施升级、创造就业岗位、有利于本土人才的税收和贸易政策等，促使本土人才充分流向产业链所需之处。美国多次修改《移民法》，规定任何国籍、信仰、种族以及性别的高技能人才可以享受优惠政策和优先移民美国的权利。2021年，美国修订《国家学徒制法案》，重启并推动"美国学徒制"体制，制度重点是针对先进制造、信息技术、医疗保健等新兴产业，推动产业链知识向人才链下沉（赵晨等，2023）。

三是在创新链、产业链和人才链方面，主要是通过技术经理人协会实现人才链推动"两链"融合。技术经理人协会功能是培养和吸纳具备技术转移知识、工具、渠道及产业经验的复合型人才，目前这一机制下，技术创新已经促使996家初创企业成立，创新链与产业链融合成效显著。

第六，根据区域发展特色和产业基础，统筹推进区域协同发展布局，开展应用场景试点工作，依托区位优势为"政产学研"提供有利条件，实现资金、人才和技术等要素一体化配置，推动区域"四链"融合。

一是区域协同发展布局。各个地区盲目发展未来产业可能导致重复建设、资源浪费和区域发展不平衡，因此未来产业的区域布局需要放在全国层面统筹考虑。例如，美国创新集聚引发的经济鸿沟严重干扰了美国产业布局和就业市场的均衡发展，2021年《无尽前沿法案》强调科技带动区域经济平衡发展。该法案提出为美国商务部提供100亿美元资金，计划5年内在国内建成10~15个区域技术中心，从而有助于各地区实现关键技术的协同突破。美国自20世纪50年代开始依托研究型大学建立科技工业园区，研究大学以区域协同创新的重大需求为导向制定学校战略，自下而上地形成"大学—产业—政府—社会公众—自然环境"创新主体之间的五螺旋协同创新合作模式。

二是示范应用机制。在区域协同的同时也要鼓励先行先试，支持粤港澳、长三角、京津冀和成渝等科技创新资源密集且具有较强基础研究能力的地区率先打造未来产业先导区，开展产业培育试点示范，培育一批具备一定国际竞争力的区域未来产业。例如，美国国防部高级研究计划局在推动技术应用方面针对不同类型的项目采取了差异化的策略（张越等，2023）。对于以军事应用为导向的项目，其过程中与美国军方保持密切的合作与沟通，涉及工程化和应用推广阶段时，与相关企业及军事部门签订合约，将产品供应给军方使用，从而实现技术的转移。当军方不愿意接受新技术时，美国国防部高级研究计划局会通过国防部部长专用通道支持政府采购。对于产业应用项目，美国国防部高级研究计划局邀请产业界人士参与推进项目的应用化，直至有企业投资项目成果，之后项目管理者退出。这些项目通过与应用方的深入对话，在实施和推广阶段推动了新技术的工程化与应用推广。2019年发布的"电子复兴计划：国防应用"（ERI：DA）项目强调了国防过渡伙伴作为桥梁连接民间创新技术与国防应用的方式，要求参与者与其合作，促进技术成果在国防应用方面的开发示范，从而促进了技术成果在国防系统中的未来应用，并明确了美国联邦政府在技术成果转化过程中的作用。

第七，探索加快前沿技术成果转化应用的科技项目管理模式，从源头上注重技术和市场结合，在过程中突出潜在应用评价，同时解决"最后一公里"问题，跨越创新链和产业链间的"死亡之谷"。

例如，2009年美国成立能源部先进研究计划署（ARPA－E）。ARPA－E高度重视从变革型技术到市场化应用的转移转化，加快变革性能源技术的推广应用，提高美国能源领域的全球竞争力。在从科学研究到技术实施的全过程中,ARPA-E通过多重范式促进科技成果的转化(陈伟,2016)。一是在项目设计上,从源头注重技术和市场的结合,探索"技术推进"和"市场拉动"的矩阵式结构,在科学技术和能源系统间选择可能出现的交叉处设计项目、提供资助,将基础研究和应用研究有效结合;二是在项目遴选评审中,标准是强调技术的潜在应用评价,ARPA-E选择将科学家和工程师组成团队,通过产学研人才聚集加速项目的市场化进程;三是在计划管理方面,给予项目主管自主权,包括在能源领域内识别有变革性的技术、促进技术实施以及商业化发展;四是在计划项目组织管理中,强化技术成果的商业化,ARPA-E成立T2M(技术到市场)部门,引入专职人员作为顾问,帮助受资助的项目推动成果商业化;五是启动SCALEUP计划,对已经获得资助并成功解决概念验证研发挑战的技术进行全面应用推广,跨越"死亡之谷",加速技术转化为现实生产力。

第八,坚持基础设施建设先行原则,夯实从科学技术突破到产业升级发展的物质基础;强化新型基础设施建设,以数据等新型要素融通资金、人才和技术等传统要素,赋能"四链"深度融合。

基础设施是支撑从科学研究、技术开发到产品研制整个创新链过程顺利开展不可或缺的关键资源,是推动科学技术突破和产业发展的基石。例如,美国设立"百亿亿次计算项目"部署百亿亿次超级计算机,为科学研究提供运算支撑;建设地下深层中微子实验场所、5家生物安全四季实验室,提出开发人工智能共享数据集和测试环境平台、开源软件库和工具箱等。现阶段美国基础设施体系已经较为完善,为科技革命和产业变革积累了显著优势。2019年《美国将主导未来产业》将人工智能、先进制造、量子信息科技、5G视为新型基础设施,2021年出台《基础设施投资和就业法案》,布局5G通信基站、宽带网络、大数据等新型基础设施,加大数字技术的研发和应用,赋能科技创新、生产制造、融资投资、教育科研等各类活动。2019—2023年美国国家标准与技术研究院(NIST)每年投入8 000万美元支持量子信息产业建设活动。《欧盟新产业战略》中提出数字化教育方案，强调数字基础平台的开发和建设，为培养人才提供有力支撑。德国同样致力于数字基础设施建设。在2021年《国家改革计划》中，德国政府多次提到数字化转型，推动对数字基础设施的投资，利用数字化实现能源转型。英国拥有十分成熟的基础设施规划系统，组建基础设施和项目管理局（IPA）和国家基础设施委员会（NIC），发布《国家基础设施战略》，成立基础设施银行，通过支持私人投资和全面改革基础设施交付方式对英国基础设施网络进行改造，重点布局数字基础设施，加强5G技术、全光纤网络高速宽带为代表的基础设施对全国的赋能作用。2019年韩国《制造业复兴战略蓝图》提出用更加智能化、生态友好和融合化方式创新产业结构，集中建设并依托大数据平台、人工智能中心、5G网络等基础设施，研发未来产业前沿技术并培育新产业和新服务，并在未来5年的《政府中长期研发投入战略》中指出以共同需求为中心的IT智能融合为重点方向之一。日本推进开放即数据驱动型研究，为产学研的研究人员搭建研究数据平台，促进数据共享和公开。

四、发达国家未来产业发展的"四链"融合模式

目前，全球未来产业的发展还处于初级阶段，许多国家对未来产业采取哪种发展模式还在尝试和摸索之中。正如前面分析，未来产业是一个阶段性的概念，会逐步发展成为战略性新兴产业、主导产业和支柱产业。因此，几十年前当时的"未来产业"在成为现在的"支柱产业"过程中形成了一些成熟的发展模式值得我们借鉴和参考。模式的选择是一个动态演变的过程，受产业基础和经济发展水平、生产要素和市场规模等很多因素的影响。

特别是随着技术的复杂程度越来越高，未来产业创新生态系统中涉及的主体也越来越多，包括政府、高校、科研机构和企业，他们各自在创新链、产业链、资金链和人才链中扮演着不同的角色。例如，

政府的角色是战略规划和资源布局，侧重于通过政策链牵引"四链"；高校的角色是基础研究和人才培养，侧重于创新链前端和人才链；企业的角色是提出需求、资金供给和应用转化，侧重于产业链、创新链后端以及资金链；科研机构的角色是设施提供和协同创新，侧重于围绕国家战略发展需求开展研究。随着各个链条从条块分割逐步走向交织重叠，每个角色的功能界限也在模糊化，几乎每个链条都有两个及以上的主体参与，且几乎每个主体参与链条中两个及以上的环节，实现资本、人才等要素顺畅流通，链条环节无缝衔接的"政产学研用"产业创新生态系统。但是，在不同的科技攻关和产业发展过程中，"四链"融合发挥核心驱动作用的主体各有不同，主体之间也会形成差异的互动模式。

因此，本部分回顾过去几十年中，发达国家特别是美国在推动当时"未来产业"发展中的做法，基于以高等院校、国立科研机构、政府企业全链条深度合作、政府强势主导资源配置作为核心驱动的四种情况，提炼出发达国家以"四链"融合促进未来产业发展的四大模式。

（一）面向科技前沿大学主导的研发模式——以高等院校为核心驱动的重大科技攻关路径

高等院校越来越成为国家创新网络的中心枢纽，主动承担起服务人类社会进步、国家重大战略需求的历史使命。然而，面对各项科技攻关难题，单一学科和单一高校破解乏力，需要尽快建立起跨学科、跨组织的协同创新模式，充分激活人才、资本、技术等各种要素。对此，美国、日本、德国等国家的大学作出了积极尝试，形成了相对成熟的大学主导的研发模式，对我国新时代大学的科研组织模式创新提供了有益参考。具体来讲，大学主导的研发模式中，主要的协同创新主体有三个：政府、高校和企业，在互动过程中主体职能各有侧重。

| 创新链　产业链　资金链　人才链深度融合 通往高质量发展之路

高校是核心主体，职能为构建一条完整的知识生产、传播和转移的知识创新链条，同时建立包括组织管理机制、跨学科研究机制、资源共享机制的管理架构，促进各主体协同联动创新，以及形成多元资助的激励机制和复合型人才培养机制，并通过多种形式实现，比如搭建平台和实验室、举办座谈会和合作论坛、开办课程、设立研发项目等。在这个过程中，政府、企业和公众更多扮演辅助和合作者的角色。其中，政府主要确定科技战略需求并提供财政支持；企业在创新最开始提出产业技术需求，协助高校确立研发方向，同时提供全创新链经费支持并参与整个研发过程，与高校之间实现价值共创合作。大学主导的研发模式如图6-1所示。

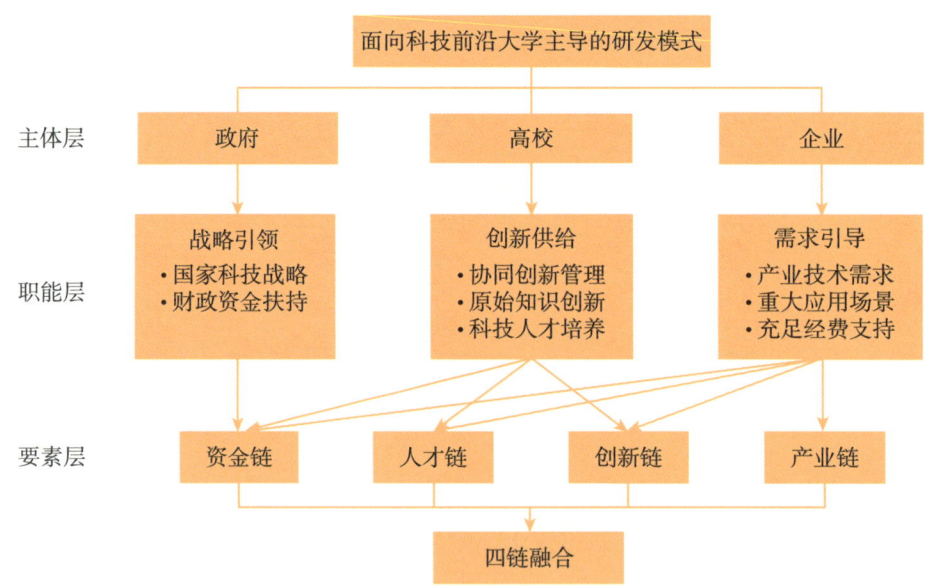

图6-1　面向科技前沿大学主导的研发模式

下面具体以美国"重大挑战计划"、斯坦福大学"Bio-X计划"、日本大阪大学"WPI计划"和德国慕尼黑工业大学进行案例分析。

第一，构建促进协同联动的科研管理架构。首先是组织管理机制，例如，加州大学"重大挑战计划"成立了"指导委员会—跨学科研究委员会—学术与技术咨询委员会"的三级管理架构，其中第三级由知名专家、政府领导、产业界企业等合作机构代表组成,从领导层面就保证了后续多学科多部门的协同联动。斯坦福大学"Bio‒X 计划"也设有"执行委员会—咨询委员—科学领导委员会"的三级管理架构,作为研究方向、项目运行的最高决策。其次是跨学科研究机制,例如,密歇根大学"重大挑战计划"促进学科交叉融合,打造以重大问题为导向的学科会聚生态系统,通过建立交叉学科教师联合聘任体系提供制度保障,斯坦福大学"Bio‒X 计划"采用主任负责制度,在每个项目获得资助后,会从大学各个院系中抽调教师组成研究团队。最后是资源共享机制,例如,斯坦福大学"Bio‒X 计划"中教师资源等都是共享的,专门设置核心共享设备实验室用于放置最新设备,同时在企业投资下打造了克拉克中心,搭建跨学科研究协同创新平台,营造知识共享的交流空间(毕颖和杨小渝,2017)。

第二,构建完整的知识生产、传播和转移的知识创新链条。例如,斯坦福大学吸引不同学科、不同领域的科学家、工程师开展研究项目合作,在知识生产阶段对研究导向准确定位,在面向科技前沿的同时,也要面向行业产业需求;通过设置跨学科课程、研讨会的方式促进不同学科最前沿知识的传播;最关键的是与企业建立合作伙伴关系,推进知识转移至产业界。在"Bio‒X 计划"中,企业以成为加盟成员、参加 Bio‒X 合作论坛等方式与斯坦福大学的研究人员建立了长期联系,而论坛进一步提高了技术创新的信息披露,为大学吸引了更多的企业参与到跨学科研究协同创新之中。日本大阪大学"WPI 计划"与企业间建立了良好的共创价值合作模式,即企业在基础研究阶段提供基本运行经费,企业从高校提供的原始成果中进行挑选后,投入研究经费开展合作研究。高校和产业界通过这种方式实现双方共赢,一方面产业界对高校计划提供有导向的支持,更好对接产业需求,合作研发成本降低;另一方面,高校获得足够资金的同时,基础研究水平和成果转化能力也得以提高(鲍锦涛等,2022)。

第三,形成多元资助和激励机制的资金链。大学需要多方资金支撑才能维系具有冒险性和创新性的研究。一是大学种子基金，例如，美国"重大挑战计划"发起高校一般会设立种子基金、创新基金或者引导基金来激励广大教师参与；二是政府扶持基金，例如，加州大学"重大挑战计划"获得能源部975万美元的专项资助；三是社会捐赠，"重大挑战计划"发起高校会同时举办筹款活动、慈善基金会等吸引社会资本；四是企业投资，这是最主要的资金来源（林成华和徐瑞雪，2020）。

第四，实现复合型人才培养机制的人才链。一是未来产业科学研究需要有新一代科学家的支撑，因此在推进研究计划的同时也要同步推进人才培养。例如，美国"重大挑战计划"大学坚持科研反哺教学的理念，把科研项目相关学科知识和已取得的关键成果纳入学生课程体系；二是鼓励学生参与重大科研项目，例如，加州大学设立了"重大挑战本科生科研学者计划"；三是设立专项人才培养计划，例如，科罗拉多夫大学启动了"太空后备生计划"，培养航天事业的人才。

（二）国家实验室协同创新模式——以国立科研机构为核心驱动的重大科技攻关路径

以国家实验室为代表的国家战略科技力量是世界科技强国竞争的基础。美国等发达国家在国家实验室建设方面起步较早、成果显著，积累了较为成熟的实践经验。以美国为例，国家实验室具有强烈的国家主导和需求牵引特征，重大科技任务来源以国家长期资助任务为主，定向委托和临时性应急任务为辅。前者政府部门财政为主要的经费渠道（95%），后者如是企业委托申请的项目，则经费由企业全额承担。而这种由企业发起并提供资金、政府统筹协调、国家实验室提供技术的合作模式，充分体现了国家主导+市场运作有机结合的协同创新模式，企业和政府部门通过国家实验室找到了合作的契合点，也实现了国家实验室利用先进技术服务本国经济发展的重要使命。具体来讲，国家实验室协同创新模式下，主体有四个：政府部门、国家实验室、科技领军企业和研究型大学，在互动过程中主体职能各有侧重。政府职能为统筹协调，确定本国科技发展战略，提供财政经费，并配套相应的体制机制政策，确保协同创新过程中主体之间权责划分清晰、利益合理分配、成果高效转化，在资金链中发挥主要作用。科技领军企业的职能为需求引导，在项目设立之初以组建产业联盟等方式，结合产业链上下游企业提出共性关键技术难题，在项目开展过程中提供长期稳定的资金并参与研发和技术投产优化，有效实现创新链后端和产业链相衔接。国家实验室是核心主体，作为政府部门和企业之间的"桥梁"，发挥着承上启下的作用。一方面，要"承上"，从国家战略目标出发与产业界达成共识；另一方面，要"启下"，打通实验室技术的成果转化通道，利用技术带动产业经济发展。国家实验室的主要职能为提供研发的基础设施等资源，从全国实验室抽调人才组成研发团队，根据企业需求进行贴合市场的技术研究开发。最后一个主体为研究型大学，在该模式下更多起到辅助者的角色，其主要职能为基础理论研究和人才培养，保障项目实施过程中的人才链稳定性。国家实验室协同创新模式如图6-2所示。

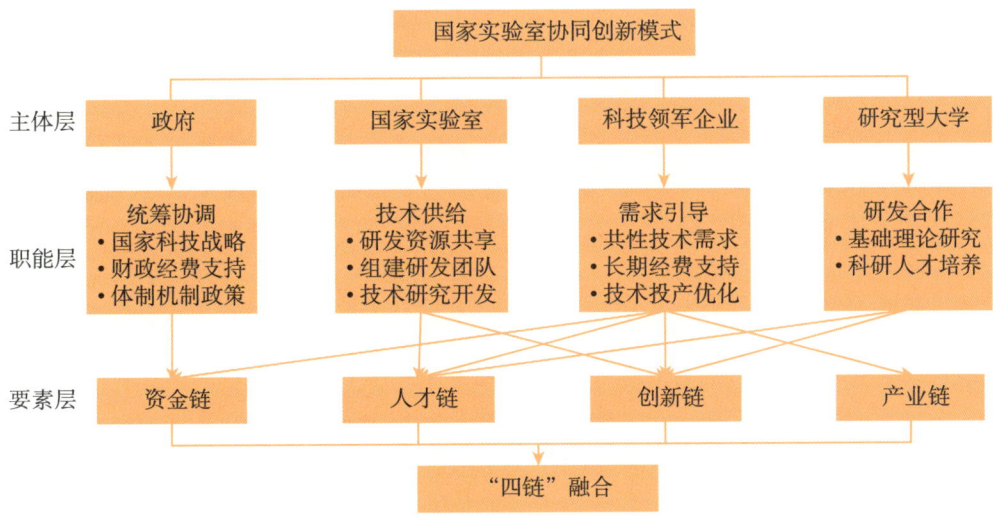

图6-2 国家实验室协同创新模式

| 创新链　产业链　资金链　人才链深度融合通往高质量发展之路

　　下面具体以美国虚拟国家实验室进行案例分析。20世纪90年代中后期，为应对美国半导体企业遭遇日本和欧洲企业的强势竞争，由美国半导体领军企业英特尔主导申请，美国能源部（DOE）统筹协调和政策支持，依托桑迪亚国家实验室、劳伦斯伯克利国家实验室、劳伦斯利物莫国家实验室，组建协同创新主体虚拟国家实验室（VNL）共同攻克极紫外光刻（EUV）技术。同一时间，英特尔、AMD、IBM等6家半导体领军企业组建极紫外光刻优先责任公司（EUV LLC），与VNL开展深度合作（房超和班燕君，2022；李辉等，2024）。

　　第一，成立多层级管理机制，提高统筹效率。例如，美国国家虚拟实验室中设置三个管理部门：一是顾问委员会，由政府官员组成，从国家科技战略层面对研究工作进行指导；二是行业咨询团队，由产业界、大学和政府成员构成，对研究项目潜力和成果进行评估；三是外部合作协调团队，由科技领军企业的产业链合作伙伴构成，负责技术的投产优化，给研发团队以市场反馈。

　　第二，组建研发团队，定向突破技术难题。虚拟实验室中的研发团队由成员企业和成员国家实验室各自抽调人员组成，共计约160位全时工作人员，工程师和研发人员精细化分工协作，使得EUV研发从整体到细节、从基础研究到生产制造均建立起信息闭环，促进了成果高效转化，满足实际生产需求。另外，国家实验实行人员动态管理机制，鼓励研究人员到大学兼职和接受教育。这种高流动性、多学科交叉和与大学联合的科研人员制度保障了大项目所需人才。

　　第三，制定筛选机制，严格遴选合作机构。虚拟实验室项目之初只有6家企业，后来逐步扩展到产业链上其他顶尖企业，项目结束后，共计约66家知名企业参与协同创新，形成光刻领域从"基础研究—原材料供应—工业设计—制造生产—整合组装—市场应用"的全创新链条覆盖。

　　第四，确立资源分配制度，清晰划分权责。例如，在VNL和EUV LLC的合作中允许企业使用国家实验室资源，企业也可以在专业知识、数据分析、材料和质量模拟等方面得到科研人员的帮助,这样节省了企业研发成本,相应的企业需要负责全额资助,资金分配则由 VNL 和 EUV LLC 共同商议决定。

第五,注重参与方的利益和成果保护。VNL 和 EUV LLC 的合作,通过提前签订合作协议约定好知识产权的归属和交易方式,维护了双方的利益。例如,EUV LLC 对知识产权和专利享有独家所有权,EUV LLC 中成员企业有专利的优先购买权,但只有所有成员企业的需求得到满足后,才可以向非成员企业出售光刻机和零部件,且要向 EUV LLC 缴纳版权费。

（三）市场主导下颠覆性技术创新模式——以公私部门全链条深度合作为核心驱动的重大科技攻关路径

近年来,颠覆性技术创新已经成为世界主要经济体之间进行战略博弈的主要抓手。美国之所以能够在世界科技竞争中始终保持领先地位,是因为其形成了较为成熟的颠覆性技术创新模式。回顾美国科技创新体系的演化,第二次世界大战以前美国政府科技创新的政策重点仍然局限在基础研究方面,并且长期以来科技宏观管理体系中存在的重复投资、不成体系、难以转化等问题凸显,创新投入产出比远低于竞争对手。在此背景下,美国当局反思创新模式的局限性并在国防部设立一个新型研究机构——国防高级研究计划局（DARPA）,聚焦具有重大战略价值的高风险、高收益颠覆性创新项目,同时采用先进的科研管理模式避免以往的问题,通过公私部门合作加强了基础研究和应用研发环节的衔接,推进科技成果转化。DARPA 的出现对美国集成电路在世界优势地位起到了决定性作用。21 世纪后,伴随全球变暖和能源安全问题成为新的挑战,美国能源部设立了新型研究机构——能源部先进研究计划署（ARPA－E）。ARPA－E 在 DARPA 科研管理模式基础上进一步深化公私部门在全创新链条上的融合。因此,DARPA 和 ARPA－E 所代表的市场主导下颠覆性技术创新模式,以公私部门全链条深度合作为核心驱动实现了未来产业重大科技攻关，值得我国借鉴。

该模式强调将创新链上各类生产要素进行系统整合，各主体紧密合作，特别是要加强公共部门和私人企业之间的互动协同关系，在技术供给和市场需求双重驱动下的研发和生产活动提高了颠覆式创新成果的产出概率。具体来讲，该模式下主体为四类：政府、企业、新型研究机构、大学和实验室，在互动过程中主体职能各有侧重。政府从国家科技战略层面进行宏观把控，负责抓规划、定政策、管布局、作监督，不具体参与和管理项目组织实施，通过成立研发专业机构，依托机构聘请专业高级人才来负责，提高项目管理的专业化能力，以政策链牵引"四链"深度融合。同时，政府的强势介入也体现在全创新链过程中的资金链支持，即从重视基础研究，到基础研究和应用研究并重的全流程布局，实现创新链和资金链融合。需要注意的是，该模式下的项目都是应用导向的，因此从项目遴选到最终技术投产使用，都需要企业深度参与，前期企业主导研究方向，后期则围绕技术的进一步孵化和市场化攻关，解决成果转化的"最后一公里"。在政府引导下，私人资本进入项目成为主要资金来源，政府资金在后期则充当补充角色，因此，企业成为各链条融合中的核心驱动。新型研发机构具有扁平化的组织管理模式，采用专业经理人负责项目的统筹运行，组建研发团队，同时作为"屏障"为科研人员营造一个完全自主自由的环境，使得各链条运行更多依靠市场力量，免受官僚影响。在这种模式下企业和大学都有可能是项目承接方，由企业单独完成研发任务或者企业向大学和国家实验室征集具体科研提案，最终由企业、大学和国家实验室等主体共同完成技术研发。大学和实验室具有人才培养的天然优势，保障了研发过程中的人才链需求。市场主导下颠覆性技术创新模式如图6-3所示。

下面具体以美国DARPA和ARPA-E进行案例分析。

第一，扁平化的运营管理机制。例如，ARPA-E采用专业经理短

第六章 "四链"融合的国际比较与经验启示

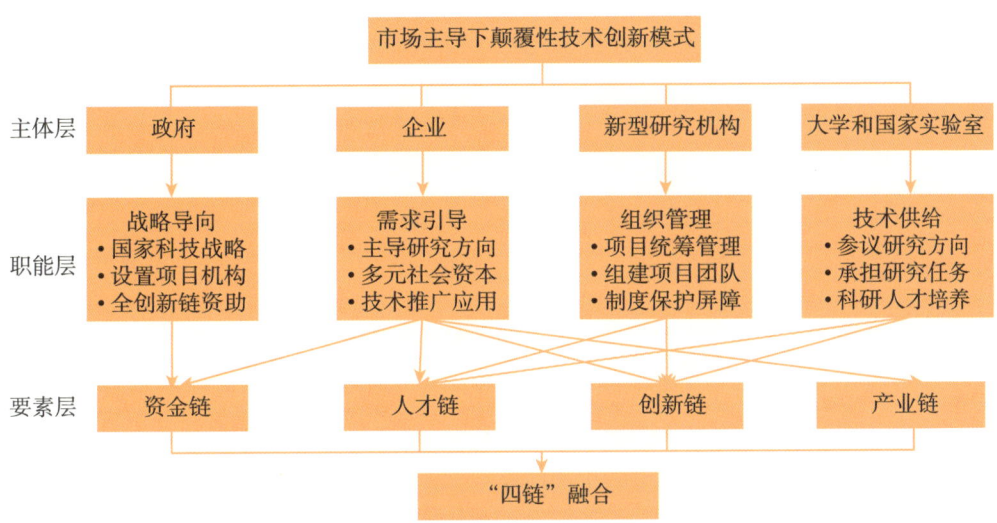

图 6-3 市场主导下颠覆性技术创新模式

期聘用制，设立三级管理体系，高级管理层为署长和副署长，直属上级为能源部部长；中级管理层为运营团队、技术团队和成果转化团队，分别聘请计划主管和成果转化顾问负责项目管理。可以看出，从署长到主管只有两个级差，大幅缩短了决策流程的同时，也避免了官僚体系对创新的影响。主管往往具有政界、产业界或者高校等多元化背景，在项目决策层形成了"政产学研用"协同机制，确保了决策的科学性（沈梓鑫，2020）。

第二，以应用为导向的项目管理机制。DARPA 和 ARPA-E 的立项实施流程快速高效，从计划启动到项目开始执行一般为半年左右。在项目主题计划、项目遴选评议、项目管理评估和内外部协调的整个管理过程中，科技成果转化和风险控制思想贯穿始终。例如，ARPA-E 在项目主题计划设计上选取"技术推进"和"市场拉动"的交叉点处寻找资助机会，在项目的一开始就控制住风险；ARPA-E 在项目遴选评议阶段，将技术突破潜力、应用潜力、团队跨界性等作为判断主要标准；DARPA 则通过组织定期会议实行分阶段预算分配、多技术路线的竞争性资助等方式对项目风险进行管控。

第三，政府企业合作资助的机制。例如，在"联合大学微电子项目"中DARPA与产业界科技领军企业组成联盟，实现成本共担的合作联盟创新模式，联盟成员共同拟定研究领域，为项目提供资金支持，通过向高校征集提案，推动半导体技术的探索性研究。"联合大学微电子项目"中对政府相关研究机构设立"直接竞争限制"，优先鼓励企业投标承接项目。这种公共部门和私人部门的创新网络有力地将私营资本引入颠覆性创新领域，集合企业优势促进技术成果转化为生产力（史冬梅等，2024）。

第四，组建多元化背景的研发团队。DARPA中的科研团队来自企业、高校、国家实验室和政府机构等部门，分别具有理论基础研究、实用开发经验、政策法规等方面的知识储备，使得创新链前端和后端环节之间实现了人才、知识和资源的有效流动和融合。

（四）自上而下举全国之力构筑产业发展生态的模式——以政府强势主导资源配置为核心驱动的重大科技攻关路径

市场主导的模式下能够最大程度激活各主体活力，推进颠覆式技术创新，但由于市场的动态性、分散性、竞争性等特征，一般来讲，市场主导的模式更适合用在产业领域相对成熟，并意在实现技术赶超的情况下。然而，当人工智能、量子信息、先进制造、生物医药等未来产业尚处于发展初期，还未产生充足数量的市场主体，运行机制也很不完备的情况下，需要政府强有力地干预。这时，政府并不仅仅是弥补市场失灵的角色，还包括对新市场的创造者和塑造者的角色。采用政府主导自上而下举全国之力构筑产业发展生态的模式有利于统一意志和行动，集中力量办大事，有望在短期内有计划、有步骤地解决关乎本国安全、国际战略地位乃至全球领导力的科技难题，促进多主体协同、要素有效配置的"四链"融合科技攻关局面，推动未来产业快速增长。具体来说，这一模式下大体包含四类主体：（1）中央政府；（2）政府部门、大学、国家实验室等常设机构；（3）新型研究所、中心等临时机构;(4)企业、产业联盟等业界。在互动过程中主体职能各有侧重。中央政府的职能为出台一系列政策法规,在顶层规划布局的同时搭建良好的主体直接对话渠道。政府部门、大学和国家实验室等常设机构发挥资源基石的作用,提供包括基础设施、财政资金、技术标准和科研人才在内的各类研发生产所需要素,破除阻碍要素流动的制度层面、地区层面等各种壁垒,实现资金、技术、人才要素高效配置。新型研究所、中心等临时机构,依托常设机构建立,是技术研发活动的执行载体,其主要职能包括组建人才队伍、基础理论研究和工程技术开发的全创新链过程以及科研人才培养。最后,以政府为主导的科研模式与企业高度参与研发过程之间并不矛盾,企业通过项目竞争或者建立产业联盟等方式与大学、国家实验室开展联合研发和人才培养,推进技术商业化进程。自上而下举全国之力构筑产业发展生态的模式如图6-4所示。

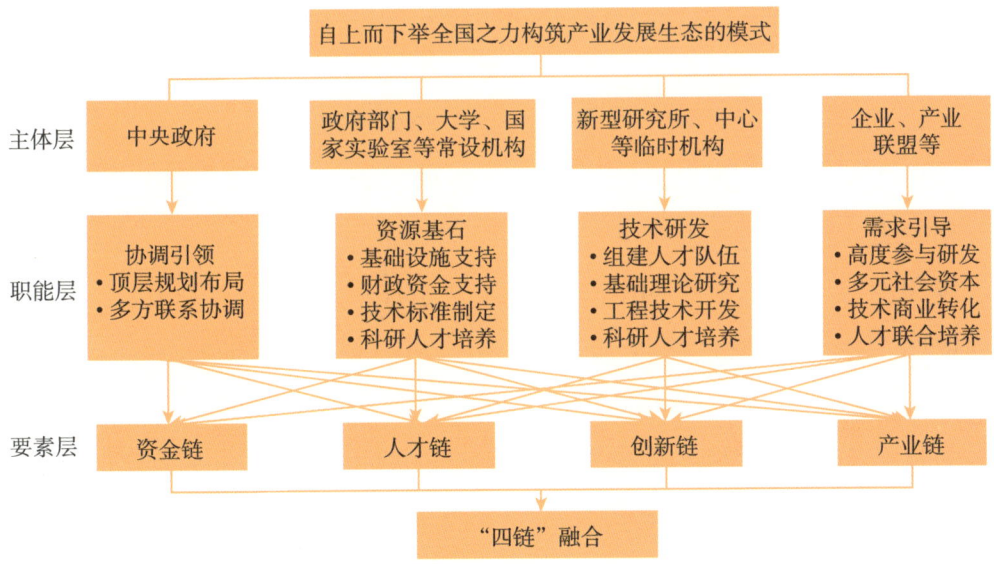

图6-4 自上而下举全国之力构筑产业发展生态的模式

下面以美国举全国之力发展量子科技产业为例进行案例分析。美国是全球量子科技领域的领先者,不断在量子领域发力,从国家及全社会层面推动量子产业发展,抢占竞争高地。

第一，完善政策法规建设。美国特别重视在政策层面推动量子产业发展，已形成立法保障、专项战略、优先发展相互衔接配套的政策体系。美国量子领域政策中最主要的三个是：2018年《国家量子倡议法案》、2022年《芯片与科学法案》、2023年《国家量子倡议再授权法案》。第一个法案为量子前沿科学与技术突破奠定了科学技术，搭建起量子研发布局的基础框架；第二个法案在此基础上，加大对量子技术商业化的支持力度；第三个法案进一步加速产业化进程，提升美国在量子产业领域的竞争力。这一些系列政策符合科技创新到产业转化的科学发展路径，在政策层面分阶段有步骤，指导实现创新链和产业链的融合。

第二，搭建顶层生态。美国量子战略管理架构在中央层面大体分为三级。最高级为总统直接挂帅，第二级设立白宫科技政策办公室和国家科技委员会，负责量子领域的顶层规划和技术布局，第三级为国家量子协调办公室、科技咨询委员会、信息科学小组委员会以及经济和安全影响小组委员会。其中，科技咨询委员会作为量子领域最高咨询机构，由政府、大学、企业、国家实验室人员构成，直接向总统汇报，形成了政产学研固定联席机制。因此，美国这种在国家层面的利益相关者广泛参与，通畅了政府、大学、企业、实验室等主体间业务合作和沟通渠道，为"四链"融合建立主体层面的基础制度（周君璧和董瑜，2023）。

第三，充分利用现有科技资源。美国政府部门、大学、国家实验室等常设机构为基石，支撑高风险、高回报的量子技术研发。美国政府部门和内设研究院，包括国家科学基金委员会、能源部、宇航部、国防部、国家标准技术研究院积极响应中央层面量子法案，明确分工与协作，共同推动法案的落实。比如，国家科学基金委员会侧重量子技术和跨学科研究，负责资助芝加哥大学等高校，主攻量子科技教育和人才培养；能源部负责物理科学基础研究和综合设施的建设工作，同时资助劳伦斯伯克利国家实验室等集合科学装置设备、基础研究、技术开发和成果转化、研发资助为一体的战略科技力量，是量子科技研究的重要"基石"；国防部同样直接资助了国家安全局物理实验室等6个实验室，在量子计算、人工智能等交叉领域给予竞争性财政资金作为补充。这些资源的统筹配置为"四链"融合建立起要素层面的基础保障。

第四，形成以解决重大技术问题为目标的新型研发伙伴关系。这里的新型主要体现在三个方面：一是政府成立的研发机构运行下放在大学和国家实验室，提高了专业化管理水平，同时政府资助又保证了研究方向符合国家战略定位；二是每个新型研发机构中必须处理和整合创新链中至少三个环节，从而保证这些新型研究机构在研发过程中能够实现无缝整合科技创新链，加快量子技术转化为生产力（邹丽雪等，2022）；三是新型研究机构中将人才培养发展作为优先事项，通过集合美国联邦政府、大学、企业等各个组织之间的合作关系和奖学金项目为创新链中各个阶段培养相应的理论型、应用型或是综合型人才，保障了未来较长时间里量子研发的人才布局。

第二节 国际科技创新中心促进"四链"融合的不同模式

18世纪以来，人类历史共发生三次科技革命，分别是以机械为主导的第一次技术革命，以电力为主导的第二次技术革命和以信息为主导的第三次技术革命。历次科学革命和产业革命均深刻改变着世界经济和贸易格局，英国、法国和美国最先抓住历史机遇，建立了首批全球科技创新中心，并逐渐发展成为主导全球技术变革的领导力量。随后德国、日本相继搭乘技术革命浪潮，成为全球科技创新中心的新阵营。全球科技创新中心伴随技术革命进程不断演化，产业结构也在技术格局的重整中升级重塑。作为一个国家战略科技力量的重要载体和综合实力的集中体现，全球科技创新中心是指科技创新资源密集、科

创新链　产业链　资金链　人才链深度融合 通往高质量发展之路

技创新活动集中、科技创新实力雄厚、科技成果辐射范围广大，从而在全球价值网络中发挥显著增值功能并占据领导和支配地位的城市或地区，是全球创新网络中的枢纽性节点城市，对全球创新活动和产业发展具有强大的影响力（杜德斌等，2015）。在全球一体化的背景下，任何科技创新中心的形成与发展都是创新主体与创新环境相互作用的结果，但其发展特征既因自身地域性特征的差异性而具有独特的个性，不同城市间也因其发展路径的相似性而表现出一定的共性。从现有的学术研究、政策研究、政府工作报告等来看，美国旧金山—圣何塞、英国大伦敦区、德国慕尼黑等城市基于自身特色，形成了独特的科技创新发展路径，成为全球具有重要影响力的科技创新中心。本书认为，虽然上述及其他主要全球科技创新中心在形成和发展过程中受不同因素影响，发展模式与路径各有特色。但是总体可以根据其发展驱动力和路径概括为不同的模式，即"科学中心驱动""产业中心驱动""科技—产业融合创新驱动"三种模式。在三种模式下，各国创新链、产业链、资金链和人才链的融合模式不同，呈现出不同的发展经验，可以为我国的科技创新发展提供思路和方向。

一、科学中心驱动模式——以日本筑波科学城为例

科学中心驱动模式主要是指前期重点发展基础研究、布局大科学装置、布局高校和研究机构，中后期引导企业等创新主体进入，通过前沿技术突破、产学研转化形成的通过科学引领产业的发展模式。以科学创新模式形成的最典型科技创新中心包括日本筑波科学城、俄罗斯新西伯利亚科学城、韩国大德科学城和德国阿德勒斯霍夫科学城等，其中日本筑波科学城从无到有，成为其中最为典型的由科学中心驱动的科技创新中心，为此本部分以日本筑波科学城为例凝练其"四链"融合的经验。

第二次世界大战结束后，日本经济陷入了"冷热双重奏"的发展状态之中。一方面，工业化浪潮使得日本经济出现前所未有的高速发

展，城市发展进入了"加速膨胀"的阶段；另一方面，面对国内劳动力成本上升及通货膨胀压力，日本在战后选取的从西方国家引进先进科学技术的国家战略愈发陷入发展瓶颈。日本政府于是开始寻找能够进一步活化经济发展的方法。在"贸易立国"向"技术立国"国策转变的大背景下，日本政府首次提出建设东京卫星城的想法，试图寻找一个既能缓解东京城市压力又能够承接国内科学研究发展的地区。1963 年 9 月，政府批准了条件较好的筑波这一选址，筑波科学城也应运而生。综合来看，日本筑波科学城的发展大概可以分为 4 个阶段。

阶段一：初创阶段（1963—1973 年）。日本政府通过 10 年的时间完成了项目确定、土地规划、立法、首个国家级无机材料研究所的设立，以及筑波大学迁入等事件。**阶段二：推进发展阶段（1973—1989 年）**。筑波在被规划为科学发展城之后，该建设方案遭到了当地民众的强烈反对，多个政府研究机构的新址建设进展缓慢，直到 1970 年《筑波研究学园都市建设法》实施才得以切实落实。但是，到 1980 年 3 月，筑波已经有约 40 个国家级实验研究机构、国家级大学等的设施建设基本完成，并准备开始运作；1985 年的筑波世界博览会，筑波科学城提升了国际知名度。**阶段三：再创阶段（1989—2010 年）**。这一时期，筑波科学城自己提出了再创计划，内容包括 1998 年的"科教区建设规划"和"周边郊区发展规划"的变更；同时，随着互联网和信息技术的迅速发展，筑波科学城内的研究机构开始专注于这些新兴领域的研究，同时加强与企业的合作，促进科技成果的产业化；2002 年，筑波科学城被列为国家战略特区，旨在通过放宽某些法规来促进科技创新和国际合作；2005 年开通的筑波快线更拉近了筑波与东京的联系，为筑波科学城的发展提供了交通便利。**阶段四：国际战略综合特区建设阶段（2011 年至今）**。这一阶段是筑波科学城的国际战略综合特区建设阶段，即由茨城县和筑波大学共同申请的"筑波国际战略综合特区"旨在建设世界尖端技术研究机构及人才聚集地，推进开拓创新工作，由此筑波科学城又进入一个新的发展阶段。

| 创新链　产业链　资金链　人才链深度融合 通往高质量发展之路

综合来看，尽管日本筑波科学城存在政府垂直管理、条块分割等客观弊端，但作为完全由政府主导的科学园区，筑波为日本的科技发展作出了很大贡献。日本全国30%的科研机构、40%的科研人员、50%的政府科研投入集中于筑波科学城。筑波科学城拥有大约300家国家和私人研究机构及公司，雇用了大约1.3万名科学家，成为日本最大的科学技术据点。筑波科学城围绕电子学、生物工程技术、纳米和半导体、机电一体化、新材料、信息工学、宇宙科学、环境科学、新能源、现代农业等优势领域，筑波科学城每年会产生大量具有国际先进水平的科技成果，成为新知识、新创造、新发明的诞生地，同时依托每年举办的国际科技博览会、成果展示会和科学技术周，向日本大企业集中展示和转移转化最前沿的科技成果，保持日本科技创新的领先地位。通过总结日本筑波科学城的发展经验可以为我国"四链"融合提供启示。

第一，政府部门分工协同。筑波科学城从规划、审批，到选址和筹建的全过程都呈现出了强烈的政府介入色彩。其建设是在首相办公室中的"科学城推进本部"统一领导下、各部门分工协作进行管理的。土地开发和公用设施建设项目由住宅和城市开发集团负责；科研和教育机构的建设由建设部负责；建造和管理道路、公园和商业服务设施则由筑波新城开发公司负责。由于规划和主管部门都是国家最具权威机构，再加上有统一协调，使科学城建设得以顺利实施。

第二，科学装置与研究机构密集，有利于资源共享。筑波科学城的规划从一开始就强调将大科学装置、国家研究机构、大学和企业研发中心集中布局在一个相对较小的区域内。这种集中式布局促进了跨学科合作，便于资源共享，同时也加强了研究机构之间的交流和合作。东京湾区是日本大科学装置最密集的地区。如同步辐射（SR）装置，日本目前14项装置中，位于东京湾区的就多达5个；8项自由电子激光（FEL）装置（完工与计划）中，3项位于东京湾区；日本唯一的中子源大科学装置KENS也位于东京湾区。顶尖的大科学装置大多数分布于东京大学与筑波科学城这两大区域。

第三,产学研紧密结合。筑波科学城鼓励和支持科研成果的产业化。许多科研机构与企业之间建立了紧密的合作关系,将科研成果转化为具有市场竞争力的产品和技术。这种紧密的科研与产业结合不仅加速了技术创新,也促进了地区经济的发展。日本建立了由官方主导的技术转移机制,专门设立筑波全球技术革新推荐机构(TGI),作为经济、学术、政府合作的核心机构,由政府官员、筑波大学研究机构以及企业代表共同组成。TGI 主动收集科学城内的技术成果、产业发展需求信息,通过它的合作网络来实现共享。TGI 还把各方认可的研究成果作为转化项目,附加相应的产业化研究资助资金,通过竞争性招标由企业争取,大大提高了企业参与的积极性。

第四,采用健全的立法保障和大量优惠政策。筑波科学城建设的法规相当健全,大体上分两类:一是专门针对高新技术园区制定的法律;二是与高新技术园区相关的国家科技经济乃至社会方面的法律法规。其中,第一类法律更集中有力,这是筑波科学城建设一个突出特点。《筑波研究学园都市建设法》分章对"研究学园地区建设计划""周围开发地区整备计划""基于研究学园地区建设计划及周围开发地区整备计划的事业实施"等作了明确说明。而其实施令则就"研究学园地区的区域"及"公共利用的设施"等作了具体规定。同时,还通过立法等手段,采取多种优惠政策和措施,对房地产租赁、设备折旧、税收、信贷、外资引进等多方优惠,有力保障和促进了科学城区的发展。

二、产业中心驱动模式——以英国伦敦和德国慕尼黑科技创新中心为例

产业中心驱动模式的特点是依托原有优势产业基础进行创新改造形成科技创新中心的发展模式,典型的例子是英国伦敦和德国慕尼黑。

（一）英国伦敦科技创新中心对我国"四链"融合发展的启示

英国是近代世界科学技术中心之一，是第一次工业革命的发源地，有着悠久的科学传统。16世纪以来，英国历史上曾出现许多伟大的科学家，牛顿、达尔文、法拉第、卡文迪什、汤姆逊、麦克斯韦等在经典力学体系、进化论、电磁学和微积分等方面的杰出成就，为现代科学技术发展奠定了基础。英国通过第一次工业革命率先实现了从农业国向工业强国的转变。但从19世纪末开始，尤其是两次世界大战之后，英国的工业和经济实力逐渐衰退，科技领域的优势地位被超越。21世纪前后，英国政府针对科技与产业发展脱节、科技创新乏力等问题，不断加强对科技创新的引导和支持，布局关键科技领域，建立科技与产业之间的协同机制，将基础研究优势转化为创新动力，推动经济社会发展。其中，20世纪90年代至2013年为东伦敦科技城的初创阶段。这一时期，借助伦敦打造创意城市，以及举办奥运会的机遇，东伦敦逐渐成为创意聚集区。2007年前后东伦敦因房价低廉、生活配套齐全、艺术化氛围浓厚，以及临近金融城的位置优势，吸引了多普勒旅游社交网站（Dopplr）、红猴子软件行业分析公司（Redmonk）、AMEE智能电网公司等一些新兴互联网公司在此扎根，它们高密度集聚在"硅环岛"高科技产业园内。2010年11月，英国政府向硅环岛高科技产业园投资4亿英镑，并制定优惠政策，为高科技企业提供孵化区，致力打造以硅环岛为核心的东伦敦科技城。2013年以后，英国政府接连出台了一系列税收政策，支持东伦敦科技城发展。东伦敦科技城也整合了伦敦市的各类资源，搭建科技城高科技产业发展生态圈，支撑高科技产业发展。

当前，从国际影响力来看，伦敦在文化、金融、商业、教育、时尚、健康、旅游和航运等方面具有显著优势，汇聚了世界知名的大学和研究机构，集结了数万家高科技企业，科技创新实力在欧洲处于顶尖位置，特别是数字经济产业和生命科学产业优势突出。伦敦依靠自由开放环境下的市场机制和自身深厚的科研积淀,进一步在政府引导和支持下加速产业集聚,使大伦敦地区成为世界城市可持续发展的榜样。从"四链"融合角度总结伦敦打造全球科技创新中心的举措和经验,得到以下启示。

第一,依托国家政策搭建产学研合作网络,构建"四链"融合的科创生态系统。伦敦市在制定具有全球影响力的科技创新中心建设战略时,其战略思路是充分发挥伦敦市的比较优势,明确政策重点,将伦敦建设成为世界领先的知识经济体。英国于2010年启动实施了"英国科技城"的国家战略,试图将东伦敦老城区打造为世界一流的国际技术中心,不断加大财政政策和税收政策支持力度,为不同发展阶段的科创企业提供资助,同时鼓励大学为企业提供智力支持,逐步构建起了世界一流的科创生态系统。政府为科技城企业提供了各类税收减免服务,为获得专利的企业降低10%的所得税;将东伦敦收购和新建建筑的一部分空间用作科技企业孵化区,已提供100多处共享办公场地和创建60多家科技企业加速器。企业与大学之间紧密合作,东伦敦科技城与周边的高校(伦敦大学学院、伦敦帝国理工学院等)建立了科研合作关系,这些院校定期为科技城的高科技企业提供研发、商务咨询等服务。企业与企业之间互帮互助,谷歌、数据存储服务商ODI,以及巴克莱银行等共同搭建了创新服务平台,为初创企业提供孵化器、无线网、宽带、公有云等服务。

第二,借助伦敦金融城优势加快风险资本集聚,为不同阶段科创企业打造资金链。伦敦与纽约、香港并称"全球三大国际金融中心",具有优厚的金融基础。在英国政府支持下,东伦敦科技城充分利用邻近伦敦金融城的优势,成立投资集团并与伦敦金融城共建融资平台,为处于不同发展阶段的企业提供金融支持,包括创业启动贷款、天使投资等;同时,借助英国风险投资计划(Venture Capital Scheme,VCS)支持中小企业进行股权融资,无论是个人还是企业投资者都可享受30%或50%的税收减免。为了吸引更多的创业者和投资人,英国政府还出台各种其他财税政策。例如，英国政府推出的"企业投资计划"和"种子企业投资计划"，为符合条件的风险投资者提供税收优惠，鼓励其对小企业进行投资。这两个计划对解决中小企业融资难问题起到了重要作用。2021 年，英国科技行业融资总额达 398 亿美元，其中伦敦科创企业共融资 255 亿美元，是 2020 年同期融资水平的两倍。在这些获得大额融资的企业中，多数是东伦敦的初创科技公司，例如，数字银行 Revolut（融资 8 亿美元）、互联网金融公司 Checkout.com（融资 4.5 亿美元）和虚拟活动平台公司 Hopin（融资 4 亿美元）。

第三，雄厚的科学基础为英国科技崛起和新经济发展提供原动力。英国作为科技强国和工业强国，其崛起与深厚的科学积淀密不可分，为了支持基础科学和研究，英国政府先后成立商业、创新和技能部、专门性研究理事会与科学学会、英国技术战略委员会等部门。政府投入大量中长期研发经费资助创新项目和人才培养计划，包括国家级的各类研究理事会、英格兰教育基金理事会、国家级科学院（皇家学会、英国科学院和皇家工程学院）、英国空间署等。以商业、创新和技能部通过的项目和计划举例，具体每个项目和计划提案的决定是通过同行评审作出，并且广泛征求英国皇家学会、皇家工程学院、英国科学院、科学技术委员会、首席科学顾问委员会、英国工业联合会、医学科学院科学与研究等科研机构的意见，以保护学术独立性和卓越性，更好地发掘科学精英，培养一批顶尖的科研人才。大学研究奖学金、工业奖学金、工程领先多样性等计划的实施，帮助英国将资源集中在最优秀的青年研究人员身上，在学术界和工业界之间建立有价值的长期关系，并助力科学转化为经济关键领域的增长。总体来看，英国高度重视精英教育和基础研究，拥有高水平的研究队伍和实验室；科研活动受到政府双重资助体系的支持。这些条件使得英国更利于产生基础性、理论性的科学突破，在基础研究领域保持高效率的产出和世界领先地位，有力地支撑了生命科学、航空航天等高技术与高附加值产业的发展，是英国技术创新和知识经济发展的原动力。

(二) 德国慕尼黑科技创新中心对我国"四链"融合发展的启示

慕尼黑是德国经济、科技、文化和交通中心,素有欧洲"硅谷"之称。该市传统产业根基深厚,类型多样,其中汽车制造业傲视全球。慕尼黑不但以新技术武装传统产业,使其经久不衰,现代高科技产业的规模也十分庞大,其中,电子电器、生物和激光灯产业发展势头强劲,形成了一系列高新技术产业集群(袁红英等,2017)。从"四链"融合角度总结德国打造全球科技创新中心的举措和经验,其表现如下。

第一,依托实用型科研促进创新链和产业链深度融合,高科技产业发展与传统产业升级并重。首先,慕尼黑政府重视应用导向的实用型科研体系,高度重视知识的产业转化。例如,规定工程技术专业学生获得博士学位后,在企业工作7年即可申请大学教授,并大力支持大学与企业的合作,促进产学结合的科技园与孵化中心的建立;通过专利、知识产权制度及环保标准等特别立法重点支持科技型中小企业发展;巴伐利亚州还建立了一批覆盖生物医药、汽车制造、信息通信、能源和环境等领域的应用型研究所,为企业(特别是中小企业)提供技术服务和培训,包括低价或免费提供仪器设备,鼓励技术转移、利用研究成果孵化企业和技术创业。其次,在发展新兴产业的同时,慕尼黑更注重传统优势产业的价值链提升,通过新技术改造传统优势产业。例如,慕尼黑建设科技创新中心重点支持最具国际竞争力的汽车制造业、装备制造业、生物制造和能源产业,通过优势产业价值链的升级支撑其在全球创新网络中的突出地位(李平,2015)。

第二,拥有实力雄厚的科研机构与高等院校,与产业链具有紧密的互动关系。慕尼黑高校云集,德国政府首批的三所"精英大学"有两所位于该市,分别是慕尼黑大学(LMU)和慕尼黑工业大学(TUM)。慕尼黑工业大学是世界顶尖大学,在德国教育部的大学科研排行榜上连续多年排名第一,在欧洲最具创新力大学排行榜上位列第四,该校电气工程专业常年位于德国榜首,迄今已培养17位诺贝尔奖

| 创新链　产业链　资金链　人才链深度融合 通往高质量发展之路

得主。慕尼黑大学在 2019—2020 年泰晤士高等教育世界大学排名中位列德国第一，世界第 32 位，有 42 名诺贝尔奖得主。这些大学将主要精力放在前沿创新能力，以及科研与产业的对接能力的培养。始终与产业链的核心企业保持密切的联系，如宝马、奥迪、西门子公司，助推科研成果第一时间应用于实践。同时也重视与当地中小型企业的合作，以便更好地支撑起整座城市的经济，政府才有更多资金反哺于大学的科研，形成了一个良性循环。此外，迈克斯普朗克等离子研究所、辐射与环境研究会、航空航天研究所等，以及弗劳恩霍夫应用研究促进会所属的十几个研究所和研究部，均为慕尼黑市所属。慕尼黑在科学研究领域处于领先地位。为了配合德国工业 4.0 高科技战略计划，作为德国颇具代表性的高科技产业的孵化中心，慕尼黑高科技工业园区十分重视提升传统产业和扶持传统产业的发展，其成为德国对当下新兴信息技术反应最快的"试验田"，这也是当地政府合理规划的一个体现。

第三，充分发挥公共创业平台的孵化功能，整合全球创新网络资源。20 世纪 80 年代中后期，随着德国政府职能改革大潮和私有化运动，德国巴伐利亚州推行"引领而不拥有"原则，出售了多家大型工业企业股份，获得了数十亿欧元收益。该州政府极富远见地成立了专门基金，用于发展未来科技，而不是清偿债务或发展传统行业。创业中心由州政府统一规划，各地政府可提出建议。州政府从配套科技资源、基础设施、发展前景等出发，委托专业研究机构征求大学、科研机构、行业协会等意见，论证项目可行性。为防止州内各地区盲目竞争，州政府充分发挥协调功能，在创业中心的地域分布上，充分考虑各自优势，在七个行政专区均成立了创业中心。同一专区设立的创业中心，在技术上也各有侧重。慕尼黑政府支持本地数十个孵化器提供创业服务，每年服务创业公司数千家，是公共创新平台的主要组成部分，具有涉及主体广、覆盖范围大的特点。慕尼黑还打造区域性的产学研联盟，为高等院校的高技术创业提供培训、教育、咨询、产品质检等服务,从而降低创业成本,营造可持续性的创业氛围,打造全球一流的科技创新中介服务中心。此外,慕尼黑商业计划大赛也为创业者提供参赛机会,并提供投资人对接、创业咨询、创业社群等服务。该赛事的合作者包括大学、科研机构、公共机构、私营企业、咨询公司、金融机构和创业者中心等多元化机构者,已经成为全球一项重要的商业计划大赛,融入了全球创业组织网络,成为慕尼黑整合全球创新网络资源的重要平台。

三、科技—产业融合创新驱动模式——以美国旧金山—圣何塞科技创新中心为例

科技—产业融合创新驱动模式即科学中心驱动与产业中心驱动两种模式的结合,是指城市和区域在形成与发展的过程中,基础研究、产业创新等并重或者并行发展。其典型的城市代表为美国旧金山—圣何塞科技创新中心。

旧金山—圣何塞湾区位于美国西海岸的加州北部,由旧金山市、半岛、北湾、东湾和南湾五大板块组成,三个核心城市分别是旧金山半岛上的旧金山市、东湾的奥克兰市和南湾的圣何塞市。旧金山湾区最早因美国淘金热和西部工业化浪潮而推进了城市化进程,早期的奥克兰港和旧金山港通过贸易、物流和加工等领域蓬勃发展成为湾区经济的关键引擎,但并未在全球经济中占有显著地位。20世纪初到80年代后,随着美国从工业经济向知识经济、信息经济和服务经济转型,旧金山湾区受益匪浅。这一时期,圣何塞凭借"硅谷"的迅猛崛起迅速成长为一个以高科技产业为主的城市,一些重要的军工企业加快聚集;加上斯坦福大学、圣克拉拉的国家实验室、风投机构等初步构成的创新生态体系,形成了"国防—工业—智力综合体"的发展模式,引发了科技企业的爆炸式增长和科技人才、技术等要素的快速集聚。90年代后,大量风险资本汇聚旧金山市,推动金融业成为旧金山重要的部门之一。风险资本又吸引大量的新兴网络和高技术公司集聚在南

创新链 产业链 资金链 人才链深度融合 通往高质量发展之路

部的圣何塞市，两个城市协同互助、相互呼应，形成世界级的科技创新网络。进入21世纪后，旧金山湾区成为公认的全球创新枢纽中心，创新成为旧金山湾区发展的核心动力引擎。从公共部门、高校、研究机构到企业，研发投入、创新活动、支持政策持续互动，营造了开放包容、务实高效的世界级创新环境，吸引全世界的资本、技术、人才等要素到旧金山湾区发展。大批新兴的科技企业在旧金山湾区创立并逐步引领世界创新经济的发展，包括谷歌、推特、特斯拉、Facebook、Airbnb、Uber等。创新经济成为旧金山湾区在世界经济版图的亮点。从"四链"融合的视角来看，旧金山—圣何塞科技创新中心的经验如下。

第一，通过市场化的创新生态系统，形成自发性的"四链"融合良性循环。旧金山—圣何塞科技创新产业在发展和形成过程中受政府的干预极少，区域内各主体自发组织建立起的治理机构起到了关键作用，形成了全球最高效的、由多种经济社会因素互动融合形成的旧金山湾区创新生态系统。以初创企业和企业家为核心的创新生态系统，与高校和科研机构、资金（天使投资、风险投资等）、孵化器和加速器等要素紧密联系互动，彼此正向激励促进，形成良性循环网络。这使旧金山湾区能够不断开发新技术工艺、准确及时把握市场需求、革新商业模式和聚集全球要素，为科技创新提供持续推动力。在这一创新生态体系中，斯坦福大学、加州大学伯克利分校、旧金山分校、戴维斯分校和圣克鲁斯分校等世界名校以及大量专科学校和技工学校为科技创新提供了大量发明和专利，培养了大量的技术工程师和创业人才；以劳伦斯·伯克利、劳伦斯·利弗摩尔、桑迪亚国家实验室、美国航天局艾姆斯研发中心、美国国家加速器实验室等为代表的国家重点实验室在基础研究和应用研究方面与大学紧密协作，在技术和成果商业化方面与企业合作，成为硅谷创新创业的重要推动力；同时，旧金山湾区内开放协作的创新网络吸引了来自世界各地的高端人才以及大量的风险投资和私人股本公司，如红杉资本、凯鹏华盈等。

第二，依托半官方的区域协调机制，为"四链"融合提供了宽松有序的背景环境。旧金山湾区共有9个县、101个城市，早期曾面临各自为政、产业同质化和恶性竞争等突出问题，缺乏正式的政府进行管辖。1945年由企业资助的旧金山湾区委员会成立，并相继设立了多个专业机构，如旧金山湾区政府协会（ABAG）、大都市交通委员（MTC）、海湾保护和开发委员会（BCDC）以及旧金山湾区空气质量控制局（BAAQBD）等。其中，于1961年成立的半官方旧金山湾区政府协会（ABAG）是旧金山湾区最重要的区域性综合规划机构，由各级地方政府领导人组成，旨在通过区域整合规划促进各城市间的沟通，推动城市协调发展。ABAG的主要职责在于强化地方政府间的协作与协调，防止城市不受控制地扩张，解决土地使用、住房、交通、环境质量和防震等公共问题。这些组织被各方接受，发挥了较大的协商协调作用，在基础设施、教育、公共服务等方面的贡献很大。以交通领域为例，1970年，在加州立法机关的努力下，成立了大都市交通委员会（MTC），负责整个旧金山湾区交通的规划、融资和协调，同时它又是旧金山湾区高速公路和快速道路服务局、大桥收费局的"三合一"机构。MTC还负责旧金山湾区港口与机构的协调发展，对整个旧金山湾区交通系统的效率和有效性起到了关键作用。

第三，以风险投资为核心的资金链集群，为创新链和产业链提供了有效支持。旧金山湾区拥有世界上最大的、高度成熟的风险资本市场，为创业者和创业公司提供融资支持。企业拥有丰富的资本支持，大量的初创公司通过参加创业加速器和孵化器来获得资金方面的支持，帮助初创公司成长并吸引投资者。创业公司通过天使投资、风险投资、多轮融资等多种方式获得资本支持，用于公司发展并快速扩张。发展到一定规模以后创业公司通过股权融资、债权融资等方式获得更多资金，推动产业的发展和创新。同时，旧金山湾区也有许多投资机构和基金会，通过资本的流动和创新项目的孵化，推动产业链和创新链的发展。2021年，仅硅谷的风险投资额便达到441亿美元，包括创纪录的 257 笔每笔超 1 亿美元的巨额交易。2021 年，投向硅谷和旧金山湾区的天使投资激增，达到 12 亿美元，硅谷的天使投资同比增长 12%，参与这些交易的天使和天使团数量同比增加近 40%。高度发达的资金集群大大提高了创新创业成功的概率，加速了地区的产业发展和经济繁荣。

第四，大学与产业互动形成了规模庞大的高等教育集群，塑造了多层次的人才链。旧金山湾区拥有高效的高等教育系统，与其科技产业相辅相成，形成了强大的产业集聚和经济引领效应。首先，高校的学科结构与产业发展密切协调。例如，早期硅谷的成功离不开该地区几所大学在计算机科学领域的研究实力，从而使其成为全球微电子、计算机和信息产业的中心。旧金山湾区的高校不断调整学科和专业结构，以满足企业对各专业需求。在硅谷，高校根据产业需求增设创业与创新课程，拓展应用型学科和理工科比例，推出新兴专业如计算机科学、新材料科学、微电子科学、信息网络知识等。同时，为满足企业对各层次人才的培训需求，大多数高校设立了专项培养班和短期培训课程。其次，高校与企业建立科技成果转化和资金支持渠道。以斯坦福大学为代表的"创业型大学"在校园内积极支持学生创立、管理和运营公司，充分发挥创新技术和人才集聚的优势。这类大学通常在由学校支持的创新中心孵化的企业中持有股份，提供资金支持，并对有潜力的公司进行大额投资。这种紧密的合作促进了科技成果的转化和经济的可持续增长。

第三节 小　　结

本章分为两个部分：第一部分围绕未来产业，简要阐述未来产业的内涵与特征、意义与趋势以及国际竞争格局，介绍美国、欧盟及其成员国法国和德国、英国、日本、韩国七个发达国家和地区未来产业战略布局，并深入剖析发达国家通过"四链"融合促进未来产业发展的实践经验和启示；第二部分围绕科技创新中心，在介绍全球科技创新中心分布格局的基础上，提炼美国旧金山、英国伦敦、德国慕尼黑、日本东京湾四个典型全球科技创新中心建立"四链"深度融合产业创新生态的实践经验和启示。

具体来看，未来产业是处于初创发展阶段，富有市场发展潜能，以前沿颠覆性技术创新为驱动力，经过长期培育，在未来成为战略性新兴产业，对国家和地区产业转型升级和经济社会可持续发展发挥巨大引领作用的重要产业。当前全球未来产业发展呈现融合性、战略引领性、阶段性和不确定性四大特征。各国政府都出台强有力的产业政策，加大力度实施未来产业战略布局，在典型未来产业细分领域，呈现不同的领先优势。未来产业是一种新产业业态，需要创新链、产业链、资金链、人才链协同布局、深度融合、共同发力。具体来讲，发达国家通过"四链"融合促进未来产业发展的实践经验有：（1）国家开展前瞻性顶层设计，持续出台战略和政策法规，及时跟踪评估调整，以政策链有力牵引创新链、产业链、资金链和人才链融合发展；（2）遵循产业和科技发展的客观规律，分阶段、有步骤地在创新链和产业链上进行全生命周期布局，促进创新链与产业链有效衔接；（3）通过设立专门机构，健全产业科技研发平台，汇聚各优势主体资源，建立分工明确的多元参与协同机制和产业创新生态系统，打通贯穿创新链和产业链的全链条过程，促进"两链"深度融合；（4）政策、投资双管齐下，构建多阶段和多元投资体系，实现资金链稳定性、靶向性、动态性支持创新链产业链；（5）形成"人才输送精准化、人才管理协同化"的人才引育体系，建立人才链支撑创新链产业链、创新链产业链驱动人才链、人才链促进"两链"融合的良好局面；（6）根据区域发展特色和产业基础，统筹推进区域协同发展布局，开展应用场景试点工作，依托区位优势为"政产学研"提供有力条件，实现资金、人才和技术等要素一体化配置，推动区域"四链"融合；（7）探索加快前沿技术成果转化应用的科技项目管理模式，从源头注重技术和市场结合，在过程中突出潜在应用评价，同时解决"最后一公里"问题，跨越创新链和产业链间的"死亡之谷"；（8）坚持基础设施建设先行原则，夯实从科学技术突破到产业升级发展的物质基础；强化新型基础设施建设，以数据等新型要素融通资金、人才和技术等传统要素，赋能"四链"深度融合。

当前，世界已逐步形成多个科技创新中心之间竞争与合作发展的格局。本章根据其发展驱动力概括为不同的发展模式，即"科学中心驱动""产业中心驱动""科技—产业融合创新驱动"三种模式。关于科学中心驱动模式，本章以日本筑波科学城为例进行了分析，其"四链"融合经验包括：（1）政府部门分工协同；（2）科学装置与研究机构密集，有利于资源共享；（3）产学研紧密结合；（4）采用健全的立法保障和大量优惠政策。关于产业中心驱动模式，本章选取了英国伦敦和德国慕尼黑两个典型城市进行分析。其中，英国伦敦的经验包括：（1）依托国家政策搭建产学研合作网络，构建"四链"融合的科创生态系统；（2）借助伦敦金融城优势加快风险资本集聚，为不同阶段科创企业打造资金链；（3）雄厚的科学基础为英国科技崛起和新经济发展提供原动力。德国慕尼黑的经验包括：（1）依托实用型科研促进创新链和产业链深度融合，高科技产业发展与传统产业升级并重；（2）拥有实力雄厚的科研机构与高等院校，与产业链具有紧密的互动关系；（3）充分发挥公共创业平台的孵化功能，整合全球创新网络资源。关于科技—产业融合创新驱动模式，本章选取了美国旧金山—圣何塞为典型案例进行了分析，从"四链"融合的视角来看，其经验如下：（1）通过市场化的创新生态系统，形成自发性的"四链"融合良性循环；（2）依托半官方的区域协调机制，为"四链"融合提供了宽松有序的背景环境；（3）以风险投资为核心的资金链集群，为创新链和产业链提供了有效支持；（4）大学与产业互动形成了规模庞大的高等教育集群，塑造了多层次的人才链。

本章参考文献

［1］鲍锦涛，吴迪，韩启飞，等．日本大阪大学免疫学前沿研究中心创新产学研合作模式及启示［J］．中国科学基金，2022，36（1）：160-167.

［2］毕颖，杨小渝．面向科技前沿的大学跨学科研究组织协同创新模式研究——以斯坦福大学 Bio-X 计划为例［J］．华中师范大学学报（人文社会科学版），2017，56（1）：165-173.

［3］陈凯华，冯卓，康瑾，等．我国未来产业科技发展战略选择［J］．中国科学院院刊，2023，38（10）：1459-1467.

［4］陈伟．美国先进能源研究计划署管理创新研究及对我国的启示［J］．科学学与科学技术管理，2016，37（11）：20-33.

［5］杜德斌，段德忠．全球科技创新中心的空间分布、发展类型及演化趋势［J］．上海城市规划，2015，（1）：76-81.

［6］方晓霞，余晓，叶智程．未来产业：世界主要发达国家的战略布局及对我国的启示［J］．发展研究，2023，40（2）：31-38.

［7］房超，班燕君．美国虚拟国家实验室协同创新机制——跨学科、全链路的灵活协同创新模式及启示［J］．科技导报，2021，39（20）：133-141.

［8］胡拥军．前瞻布局未来产业：优势条件、实践探索与政策取向［J］．改革，2023（9）：1-10.

［9］贾英姿，袁璇，李明慧．氢能全产业链支持政策：欧盟的实践与启示［J］．财政科学，2022（1）：141-151.

［10］李辉，西桂权，张惠娜．美国国家实验室联合攻关重大科技任务的组织模式及启示［J］．实验技术与管理，2024，41（1）：245-251.

［11］李军凯，高菲，龚轶．构建面向未来产业的创新生态系统：结构框架与实现路径［J］．中国科学院院刊，2023，38（6）：887-894.

［12］李平．上海全球科技创新中心建设：经验、启示与路径［M］．北京：社会科学文献出版社，2015.

［13］李晓华．未来产业发展的新趋势和中国特色发展之路［J］．人民论坛，2022（13）：76-81.

［14］林成华，徐瑞雪．大科学时代的会聚研究——美国"大学主导"的重

大挑战计划科研模式创新与启示［J］. 教育发展研究，2020，40（1）：68-76.

［15］潘教峰等. 未来产业引领创新的战略布局［M］. 北京：机械工业出版社，2022.

［16］彭健，韩健等. 未来产业发展全球模式与中国路径［M］. 北京：中国工信出版集团，2023.

［17］沈华，王晓明，潘教峰. 我国发展未来产业的机遇、挑战与对策建议［J］. 中国科学院院刊，2021，36（5）：565-572.

［18］沈梓鑫. 美国的颠覆性技术创新：基于创新型组织模式研究［J］. 福建师范大学学报（哲学社会科学版），2020（1）：91-100+172.

［19］史冬梅，王晶，曲轶龙等. 美国先进能源研究计划署（ARPA-E）计划实施及其促进变革性技术成果转化的做法及启示［J］. 世界科技研究与发展，2024，46（1）：121-134.

［20］谢来风. 国际科技创新中心建设：粤港澳大湾区的模式与路径［M］. 北京：社会科学文献出版社，2023.

［21］杨丹辉. 未来产业发展与政策体系构建［J］. 经济纵横，2022（11）：33-44.

［22］袁红英，石晓艳，2017. 区域科技创新中心建设的理论与实践探索［J］. 经济与管理评论，33（1）：134-140.

［23］张越，余江，杨娅. 颠覆性技术驱动的未来产业培育模式与路径研究——美国布局下一代集成电路产业的启示［J］. 中国科学院院刊，2023，38（6）：895-906.

［24］赵晨，林晨，高中华. 人才链支撑创新链产业链的融合发展路径：逻辑理路、中美比较以及政策启示［J］. 中国软科学，2023（11）：23-37.

［25］中国科学院科技战略咨询研究院. 构建现代产业体系 从战略性新兴产业到未来产业．［M］. 北京：机械工业出版社，2023.

［26］中国社会科学院工业经济研究所. 未来产业 开辟经济发展新领域新赛道．［M］. 北京：中国发展出版社，2022.

［27］周波，冷伏海，李宏. 世界主要国家未来产业发展部署与启示［J］. 中国科学院院刊，2021，36（11）：1337-1347.

［28］周斐辰. 日本科技创新战略重点及施策方向解析——基于日本《科学技

术创新综合战略 2020》[J]. 世界科技研究与发展，2021，43（4）：440－449.

［29］周君璧，董瑜. 美国量子研发布局对我国的启示［J］. 世界科技研究与发展，2023，45（6）：661－669.

［30］邹丽雪，刘艳丽，董瑜. 量子科技创新战略研究［J］. 世界科技研究与发展，2022，44（2）：145－156.

［31］Ross A. The Industries of the Future［M］，Simon & Schuster，2016.

下篇

问题研判与政策建议

第七章　中国"四链"融合面临的问题及成因分析

"四链"深度融合是践行创新驱动发展战略的内在要求，是建设现代化产业体系的重要引擎，也是我国实现高水平科技自立自强的必经之路。多年来，各地区、各部门为推动科技创新出台了大量政策并取得积极成效，全社会创新投入显著增加，新模式、新业态加速涌现，创新效能大幅提升。但是，在国内外形势严峻的复杂背景下，也需要清醒地看到，我国部分产业仍处于全球价值链中低端，创新活动碎片化、孤岛化现象尚未得到根本性扭转，一些关键技术受制于人，技术创新大多呈现出"点的突破"，尚未演进到"体系化跃迁"，针对"卡脖子"问题的协同攻关能力仍然不足。寻根溯源，"四链"融合程度严重不足是制约我国科技创新效能整体性提升的一个重要因素。那么，当前"四链"融合面临的问题主要有哪些？造成这些问题背后的原因是什么？

本章在前文定量测算的基础上，广泛调研了企业、高校院所、行业主管部门相关专家和管理人员，了解到我国推动"四链"融合仍面临着诸多问题。

第一节　围绕产业链部署创新链的机制有待完善、能力有待提升

一、高质量应用型科技成果供给不足

一是立项评审制度不完善。由于我国科技立项评审通常通过专

家评审制度推进，部分一线专家、小同行专家的话语权不足，企业专家或产业界的讨论不足，不利于充分凝聚共识，而且重大科技立项还可能会受"重量级"人物或小团体利益的影响，形成大科学家的"小圈子"，一些真正具有创新想法或体现国家战略的项目可能会受到排挤，难以实现科学—产业—国家战略的有机融合（贾宝余等，2022）。

二是科技重大项目布局缺乏统筹管理。我国在研科技重大项目方向众多，分布在全国各地，并由不同职能部门管理，形成了多层次的创新网络。在一定程度上造成了项目重复布局、资源浪费的问题。

三是科技重大项目的组织模式有待完善。由于科技重大项目可能会涉及多学科、多专业，重大专项可能被层层分解为项目、课题、子课题，导致科技攻关缺乏体系化，项目大张旗鼓但是管理松散，很难到达预期效果（黄庆桥，2023）。

四是存量科技成果与市场需求匹配度不足，科技成果理论性偏强、适用面偏窄，难以直接应用于生产实际。高校院所开展的应用基础研究大多遵循"发论文""写专利"的"科研绩效"逻辑，专家学者同时承担了"出题人""答题人""阅卷人"三重角色，科研工作难以真正聚焦产业需求，从产业需求中凝练科学问题的机制有待完善。

五是存量科技成果的转化价值有待进一步挖掘。由于科研人员更愿意从事基础研究，承担纵向课题、发表学术论文，对于科技成果的后继应用缺乏积极性，同时，一些科技项目组织模式以项目制为核心，缺乏过程管理，在具体实施中，容易根据特定时间节点开展"赶工式"科研，项目结题、研究即止，转化价值难以被充分挖掘。

二、科技成果转化配套政策和服务体系有待健全

一是科技成果转化的配套细则不完善，法律法规适应性有待提升。

《中华人民共和国促进科技成果转化法》等法律法规对成果转化作出了原则性规定，但能够指导实践的具体细则依旧缺乏，转化政策在部分创新主体难以真正落地，导致成果转化往往面临较多堵点；部分高校院所领导、管理部门对知识产权价值认知不足，缺少市场前瞻性；对成果转化不重视，在战略定位、研究布局、组织管理模式、评价考核机制、人才队伍建设等方面尚未形成可落地的规定；科技人员在参与成果转化时常常"有法可依"，但"不知道具体能做什么"，与管理部门工作人员也存在协同难等问题。

二是成果转化的服务市场和中介机构不健全。当前，我国科技成果转化中介大多重平台建设，轻服务能力，平台难以汇聚全链条资源，推动成果转化时主要依靠"牵线搭桥"的阶段式服务方式，难以精准发力并提供全周期支撑；同时，由于概念验证、中试等转化环节对场地、设备、人才、技术等要求高，缺少专项经费支持，高校和科研院所、企业和地方资源相对独立分散，没有建立相关机制形成强大合力。

三是成果转化的激励机制不健全。当前，我国在职务科技成果以及涉及国有资产的转化时，由于转化利益分配机制不健全，个体、团队和单位之间的确权规则不明确，这使得科研人员转化动力不足；同时，现有科技成果转化的奖励政策主要围绕科研团队展开，对转化人员缺乏激励，不允许参与转化的管理人员从成果转化中获取收益，难以调动其积极性。

四是技术秘密和商业秘密型科技成果转化难，缺乏有效解决措施。一方面，科研人员对技术秘密型成果转化存在"泄密担忧"，对市场风险，尤其是道德风险难以预判；另一方面，企业技术需求往往属于核心商业机密，在遇到高价值成果时，企业常常提出"排他性"条款以抢先占据竞争优势，导致科研人员在签署转化协议后既需要长期面对"单一用户"，又缺少研发话语权，在很大程度上降低了参与转化的积极性。

第二节　围绕创新链布局产业链的前瞻谋划有待加强

一、地方产业链重复布局和同质竞争现象突出

一是地方产业链建设过度"求长"。各地方虽纷纷基于产业链视角抓产业、抓项目、抓招商，但部分地方在制定产业链规划时，对本省或全国的大盘子缺乏统筹考虑，企图完全实现产业链本地化，导致产业链在区域内布局过长，造成资源重复配置和浪费。

二是产业链发展规划过度"求新"。由于缺乏对本地资源禀赋的科学判断和战略定力，急于进入业务关联性不强的新兴产业领域，部分地方存在盲目跟风投资的现象，导致效能不高、浪费严重。例如，一些地方扎堆政策热点，在缺乏技术与人才储备的情况下涌入投资集成电路、新能源汽车等项目，最终导致项目建设停滞、厂房空置、企业破产，全国多个百亿级项目先后停摆。

三是跨区域的产业协同工作机制尚未形成。我国跨区域产业园区管理及产业链布局协商时间长、决策成本高。区域产业转移承接情况不理想，由于落后地区在产业基础、硬件设施与服务水平等方面存在短板，使得各区域的产业园区实质性联系少。例如，北京外迁的头部企业，往往跳过天津、河北等地区，直接落户到长三角或珠三角；中西部很多地区在物流成本、人才、融资等生产要素方面优势不突出，企业投资意愿不强。

二、国际科技合作环境恶化，重点领域关键核心技术"卡脖子"问题突出

一是发达国家对中国科技发展蓄意封锁，导致我国经济外循环受阻。先进技术具有积累性和排他性，发达国家通过封锁市场和设立门槛等方式阻碍国外先进技术和设备进入中国市场，排斥中国相关产品

进入相关市场,使我国不能形成有效外循环。

二是企业底线思维和风险意识薄弱。长期以来,我国企业主要通过"引进、消化和吸收"实现技术进步,技术开发以逆向工程为主,自主研发建设意识相对薄弱。尽管我国对高技术产品进口需求大,但长期依赖进口,底线思维不牢,部分创新主体将精力过多地花费在短期内较容易出成果的技术研发上,忽视了长远布局。

三是企业创新动力不足。许多企业囿于"不想创新,不能创新,不敢创新,不会创新"的境况之中,中小型企业创新资源不足,抗风险能力差,对技术创新存在畏难情绪;部分大型企业拥有丰富资源但是相对缺乏创新意识和战略定力,热衷于将资金投入"短平快"的高收益领域,或利用市场垄断地位谋求超额利润。

三、产业链上下游共生发展生态不完善

一是我国产业链纵向一体化建设不完整。国内大多数企业仅为代工企业,既无法直接面向终端市场用户,又无法保证上游国际装备大厂保障生产线安全;同时,其前沿技术研发与市场应用衔接不畅,无法形成闭合的完整循环。

二是我国产业横向配套设施不完善。在产业配套方面,我国政府虽推出诸多支持政策,并在硬件采购、开发建设和场地运营等方面投入大量经费,但存在"重建设、轻运营"的现象,忽视了对于平台实际运营和发展情况的了解和相关支持;各平台也存在各自为政、信息孤岛等问题。同时,国内高端产业公共服务平台仍然缺乏,人工智能领域,各类人工智能芯片、先进算法创新、深度学习开源框架平台的建设仍存在短板。

三是产业集群发展缓慢。许多头部企业虽然技术先进,但本地配套产品种类不足,使用外地的配套零配件导致运输成本、价格上升,企业产品竞争力下降。

第三节　资金链对产业创新的系统性支撑作用有待强化

一、基础研究主要依赖政府资金，企业投入相对不足

长期以来，我国基础研究经费来源基本依靠政府，基础研究经费中90%以上来自中央财政，企业和社会的投入较低，与发达国家存在明显差距。例如，在美国的基础研究经费中，政府、高校投入一般占60%左右，企业和非营利组织的投入占40%左右。一方面，由于创新链前端收益前景不确定性极高，且属于准公共物品，容易出现市场失灵的问题，除信息制造业的头部企业外，我国大部分产业竞争还没有进入依靠原始创新的发展阶段，大多数企业缺乏投资基础研究的动力。另一方面，部分国资央企囿于阶段性经营业绩考核压力，不愿意将企业资源向基础研究倾斜。此外，政府补贴企业基础研究的政策有效性不高，对财政资金的严格审计降低了实力较强的企业参与国家重大基础研究项目的积极性（温珂等，2023）。

二、创新链中后端融资难，资金进入多重障碍有待破除

一是成果转化政策、转化实践和风险资本运作的协同性有待提升。产学研之间共同投入、成果转化收益分享和风险分担的机制不健全，责权利存在界定不清的问题，导致产学研合作投资的激励机制有待完善。

二是科技成果转化投资风险大。部分可转化科技成果需要必要的中试或熟化，而中试资金需求大、风险高，对场地、设备、人才、技术等也有相当要求，且少有专项经费支持，导致目前中试环节薄弱。但是，政府投入项目经费只支持研发环节，市场化资金则对风险非常敏感，也不愿意在转化环节投入。

三是科技成果商业价值评估环节薄弱，给社会资金参与转化带来

障碍。科技成果的商业价值是影响金融机构参与转化的重要因素,当前,市场中专门从事科技成果评价和商业化验证的机构相对较少,同时,既懂技术又懂资本市场运作的复合型人才还处于匮乏状态,降低了成果转化对风险资本的吸引能力,不利于创新链与资金链融合。

三、资本市场服务实体经济效力不足,不同类型企业均面临融资难题

一是我国资本市场在一定程度上存在着无序扩张和脱实向虚的现象。部分资金在房地产领域和金融领域无序扩张,不断利用高杠杆加剧资产泡沫,难以有效支撑实体经济。

二是国有企业投资考核制度有待完善。尽管国有企业具有政府"隐形担保"的属性,可投资资金较为充裕,但投资评估涉及多个管理部门,决策机制复杂,论证周期长,而投资指标很难有标准化与科学化的体系,这在客观上造成其投资评估效率低等问题,实践层面常常存在央企、国企金融机构对投资经理考核过严的问题,如在业绩评价中忽略多个项目的整体收益,过度追求每个项目均能实现盈利,这导致投资经理常常因惧怕投资失败追责而出现"想投不敢投",部分优质初创企业因此难以获得资本支持。

三是民营企业面临融资难的困境。一方面,民营企业规模大多较小,合格抵押品不足,难以达到金融机构的风控要求,难以获得信贷支持。另一方面,信贷市场存在地方保护与制定交易等妨碍统一市场和公平竞争的政策,一些金融机构对民企融资具有隐形的要求。同时,地方融资平台债务的扩张,缓解了地方财政压力,但也挤占了民营企业的融资。

四、政府引导基金考核机制有待进一步完善

一是政府引导基金运作面临着政策化与市场化"平衡难"的痛

点。政府投资基金大多采用市场化方式运作财政资金，往往面临着较大的市场风险和投资不确定性，这与国有资产保值增值的管理要求存在一定冲突，国有资产管理的"硬约束"与市场化运作方式之间的平衡机制还需要进一步研究。

二是缺乏科学的评价体系与完善的信息系统。当前对各级政府的基金运作情况只能通过一些基础的数据反映，还没有建立起综合的或分类化的量化指标体系，在各级政府交叉参股的投资基金中可能会存在重复评价的问题。

三是因为不少地方财政紧张，地方财政出资的模式越来越难以为继。同时，政府部门职责划分有待进一步明确。根据《政府投资基金暂行管理办法》要求，"财政部门根据本级政府授权和合同章程规定代行出资人职责"。但在实际工作中，财政部门与行业主管部门职责划分不够清晰，两者在分别履行出资人职责与监管职责方面尚未实现明确的角色区分，不利于财政资金的有效管控与基金的运营管理。

第四节　人才链建设与产业创新需求存在一定脱节现象

一、重点领域对人才的吸引力不足，人才结构性失衡状况有待改善

一是当前我国大量受过良好教育的群体没有进入实体生产部门，劳动力存在资源错配。受过良好教育的群体过度集中在事业型行业、垄断性行业或者非生产性行业，大量的教育投入培养出的群体没有真正走到关键技术岗位上进行实质生产创造，阻碍了人力资本红利释放，产业间劳动力资源分配不合理。根据《2021大学生就业力调研报告》，超过25%的毕业生青睐互联网类行业，房地产类、文娱类、金融业紧随其后。而制造业却呈现出用工荒状况，到2025年，中国制造业十大

重点领域人才总量将接近 6 200 万人,人才需求缺口约 3 000 万人,缺口率达 48%。

二是我国经济高质量发展带来大量新型经济业态,但是熟练掌握专门知识、技术和操作技能的高技能人才短缺。智能制造、生物技术、芯片、物联网、新材料、人工智能等战略性新兴产业,均处于人才紧缺状态。根据国际劳工组织统计,2022 年我国高技能人才占就业人员的比重为 19.6%,全球排名 106 位,远远低于发达国家 50% 的水平。以新能源汽修人才为例,近年来新能源汽车市场规模呈现井喷式扩张,由于新能源汽车维修技术壁垒较高,传统汽修从业人员的汽修技术在新能源汽车上大部分已经"失灵",因此新能源汽修领域存在大量的人才缺口。据工信部预测,到 2025 年,新能源汽车行业的人才缺口将达到 103 万人,其中新能源汽修领域将面临 80% 的人才缺口。

三是专门从事成果转化的人才体系尚未形成。当前,我国专门从事成果转化的人才体系还未形成,跨学科复合型的科技成果转化专门人才缺口较大。科学家懂技术但对市场知之甚少,缺乏资本导入能力,企业了解市场但是缺乏渠道与科学家对接,因此就需要既懂技术,又懂市场的成果转化专门性人才发挥中介作用,如技术经纪人等。尽管大多高校和科研院所设立了专门性成果转化部门,但配备人数不多,专业化能力不足,缺少有效匹配市场需求和科研成果的专业服务与人才队伍。但是,专业人才匮乏已经成为制约科技中介机构发展和成果转化的一个痛点。

二、院校学科设置无法满足实际需求,科学教育体系不完善

一是专业学科建设有待完善。大量"高精尖缺"领域发展的人才需求具有知识储备跨学科、个人技能综合性强等特点,但是当前学科专业建设难以有效满足"高精尖缺"领域的人才需求。

二是院校学科设置应用导向有待强化,学科间协同力度有待加大,综合型人才培养成效不佳,企业参与人才培养的主动性也相对有限。

三是科学（Science）、技术（Technology）、工程（Engineering）和数学（Mathematics），即STEM教育系统性布局有待加强。与发达国家相比，我国还没有出台国家级STEM教育专项规划、标准和指南。山东、深圳、广州等少数地方正在探索STEM课程建设的实践，但在实践中存在许多问题，如过于注重硬件设施，未能开发和利用好现有的教育资源、缺乏专业教师，课程内容和形式相对单一，未能将学生所学与面向国家重大战略需求的基础学科深度融合，不利于创新人才科学素养的提高。

三、人才分类评价体系有待完善

一是我国科技人才评价标准的同质化问题严重。相关部门已经察觉到单一评价体系所引发的"科研导向背离实际发展需求""科技系统空转"等不利后果，连续发布通告呼吁科技评价管理体系向定性与定量方法的综合模式转变。但在实际实施过程中，用人单位缺乏具体操作细则，致使多样化的评价体系容易限于形式层面；现有人才评价方式仍然以论文数量、项目数量、经费总额等定量指标为评价基础，综合评价框架相对缺乏。这种侧重短期定量成果的考核机制，不利于科研人员潜心钻研，使其难以在新领域和新知识的探索中取得突破性创新成就。

二是"帽子""项目""职称""论文"等与资源利益过度挂钩。这进一步引发了科研院所、高校对"帽子"人才无序竞争现象，也使大量人才难以在正常的学术成长规律下产出高质量成果。

第五节 推动"四链"融合的制度体系与协同机制有待完善

一、支持"四链"融合的基础制度建设有待加强

一是我国支持"四链"融合的基础制度建设有待加强。"四链"

融合是横跨不同区域、梯队、层次、类型的全景式创新范式，包括人才、资金、知识产权、创新创业、科研组织、科技安全等领域，其深度融合依赖包括运行机制、执行机制、激励机制、资源配置机制、协同创新机制等有效运行的基础性制度体系。党的十八大以来，党中央系统布局和整体推进科技体制改革，科技领域基础性制度体系逐步完善，一些重要领域和关键环节改革取得了实质进展。例如，深入推进中央财政科技计划和经费管理改革；修订《中华人民共和国科学技术进步法》，成立国家科技咨询委员会，构建科技大监督格局，大力推进科技评价制度改革。但是，当前创新态势相对于建设世界科技强国目标、实现科技自立自强的要求还有很大差距（陈劲等，2023）。

二是创新型人才、颠覆型人才的培育环境尚需完善；从事原始创新、基础研究的人才激励制度有待强化；人才培养制度与市场需求不完全匹配，导致新产业、新业态领域存在人才结构性短缺；以户籍制度为代表的制约人才流动的机制造成了区域间的人才市场分割与人力资源错配，不利于知识和技术的传播与交流。

三是知识产权法管理有待进一步强化。随着新技术新业态蓬勃发展，知识产权领域仍存在侵权易发多发、侵权易、维权难等现象，知识产权侵权违法行为呈现新型化、复杂化、高技术化等特点；市场主体应对海外知识产权纠纷能力还需提升。基于上述情形，推动"四链"深度融合的基础制度体系还有待完善。

二、行业部门间协调机制有待优化

由于创新政策体系的运行涉及多部门、多机构之间的协调与合作，各部门针对科技创新目标的协调交互也日渐频繁，这使得"四链"融合还涉及跨部门的协调问题。

一是"条块"式的行政管理体制下，政府各部门不仅要贯彻落实上级部门下达的政策和任务，还要服务于其所属层级政府的政策目标，增加了各层次的协调难度。

二是各级政府在科技创新政策中扮演着核心层的角色，掌握着国家创新体系的发展方向；企业、高校、科研机构是国家创新体系的外围参与者。但是，与发达国家相比，我国缺乏遍布全国的非政府科技中间机构，使创新主体之间缺少间接沟通桥梁，企业、高校和科研机构对创新政策的需求可能无法及时得到满足。

三是由于政府部门职能分工常常处于动态调整中，部门在科技创新政策的协调过程中，可能会存在"缺位"与"越位"并存的现象，由此会引发创新要素的错配问题（赵晶等，2022）。

三、多主体的创新协同机制有待完善

一是从高校院所来看，不同研究方向的科研人员缺乏常态有效的交流机制；即使同一科研团队的科研人员彼此熟悉，但是存在合作比较松散、内部沟通不畅、凝聚力不足的问题，协同攻关的干事创业氛围有待形成。例如，某高校表示在协同创新上，学校科研团队一般都是由原有的教研室形式发展出来的，这样导致研究方法单一、方向固定，创新活力不足，难以在新的研究领域有所开拓。

二是产学研协同创新有待强化。由于产业技术重大创新投入高、风险大，系统性和复杂性大大增加，要求参与单位之间形成持续稳定的合作关系。而目前的产学研组织以单元项目为载体的合作关系多，多数合作以企业向高校院所进行一对一的委托项目实现，组织形式和合作关系缺乏可持续性；合作多为解决企业的某一技术问题，对成套技术开发和技术路线创新所需的多元合作相对较少，面向产业链关键共性技术所需的跨学科、跨领域的合作不足。

四、跨区域存在地方保护与要素市场分割

进入新常态以来，依托科技创新，深入贯彻创新驱动发展战略成为各级政府的重要战略选择，地方政府也倾向于为本地区的创新活动

提供支持与保护。但是，在分权体制下，地方政府间存在着合作与竞争的策略性选择，这对区域层面"四链"融合的影响具有一定的复杂性。地方政府有动机去保护本地创新要素，吸引外地创新要素，从而为本地特定产业或初创期企业提供保护。但这可能会造成要素市场分割，从而抑制地区创新绩效水平的提升。要素市场分割程度的加深，在低估本地有形要素价格的同时，还将提高地区间的市场准入门槛，从而使得以要素投入为主的粗放型增长模式依然有利可图，但创新的有效需求规模却难以扩大，这削弱了企业创新的压力和动力，不利于地区开展创新活动。例如，部分地区为推动创新发展，存在"无序引才""引而不用""用非所长"等现象，不利于促进"四链"融合和提升国家创新体系整体效能。

本章参考文献

[1] 贾宝余, 杨明, 应验. 高水平科技自立自强视野中重大科技项目选题机制研究 [J]. 中国科学院院刊, 2023, 37 (9): 1226 – 1236.

[2] 温珂, 张宁宁, 李振国, 等. 加快完善支持企业基础研究的政策体系 [J]. 中国科学院院刊, 2023, 38 (4): 602 – 613.

[3] 陈劲, 朱子钦, 杨硕, 等. 全面创新：制度视角的概念、框架与政策启示 [J]. 创新科技, 2023, 23 (10): 1 – 12.

[4] 黄庆桥. 实施国家重大科技项目要力戒"政绩思维" [N]. 光明日报, 2023 – 10 – 26.

[5] 彭绪庶. 高水平科技自立自强的发展逻辑、现实困境和政策路径 [J]. 经济纵横, 2022 (7): 50 – 59 + 2.

[6] 赵晶, 迟旭, 孙泽君. "协调统一"还是"各自为政"：政策协同对企业自主创新的影响 [J]. 中国工业经济, 2022 (8): 175 – 192.

第八章 促进"四链"深度融合的前瞻性思考和政策建议

第一节 坚持应用导向，面向产业链打造高水平创新链

一、进一步增强应用型创新成果供给能力

一是以应用类国家重大科技项目为抓手，构建能够有效凝练产业用户需求的应用类科技重大项目选题立项机制，完善选题、立项、评审等环节中的用户参与机制，在技术路线、经费分配等方面赋予企业更大自主权；建立基于用户反馈的结题评价机制；确保科技重大项目成果有出口、用得上、有影响。

二是鼓励国资央企协同高校院所共建科学实验室与共性技术平台等，以克服跨行业跨领域的关键共性技术难题。注重发挥国家战略科技力量的差异化比较优势，探索构建错位协同机制，避免科技重大项目重复布局、资源浪费。

三是面向国家急迫需要和长远需求，发挥科研院所和高校的基础研究优势和企业的科技创新主体作用，补齐产业链短板和开辟产业发展新赛道并重，以全面提升自主创新能力为目标，围绕产业发展布局国家科技重大项目，对产业链重要环节进行前瞻性引导，推动产业基础能力提升；发挥领军企业、专精特新中小企业和地区头部企业在补链、延链、强链过程中的主体作用，鼓励各地区形成具有地方特色的产业链集群，聚焦战略性新兴产业和未来产业，形成一批原创性引领性关键技术。

四是要加快修订完善《促进科技成果转化法》等相关法律法规，

同步研究制定具体、明确、可操作的配套细则，消除科技成果转化过程中的政策盲点和模糊地带，明确各类知识产权在个人、团队和集体之间的确权规则，探索开展知识产权确权试点，以权属改革激发职务科技成果加速转化。

五是营造鼓励探索、宽容失败的制度环境，构建允许试错和及时纠错的工作机制，消除科技成果转化相关人员在国有资产管理、纪检监察、财政审计等方面的顾虑。健全科技评价体系，将科技成果转化纳入科研院所和高校的评奖评优考虑范围；为科技成果转化相关领域科研人员提供招生名额、职称评定等方面的政策倾斜。

六是推动跨行业、跨领域的科技合作，促进不同产业之间的技术融合和创新应用。探索新形势下推动国际科技合作的新路径、新策略，让国际科技合作成为促进"四链"融合的有力抓手之一。建立跨行业的科技创新联盟，推动不同领域的科研人员和企业家共同开发具有市场前景的创新产品和技术。通过跨界融合，开辟新的产业发展空间，增强应用型创新成果的供给能力。

二、进一步完善科技成果转化全链条服务支撑体系

一是着力构建以科技领军企业为主体，高等院校与科研机构为支撑，市场化技术转移专业团队为纽带的服务体系，提升概念验证服务能力，解决科技成果转化过程中存在的供需矛盾，推动成果供给侧结构性改革。在此基础上，从战略布局、制度框架、工作机制等多方面为科技成果转化提供全方位支撑。

二是实施全周期科技成果转化服务项目，全面覆盖科技成果转化的早、中、晚三个阶段。早期启动高价值专利培育计划，以市场需求为导向，构建成果筛选、评价、对接、推广机制。中期建设成果孵化及转化的市场化机构和平台，强化概念验证和市场对接服务。晚期设立成果放大平台，促进科技创新与产业深度融合，加快成果产业化进程。

三是全面提高科技成果转化过程中信息共享、人才培养、资金支持等关键环节的服务效能；通过建立信息对接平台和资源共享机制，优化科技成果供需匹配效率。

四是加强对中小企业的技术支持和服务，建立面向中小企业的科技服务机构，提供包括技术咨询、知识产权服务、市场推广等在内的全方位服务，帮助中小企业提升技术创新能力和市场竞争力。鼓励地方政府设立科技创新基金，支持中小企业开展技术研发和成果转化。

五是依托技术经理人团队，发挥其在高校和科研院所、企业、科技中介机构之间的沟通磋商功能，匹配技术需求，对接合作意愿，加速科技成果流通；在高校和科研院所增设成果转移转化相关专业，优化科技产业组织学学科体系，从源头增加专业转化人才供给，培养"懂科技、懂产业、懂资本、懂市场、懂管理"的复合型科技产业组织人才。

六是按照"互惠互利""按资分配""按劳分配"等原则完善企业、高校、科研院所、中介创新收益分配机制；组建跨单位、跨领域的成果转化专门性团队，面向产业及企业的实际需求开展成果转化沟通对接，推动科技成果成批转化落地。

三、推动形成供需双方有效对接的应用场景服务体系

一是通过政府采购、宣传推广等形式为拥有良好前景的新技术增加市场用户，支持相关部门在探索场景创新方面先行先试，为技术迭代升级提供用户基础。

二是在顶层谋划的基础上，建议各地成立场景创新促进中心，主动发现新的高价值场景，为新技术、新产品提供真实的应用测试空间，加速前沿技术突破与商业化应用。同时，也要强化创新场景制度供给，建立支持场景创新模式的科研管理体制。

三是鼓励地方政府、央企、行业领军企业通过"揭榜挂帅"、联合创新、优秀场景推介等方式促进场景供需双方对接合作。强化政策、

资金支持，推动具有首创性、示范性的标杆场景项目落地。发挥好大科学装置汇聚人才、资金、技术等要素的平台作用，探索以大科学装置推动"四链"深度融合的实践路径。探索市场化场景合作新机制，在商业模式、项目采购、资金合作等方面形成符合场景特征的新制度。

四是对新技术新产品实施柔性监管和负面清单等新型监管制度，营造鼓励创新、宽容失败的良好环境；鼓励多元主体参与创新场景建设，按照高位统筹、部门协同、市场参与的原则构建场景一体化大市场，打造一体化平台，广泛链接各类主体，对场景创新实践效果进行跟踪，形成企业精准画像。

五是聚焦新一轮科技革命和产业变革发展方向，打造一批面向量子计算、6G、未来网络、无人技术、超材料等领域的概念验证中心和未来技术应用场景，打造贯通全链条的产业培育体系。

第二节　围绕创新链，加强对产业链布局的统筹协调

一、促进各区域产业链协同发展

一是鼓励地方善用本地资源条件，发展特色优势产品及配套关键零部件，打造与外地优势互补、特色鲜明、协同联动、集群发展的产业发展格局；聘请第三方专业机构，从全链条视角出发编制产业链发展指南，构建与周边地区错位协同的发展格局，避免同质化竞争。

二是以各大经济区域为载体，编制产业链协同发展规划，明确各地产业链环节分工，细化产业链发展路线图谱。制定出台"一链一策"等各类政策文件，形成完善产业链、供应链的"1+N"政策体系，细化培育目标和方案。

三是要结合不同产业发展的特性和阶段，引导它们分别向满足其发展条件的地区转移；同时鼓励欠发达地区、革命老区、边境地区通过优化营商环境、提高服务意识、给予特殊优惠政策等承接发展特色

产业。

四是加强区域沟通合作，建立常态化协调机制。鼓励各地定期召开产业合作交流会，分享发展经验和成功案例，共同研究和解决产业链协同发展中的问题。通过建立信息共享平台，及时发布和共享各地的产业发展动态和政策信息，促进各地产业链环节的紧密对接和高效协同。鼓励地方政府与企业共同参与区域间的产业合作项目，推动重大项目联合实施和科技成果转化应用，提升产业链整体竞争力。

五是支持各地共建技术创新中心、产业创新联盟等创新平台，联合攻关关键技术，提升产业链技术水平和创新能力。鼓励企业、高校、科研机构联合申报国家和地方科技项目，推动创新成果在区域内转化和应用，实现区域内产业链协同创新和高质量发展。

二、鼓励各主体协同合力攻关关键技术

一是从市场需求出发，联合产业链上下游企业、科研院所，进行设备、材料及零部件共性技术开发和中试，促进产业链升级配套，培育出具有规模竞争力的装备材料企业，提高国产化比例，保障产业链供应链安全。

二是发挥科技领军企业现代产业链链长功能，鼓励其牵头重大科技项目、建设和使用重大科技平台，并予以相关政策及资金支持。

三是充分应用我国具有海量终端用户数据的优势，进行高频次迭代创新，释放公众用户创新潜能。鼓励公众参与创新，通过众包、众筹等方式集聚用户智慧，提升产品和服务的创新性和市场竞争力。建立用户反馈机制，及时收集和分析用户意见和建议，进行产品改进和迭代升级，增强用户体验和满意度。

四是按照"互惠互利""按资分配""按劳分配"等原则完善企业、高校、科研院所、中介创新收益分配机制；组建跨单位、跨领域的成果转化专门性团队，面向产业及企业的实际需求开展

成果转化沟通对接，推动科技成果成批转化落地。

三、构建富有生命力的产业链生态

一是强化产业链上下游企业间的战略合作，通过国家级产业基金等促进产业链间的资本联动，构建安全可靠的国内生产供应体系，确保极端情况下能维持自给自足与连续运作。

二是对于关键产业链，以产业链龙头企业为"链主"，以政府相关负责人为"链长"，协调项目引进、资源投入和政策支持，打造具有中国特色的高端产业链。

三是完善统筹协调机制，强化行业部门"窗口指导"作用，防止无序投资，避免无序竞争，引导具有生产技术和生产能力的材料、设备等供应商在产业集聚区内共同发展。

第三节 强化资金链对产业创新的支撑作用

一、通过"包干制"和基础研究特区等形式，强化科研项目经费自主使用权

一是在基础研究领域选择部分高校院所、医疗卫生机构，以及自然科学基金试点开展科研项目经费"包干制"，赋予科研人员更大经费使用自主权。在试点单位中，科研人员可以根据研究需要，自主决定经费的具体使用方式和分配比例，优化审批流程，提高项目执行效率。同时，鼓励科研人员大胆创新，开展高风险、高回报的研究项目，推动基础研究实现重大突破。

二是对于试验设备依赖程度低的智力密集型科研项目，进一步提高间接费用核定比例和加大人员绩效支出激励；探索开展科研项目"里程碑"式管理试点，根据阶段性考核结果给予分阶段支持。考虑到科研工作具有灵感瞬间性、路径不确定性等特点，还应进一步扩大

预算编制自主权、预算调剂自主权以及结余资金留用自主权。

三是鼓励各地区设立试点单位，探索评价体系、经费使用等方面的创新性做法。例如，粤港澳大湾区实施"卓粤"计划，组建广东省自然科学基金管理委员会，专业化开展自然科学基金项目组织和管理工作；创新管理体制和组织模式，率先全面开展"负面清单＋包干制"改革试点，探索组建省市联合基金。

四是优化科研财务助理制度，为科研人员在预算编制、经费报销等方面提供专业化服务，减少科研人员事务性负担。同时改进财务报销管理方式，推进无纸化报销，让数字信息多跑路、让科研人员少跑腿。

二、继续发挥国家新兴产业创业投资基金和财政资金的引导作用

一是以中央财政战略性新兴产业发展专项资金、中央基建投资资金为基础，盘活存量，发挥财政资金杠杆作用，吸引高水平创新企业、大型金融机构等社会、民间资本参与，形成新兴产业创投引导基金。

二是通过"母基金＋参股＋直投"方式支持战略性新兴产业和未来产业。优化政府出资的创业投资基金管理，改革完善基金考核、容错免责机制，健全绩效评价制度。系统研究解决政府出资的创业投资基金集中到期退出问题。

三是对于财政资金，要着力于为科技创新全链条提供资金支持，加快构建"风险共担，利益共享"机制。财政科技资金在原始创新阶段的投资重点应为高等院校、科研院所、创新型企业及人才团队的前沿性科学发现；成果转化阶段的投资重点应为引导国内外优秀的天使投资机构、创业投资机构共同投资孵化、转化阶段的创新型高端项目；"高精尖"产业阶段的投资重点应为联合社会资本聚焦符合区域战略定位的高精尖产业。

四是要加强中央与地方、部门之间的财政资金科技投入联动机制，积极争取科技重大项目、重大科技基础设施等国家创新项目的联合投

资；充分发挥区域财政引导作用，推动形成地市、行业部门、企业合作，建立多层级、多行业协同联动的基础研究投入体系。

三、以多种形式加大对科创企业信贷投放力度

一是鼓励银行或其他金融机构在风险可控前提下，针对科创企业的特点和需求，探索开展信用贷款、知识产权和股权质押贷款、研发贷款、应收账款质押融资、订单融资、存货及仓单质押融资等信贷服务。

二是增强政府性融资担保机构服务能力，落实政府性融资担保机构支持小微企业、战略性新兴产业融资担保业务尽职免责工作要求，积极营造"敢担、愿担、能担"的政策环境；鼓励政府性融资担保机构提高支持科技型中小企业数量，降低反担保要求。

三是加强金融机构与科创企业的互动与合作，提升金融服务精准性。开展科创企业融资需求调研，了解企业在不同发展阶段的金融需求，提供针对性信贷服务。通过举办银企对接会、金融服务推介会等活动，搭建金融机构与科创企业沟通平台，推动双方深入合作。加强对科创企业的金融知识培训，提升企业的融资能力和金融管理水平。

四、鼓励发展多层次资本市场服务平台，发挥"杠杆撬动"效应

一是大力发展天使投资和创业投资；在依法合规、风险可控前提下，支持商业银行具有投资功能的子公司、保险机构、信托公司出资创业投资基金等，为科创企业发展提供股权融资。支持天使投资机构和创业投资机构与创业孵化平台开展合作，利用"创投+孵化"模式，为科研机构科技成果转化和产业化提供资金、平台与业务等组合支持。

二是加大科技创新企业上市培育力度，加强对重点企业走访，建立完善企业上市重点问题"接诉即办、未诉先办"的快速协调调度机制。充实后备企业上市挂牌数据库，加强对上市后备企业的培育、筛

选，对符合条件的上市公司给予财政资金补贴支持。

三是鼓励符合条件的科创企业利用债券市场融资，鼓励金融机构发行金融债券用于支持科技创新成果转化和产业化，充分发挥市场机制作用，引导社会资金加大对创新链后端成果转化与产业化的金融支持。

四是强化股权融资平台建设，促进股权投融资参与各方供需对接，进一步推进建设成熟资本市场，充分吸纳技术创新网络中的各类主体，如金融机构、高校和科研院所、企业、中介机构等，使股权融资的参与各方能够有效对接。

五、聚焦重点行业，动态调整供应链企业"白名单"与"黑名单"

一是探索制定科创企业"白名单"，确定遴选标准与机制，在税收、补贴、土地、融资等方面给予"白名单"企业政策倾斜，降低其在科技成果转化、企业融资、市场运营等方面的成本，加速产业链创新链深度融合。

二是严厉打击部分机构、企业假冒创新技术实施圈钱、骗补贴等违法行为，探索建立"黑名单"制度，停止对"黑名单"机构、企业的政策倾斜支持。同时，加大对创新资本的监管力度，建立风险"防火墙"，实施风险预警机制。探索利用大数据、区块链等技术，完善技术手段全程监管资本流向。

第四节　聚焦创新链与产业链发展需求，前瞻性布局人才链

一、动态调整重点领域急缺人才目录，强化重点产业领域科技人才支撑

一是面向海内外发布核心区人才引进需求信息和科技重大攻关项

目、重大科技成果转化、重点产业化项目目录，对贡献突出、确需破格引进的核心区经济社会发展急需高层次人才，采取综合评价和个案研究相结合的方式直接引进。

二是围绕集成电路、生物医药、人工智能等重点领域，加快形成科技创新人才集聚效应，制定重点领域紧缺人才（科技类）目录并实行动态调整，将目录所列人才纳入优先支持和服务范围；坚持需求导向和产业导向，聚焦掌握重点产业"卡脖子"关键核心技术领域以及前沿科技领域的高层次人才，支持用人单位通过市场化方式全年制、常态化精准引才、靶向引才。

三是探索建立科学家人才管理新机制。面向国家战略科技需求，以国家重大项目、国家实验室，国家重大人才计划为依托，遴选确定战略科学家。对特殊需要的国内国际战略科学家，坚持特事特办，实行"一人一策"直接引进。支持为战略科学家量身创设研发机构，建设定制式实验室。

二、深入推进专业设置制度改革，强化企业协同育人作用

一是健全行业人才需求预测及紧缺人才信息发布机制；引导院校对专业设置进行动态调整，加快建设急需紧缺人才的专业化培养体系。例如，将技术经纪、工业设计、科技投资等纳入急需学科专业领域引导发展清单。

二是鼓励企业参与高校人才培养方案修订及实施工作，构建高校、科研院所和企业之间长期、稳定、制度化的利益均衡机制，推进形成人才培养战略联盟。

三是将以实践教育为中心的人才培养机制推广到博士生培养中，定期派遣博士和博士后到企业进行研修，确保未来能向企业输送具有实际工作能力的尖端科技人才；通过补贴奖金、岗位保留等方式激励教师、博士生和博士后参与工程领域全职工作等。

三、通过"破四唯"和"立新标"等措施实施科技人才分类评价

一是推行职称分类评价标准和代表作评审制度，探索建立科技人才分类评价机制，突出科研成果价值导向。充分发挥科研单位在职称评审中的主导作用；鼓励高校、科研院所和企业为科技创新人才"双向设岗"，支持科研人员离岗创办企业开展成果转化。

二是坚持分类施策、精准服务，优化各类人才住房、子女教育、医疗保险等服务，优化引进人才落户机制；加快促进创新文化与老城区保护更新同步融合发展，打造科技创新的新承载空间和交流空间。

三是赋予科学家决定研究路线等自主权，对承担国家攻关任务的科技领军人才和骨干人才，探索实行年薪制、绩效工资单列等措施，在日常生活方面予以照顾。扩大科研经费使用自主权，赋予战略科学家人财物自主权和技术路线决定权，减少非必要的评审活动，保障科研时间。

四、完善青年科技人才培养体系，建立青年人才的全链条资助体系

一是根据青年科技人才的成长规律，制定分步实施的整体规划。按照国家战略要求，吸引能够在关键核心技术上取得突破的青年科技人才，瞄准基础研究、基础性技术、颠覆性技术，取消年限、工作经历等限制；继续实施"国家杰出青年科学基金""优秀青年科学基金""青年拔尖人才支持计划"等项目，拓宽青年科技人才的培养途径。

二是采取导师制、派出进修等多种形式培养青年人才，形成一批具有积极创新能力的青年科研团队，营造主动开放、平等交流的科研环境。系统设置从博士、博士后到独立研究人员、再到领军研究人员的资助体系，为处在各阶段的青年研究人才提供清晰的职业发展路径。

三是借助创新平台赋能青年科技人才培养。通过资源共享、平台

共用、师资共育等方式，打造开放融合型青年科技人才培养生态，全面提升青年科技人才培养质量。用好高能级创新平台资源，推动平台创新资源与青年科技人才培养过程的全面融合。

五、建立与国际交流合作相衔接的人才培养机制，推进人才高地建设

一是集合产业界、学术界以及政界三方资源，以国际合作为抓手，建设引领世界的研究基地和人才高地；完善人才国际化教育培养体系，采用引进来和走出去双向机制，加强海内外院校合作，为国内教师和学生创造更多的国际交流与海外培训机会，对有潜力的博士生和博士后实行生活费补助制度，培养高层次国际化科学人才。

二是强化大学国际竞争力审查和评价体制，鼓励长期派遣青年科学家到海外一流研究机构。为青年科研人员提供系统的科学管理和大型项目组织培训，培养一批能够胜任国际合作和科研项目管理的综合型人才。鼓励高校院所通过定期举办国际学术会议和交流活动，促进国内外科研人员的互动与合作。

三是设立专门国际人才服务中心，为国际人才提供一站式服务，包括签证办理、居留许可、子女教育、医疗保障等。通过建立国际人才服务平台，提供政策咨询、法律援助、文化交流等服务，帮助国际人才更好地适应在华工作和生活。通过设立国际人才社区，营造多元文化氛围，增强国际人才的归属感和认同感。

第五节 强化系统观念，健全政策协同、主体协同的创新机制

一、以全链条视角布局政策链

一是要常态化梳理核心技术攻关需求清单，明确不同发展阶段、

不同规划周期的攻关目标和重点任务，有计划有步骤地通过顶层设计和政策安排，实现全链条资源配置。

二是强调在基础研究、成果转化、科技金融和人才支撑环节逐个施策，在规划布局、要素配置、基础设施、公共服务等方面形成完整科学的"政策链"，以期实现各个主体各种要素协同发展。

三是按照技术创新发展规律，科学设计和细化不同发展阶段、不同规划周期内的发展目标和重点任务，前瞻性地布局人才链，全链条激发各类创新要素活力，持续优化创新生态，强调政府、企业、科研院所、金融机构等不同主体在研发、生产、资本、人才等环节的衔接与支撑。

二、加强企业、高校院所和新型研究机构等创新主体的协同配合

一是积极构建以企业为牵头主体的创新联合体。发挥企业出题者作用，通过产学研合作推进重点项目协同和研发活动一体化；鼓励领军企业主导国际标准、国家标准和行业标准制定；支持领军企业联合高校院所组建联合实验室、新型共性技术平台等，解决跨行业跨领域关键共性技术难题；引导央企、领军企业打造开放式创新平台，促进大中小企业实现融通发展；不断健全国有企业技术创新经营业绩考核制度。

二是打造高校和科研院所主动与科技中介、金融机构进行协同创新的旗舰空间平台，为科技成果转化提供系统性资源支持；加强基础研究、技术开发、成果转化一体化部署，探索企业、高校和科研院所共建创新平台、共享创新收益的新做法；组建跨单位、跨领域的成果转化专门型团队，面向产业及企业的实际需求开展成果转化沟通对接，推动科技成果成批转化落地。

三是优化整合各方资源，鼓励各类主体在前沿信息技术、光电子、物质科学、数字生物等领域谋划布局建设一批新型研发机构，加快探

索建立"目标导向、绩效管理、协同攻关、开放共享"的新型运行机制，形成以国家实验室为核心，以各级重点实验室、企业实验室及各类专业实验室为支撑的高水平多层次实验室体系。

三、加强互联互通服务平台建设，完善数据等资源获取机制

一是鼓励有条件的地方或产业协会打造市场化信息平台，面向各类主体发布技术、人才、资金、政策等供需信息。建立全国互联互通的技术交易市场，从统一交易规则、交易对象、交易流程、交易服务等着手，逐步统一全国技术交易市场行业标准，推动实现技术交易信息互通、项目资源互通，提升全国技术交易资源匹配效率和精准度，促进跨区域技术资源流通，全方位提高制度体系的透明度和开放度。

二是搭建数据共享和管理平台，构建分类分级的公共数据开放共享原则和方法，根据公共数据开放共享的条件、类型、领域、监管措施，将其分为无条件开放、有条件开放以及不开放三个类别，优先推动民生保障、公共服务、市场监管等公共数据向社会有序开放共享。

四、营造促进要素有序流动的公平竞争环境

一是从制度建设入手，明确阶段性目标要求，推进统一大市场建设，对各类地方保护、市场分割、指定交易等妨碍统一市场和公平竞争的规定和做法加快清理废除，破除各种封闭小市场、自我小循环，优化营商环境，培育和壮大市场主体，释放主体活力，促进"四链"要素流动与合理配置。

二是打造统一的要素和资源市场，健全统一规范的人力资源市场体系，促进劳动力、人才跨地区顺畅流动；发展供应链金融，提供直达各流通环节经营主体的金融产品；鼓励不同区域之间科技信息交流互动，推动重大科研基础设施和仪器设备开放共享，加大科技领域国际合作力度；加快培育数据要素市场，建立健全数据安全、权利保护、

跨境传输管理、交易流通、开放共享、安全认证等基础制度和标准规范，深入开展数据资源调查，推动数据资源开发利用。

三是引导和支持各地区在重点产业布局、创新平台建设中发挥比较优势，协同发展，坚持全国一盘棋，畅通大循环，确保"四链"融合的各项重点任务落到实处。

后　记

　　成稿之际，我们心中充满欣喜与感慨。站在新时代的起点上，根据党的二十大报告和党的二十届三中全会精神要求，我们选择了"四链"融合这一宏大的研究主题，并展开了系列研究。本书的写作不仅是一项挑战，更是极为宝贵的学习机会。

　　"四链"融合涉及从微观主体、中观产业到宏观政策体系的多维度协同。这一研究领域的广阔性和复杂性，使我们深刻思考了如何有力调动企业的创新主体作用，有效发挥高校院所、中介机构的支撑作用；如何实现产业结构转型升级，开辟发展新领域新赛道，抢占未来发展制高点；如何从国家顶层设计与政策体系出发，实现各类主体利益相容，充分发挥国家创新体系效能。这些问题已成为当前我国亟待解决的重大战略课题。带着这些问题，我们从中国经验、中国故事和中国的实际情况出发，力求给出符合我国发展特色的、推动"四链"深度融合的针对性答案。以研究为契机，我们有幸学习了我国科技创新发展的伟大实践，深感振奋。透过现象，溯本求源，厘清"四链"融合的主要机理，深切体验到探索的乐趣。在此基础上，遴选指标、构建模型，测算了中国各省份的"四链"融合程度，并据此分析了区域"四链"融合的现实情况。通过分析国际案例和辩证汲取经验，我们研究了国内外推动"四链"融合的成功做法，并归纳出典型模式，希望从中学习到国外的经验做法。在对比分析、发现问题的过程中，我们结合国内外复杂多变的经济形势，探讨了当前我国推动"四链"融合面临的主要问题与挑战。立足当下、着眼未来，我们以问题为导向，提出了若干前瞻性对策建议。

　　本书的完成不仅凝结了作者团队的大量心血，也吸取了不同领域专家的智慧。课题组成员既广泛吸收学术前沿的学者的最新研究成果，也积极与科技创新领域的权威专家和一线工作人员进行广泛而深入的探讨，为研究好"四链"融合作出了大量努力。在全书写作即将收尾之际，我们谨向陈凯华、冀朝旭、王雷等专家致以诚挚的谢意，特别感谢他们为本书提出的建设性意见。期待本书的出版能为新科技革命下的中国经济发展提供参考，为我国科技创新事业贡献绵薄之力。

未来已来，创新无界。希望我们携手并进，共同迎接科技创新的美好未来！

2024 年 7 月